"中国新闻学丛书"编辑委员会

主　任：李　彬　赵月枝

委　员：（按姓氏笔画顺序）

王君超　王润泽　王维佳　史安斌　吕新雨　李　珮
李　彬　李希光　杨萌芽　吴　玫　吴　靖　张　垒
张　桐　赵月枝　胡　钰　俞　凡　洪　宇　程曼丽

"中国新闻学丛书"出版委员会

主　任：杨国安　杨萌芽

委　员：（按姓氏笔画顺序）

马　龙　王鹏飞　纪庆芳　杨　波　杨国安　杨萌芽
陈建恩　郑　鑫　胡玲霞　姜　畅　谌洪波　薛建立

数字时代的新闻业:
文化视角与欧美经验

常江 著

河南大学出版社
HENAN UNIVERSITY PRESS

·郑州·

图书在版编目（CIP）数据

数字时代的新闻业：文化视角与欧美经验 / 常江著. -- 郑州：河南大学出版社，2021.6
　ISBN 978-7-5649-3916-8

　Ⅰ.①数… Ⅱ.①常… Ⅲ.①数字技术 - 影响 - 新闻工作 - 研究 Ⅳ.① G21

中国版本图书馆 CIP 数据核字 (2019) 第197511号

责任编辑	张雪彩
责任校对	聂会佳
装帧设计	翟淼淼　高枫叶

出版发行　河南大学出版社
　　　　　地址：郑州市郑东新区商务外环中华大厦2401号　　邮　编：450046
　　　　　电话：0371-86059715（高等教育与职业教育出版分社）
　　　　　　　　0371-86059701（营销部）
　　　　　网址：hupress.henu.edu.cn
排　版　河南大学出版社设计排版部
印　刷　河南瑞之光印刷股份有限公司
经　销　全国新华书店
版　次　2021年6月第1版　　　　　　　　　　　　印　次　2021年6月第1次印刷
开　本　710 mm×1010 mm　1/16　　　　　　　　印　张　12.25
字　数　277 千字　　　　　　　　　　　　　　　定　价　38.00 元

（本书如有印装质量问题，请与河南大学出版社营销部联系调换。）

总序：新时代　新征程　新闻学　新探索

李　彬　赵月枝

中国共产党成立一百年前夕，酝酿有年的"中国新闻学丛书"开始问世。

所谓"中国新闻学"自然指立足中国的新闻学，离不开中华民族5000多年源远流长的文明史、中国人民近代以来180余年屡挫屡奋的斗争史、中国共产党100年来艰苦卓绝的奋斗史、中华人民共和国70多年正道沧桑的发展史，以及其中蔚为大观的新闻与传播实践史，包括新闻学与传播学的学术传统。同时，由于主流传统同马克思主义道统水乳交融，中国新闻学又始终心系天下，关注人类命运共同体及其新闻传播实践，离不开《国际歌》寄寓的国际主义情怀——"英特纳雄耐尔"（international）。充分展现这些学术内涵，不是一篇总序而是全套丛书的工作。而说明丛书的缘起，至少可以彰显"中国新闻学"的立意与定位。

早在2002年，范敬宜甫任清华大学新闻与传播学院首任院长之际，高瞻远瞩，身体力行，大力倡导以马克思主义为指导，具有"中国特色、中国气派、中国作风"的新闻学及其学科体系与教育体系，一时风起云涌，得到广泛响应。2008年，由于金融危机爆发以及全球资本主义体系危机加剧，"马克思归来"成为汇聚中外前沿学术思想的时代强音，而如何赓续中国新闻学的马克思主义中国化传统，进而创新网络时代的新闻学，愈发成为中国新闻学人迫在眉睫的时代使命。

党的十八大后，随着新时代的气息春风徐来，新闻学也迎来前所未有的良机。2016年，习近平主持召开全国哲学社会科学工作座谈会并发表讲话，明确提出要着力构建中国特色的哲学社会科学及其学科体系、学术体系和话语体系，与此同时要加快完善对哲学社会科学具有支撑作用的学科，其中引人注目地包括新闻学，令新闻传播学界无不倍感鼓舞。

为了响应新时代召唤，中信改革发展研究基金会于2014年成立，聚焦了一批各学科守正创新的一流学者，致力于推进中国特色、中国气派、中国风格的哲学社会科学建设。2017年，中国特色新闻学研究会在清华大学成立伊始，就与中信基金会密切合作，举办了首届"中国特色新闻学高级研讨班"。其间，我们同来自五湖四海的青年学者一起，从不忘本来、吸收外来、面向未来的视角，畅谈了理论逻辑、历史逻辑、实践逻辑有机统一，普遍意义与中国特色若合一契的中国新闻学构想。

在此基础上，基金会将"中国新闻学丛书"作为重点项目列入研究计划。之所以亮出"中国"的旗号，既不是以本土主义对抗西方中心主义，也不可能是"囊括四海，并吞八荒"，而是旨在凸显梁启超所谓"中国之中国、亚洲之中国、世界之中国"的自觉意识，表明更自觉地从全球史视野的高度，面向中国实践、更深入地扎根中国大地、更自信地践行中国道路的学术追求，也就是中信改革发展研究基金会的宗旨——坚持实事求是，践行中国道路，发展中国学派。

——坚持实事求是。丛书作者术有专攻，各抱地势，但无论深入历史，还是透视现实，无论穷究学理，还是钻研实务，无不遵循实事求是的治学精神，如一代马克思主义新闻学家甘惜分晚年希冀的："立足中国土，请教马克思。"

——践行中国道路。坚持实事求是为的是践行中国道路，正如解释世界为的是改变世界。何谓中国道路？一句话，就是中国共产党领导的革命、建设、改革所开辟的道路。而这条道路的灵魂在于社会主义，即习近平总书记所言，中国特色社会主义不是别的什么主义而是社会主义。中国新闻学说到底也是为社会主义新闻业立魂、立言、立心。

——发展中国学派。随着中国道路日渐开阔，以及文化自觉与学术自觉日益醒悟，中国学派也呼之欲出。近代以来，特别是新中国成立七十余年来，中国新闻学已经取得长足进展，从梁启超到邵飘萍，从邹韬奋到范长江，从邓拓到穆青，从延安窑洞人民广播的手摇发电机到数字时代融媒体，一代代中国记者以及学者以其辛勤耕耘和开创性工作奉献了无数心血和智慧，也为中国新闻学及其学派奠定了厚实基础。现在的关键在于我辈是否具有足够自信，摆脱某种制约中国新闻学想象力与创造力的"学术殖民"心态以及学术话语，用中信基金会理事长孔丹的话说，将"他信"变为"自信"，将著书立说的立足点从"彼岸"转到"此岸"。

19世纪初，西方文脉俨然在欧陆，德国洪堡大学等更是文化圣地，吸引着东西南北的欧美知识精英，而在立国不过半个世纪、偏处海角天涯的美国，哈佛文人R. W. 爱默生（Ralph Waldo Emerson），却提出了美国文化走自己路的主张，发表了美国文化的独立宣言《美国学者》（*American Scholar*）。如今，经过七十余年锻造的中华人民共和国,已经开启了全面建设社会主义现代化国家的新征程,发展中国学派以审视中国经验、提炼中国理论、贡献中国方案,更可谓名正言顺,水到渠成。

2019年立春时节,河南大学新闻与传播学院和河南大学出版社同意将这套丛书纳入河南大学献礼中华人民共和国成立70周年的重点图书,2020年这套丛书又入选国家出版基金资助项目。中州自古英雄气,"逐鹿中原,问鼎天下"一向激荡人心。作为百年名校,河南大学也是文脉悠长,俊采星驰,包括名记者邓拓等校友。"中国新闻学丛书"能够落户河南大学出版社,也是得其所哉。

大鹏之动,非一羽之轻也;骐骥之速,非一足之力也。十多年来,我们一直勉力耕耘,与各方有生力量一道共同推进中国特色、中国气派、中国风格的新闻学建设,这套丛书就是一批阶段性成果。我们深知,如同伟大的中国革命与社会主义事业,我们的社会主义学术事业包括中国新闻学也不可能一蹴而就,更不可能凭少数人埋头苦干,而是需要持之以恒的扎实工作,更需要一批又一批、一代又一代的同道共襄此举。

2021年6月

(李　彬,清华大学新闻与传播学院教授、博士生导师,曾任河南大学黄河学者,兼任澳门科技大学博士生导师)

(赵月枝,加拿大皇家学会院士,西门菲莎大学全球传播政治经济学加拿大国家特聘教授,兼任清华大学新闻与传播学院卓越访问教授)

序：面向未来的数字新闻学

隋 岩

深圳大学传播学院教授常江博士的著作《数字时代的新闻业：文化视角与欧美经验》，以对英国、瑞士、美国17家新闻机构的106位从业者和用户的深度访谈为依据，对方兴未艾的"数字新闻学"（digital journalism）进行了理论探讨，为媒介融合时代的新闻学研究带来了新的有意义的尝试。

第一，对新闻业从业人员的研究采用了文化研究的视角。这种肇始于伯明翰学派的研究范式主张深入考察特定群体的生活方式，并通过类似人类学的研究方法，自下而上地进行理论探索。在该书中，作者将新闻行业内的生产实践、身份认同视为新闻从业者职业化生活方式的表征，通过对一手经验资料的深入分析，完成了有深度、有新意的理论建构工作。

第二，对数字新闻学理论体系进行思考时，始终保持着一种源于文化研究范式的人文主义态度，对数字技术对新闻生态构成的破坏性影响，进行深入的批判和反思，如新闻伦理的功利主义倾向、新闻教育的技工化等。提出数字新闻理论的建构应当以"价值重建"为核心理念，坚持以规范的理论研究新闻学，为身处技术话语洪流中的新闻学界和业界提供了一个警示。

互联网时代的新闻学，跨学科色彩、交叉性明显，社会学、心理学、政治学、美学、文化研究等不同学科和理论视阈的话语体系和研究思路，都可以为新闻学研究提供理论视角和方法，都可以为新闻学的发展做出贡献。作为在文化研究领域和传媒研究领域的有志青年学者，常江博士以自己的勤奋和智慧增强了新闻学对社会进程的解释力，这也是难能可贵的。

我们期待新闻传播学的青年学者，饱具类似的洞察力和责任感。

是为序。

2021年5月

（作者系中国传媒大学新闻学院院长、教育部"长江学者"特聘教授）

目 录

绪论　我们究竟需要什么样的新闻理论 …………………… 001

第一编　数字技术与新闻生产 …………………………………… 007

第一章　聚合新闻：聚合技术对新闻生产的影响 ………… 009
一、新闻聚合概述 ………………………………………… 009
二、新闻生产的价值多维与路径锚定 …………………… 012
三、编辑技能体系革新与记者行业地位下降 …………… 015
四、"连接为王"策略的日趋合法化 …………………… 018
五、新闻编辑时代的到来 ………………………………… 020

第二章　导演新闻：虚拟现实与主流新闻生产理念转型 … 022
一、虚拟现实与浸入式新闻 ……………………………… 022
二、"浸入"作为新闻生产理念革新的产物 …………… 025
三、专业性协商的传受关系 ……………………………… 027
四、浸入式新闻与数字新闻业的未来 …………………… 031

第三章　生成新闻：算法时代的新闻从业者群体心态考察 … 034
一、算法与新闻生产的自动化 …………………………… 034
二、自动化新闻及其全球发展现状 ……………………… 036
三、自动化生产时代新闻从业者的群体心态 …………… 039
四、群体心态对技术话语的制衡 ………………………… 044

第四章　图绘新闻：信息可视化与新闻室内的理念冲突 ………… 047
　　一、可视化：重构新闻的认识论 ……………………………… 047
　　二、视觉逻辑对新闻逻辑的僭越 ……………………………… 050
　　三、可视化时代的新闻理念冲突 ……………………………… 052
　　四、从"叙事－文化"到"科学－艺术" ………………………… 058

第二编　数字时代的新闻机构 ………………………………… 059

第五章　原子化未来：技术变迁对报纸新闻专业文化的重塑 …… 061
　　一、报纸新闻的专业文化 ……………………………………… 061
　　二、世俗性、认知秩序与个人主义 …………………………… 064
　　三、报纸新闻专业文化的变迁：从有机化到原子化 ………… 067
　　四、报纸新闻业的原子化未来 ………………………………… 072

第六章　多屏化视界：数字时代的电视新闻生态转型 …………… 074
　　一、传播架构与电视新闻生态 ………………………………… 074
　　二、技术对电视新闻的影响：一个历久弥新的议题 ………… 077
　　三、电视新闻的生态转型与电视记者的心理震荡 …………… 080
　　四、电视新闻：新旧协商的最佳田野 ………………………… 084

第七章　仪式化认同：媒介融合与广播新闻理念革新 …………… 086
　　一、广播媒介的隐与显 ………………………………………… 086
　　二、从广播文化到广播新闻 …………………………………… 088
　　三、媒介融合背景下的广播新闻专业理念变迁 ……………… 091
　　四、作为"强媒介"和"强文化"的广播 ………………………… 096

第八章　策略化逃避：门户网站在人工智能时代的生产理念转型
　　……………………………………………………………………… 098
　　一、处在新旧交合地带的门户网站 …………………………… 098
　　二、门户网站的技术－文化偏向 ……………………………… 101

三、门户网站新闻生产的文化转型 …………………………… 103

　　四、从话语桥接到新旧调和 …………………………………… 109

第三编　数字新闻生产理论想象 …………………………………… 111

第九章　身份重塑：数字时代的新闻从业者职业认同 ………… 113

　　一、作为话语资源的新闻职业认同 …………………………… 113

　　二、数字传播技能要求与新闻职业认同 ……………………… 116

　　三、基于媒介形态的新闻职业认同 …………………………… 118

　　四、作为意识形态的新闻职业认同 …………………………… 120

　　五、新闻职业身份认同的责任转向 …………………………… 123

第十章　规范重组：数字媒体环境下的新闻伦理探析 ………… 125

　　一、伦理：数字新闻业最紧迫的议题 ………………………… 125

　　二、数字新闻的道义论 ………………………………………… 128

　　三、功利主义视角下的数字新闻伦理 ………………………… 130

　　四、新闻从业者对自身的美德要求 …………………………… 132

　　五、数字新闻伦理体系的挑战与目标 ………………………… 135

第十一章　体系重构：走向数字化未来的新闻教育 …………… 137

　　一、新闻教育是不是一种职业教育 …………………………… 137

　　二、新闻教育中的技术话语 …………………………………… 139

　　三、数字时代的"理想的新闻从业者" ……………………… 142

　　四、未来的新闻教育和新闻人才 ……………………………… 147

第十二章　价值重建：新闻业的结构转型与数字新闻生产理论建构　149

　　一、引言 ………………………………………………………… 149

　　二、传播技术与新闻叙事 ……………………………………… 151

　　三、新闻生产的去媒体化 ……………………………………… 154

　　四、新闻从业者的技工化 ……………………………………… 156

　　五、指向价值极化的数字新闻专业文化 ……………………… 158

六、结语：新闻生产理论的未来 …………………………………… 160

参考文献 …………………………………………………………… 161

后　记 ……………………………………………………………… 183

绪论　我们究竟需要什么样的新闻理论

新闻生产（news production）作为一种研究范式，是欧美新闻研究在20世纪70年代经历"社会学转向"后留给新闻学领域的一个重要的观念遗产。这一范式主张新闻研究的语境化（contextualization）、去中心化（decentralization）和本土化（localization）。简而言之，就是将新闻业的日常生产实践置于流动的社会结构和动态的文化环境中考察，探讨影响新闻行业主流理念、程式和价值的诸种社会要素的交互机制，剖析新闻行业通过日常生产活动塑造知识、观念和文化生态的过程。

在诞生初期，新闻生产研究主要是一种关注机构层面的、中观的理论视角。在方法论上，由塔克曼（Gaye Tuchman）、甘斯（Herbert Gans）等学者开创的"新闻室观察"传统影响深远，这种方法取道文化人类学，主张将新闻业的种种规范和惯例视为一种有明确边界的职业文化（professional culture），通过近距离的、参与式的研究，获得"内部"的一手资料，再借助外在于新闻业的社会分析框架对其加以理论化。此外，由舒德森（Michael Schudson）开创，并在其弟子安德森（C. W. Anderson）手中得到进一步发展的知识社会学方法，也是新闻生产研究的一个有价值的路径。这种方法具有更加强烈的阐释学色彩，在研究设计上十分灵活。由于将"新闻"及与之相关的各种概念和规范视为一种知识，因此他们在研究中主张综合利用各种档案的、经验的资料，去探索这些"知识"的权威性究竟是如何在新闻机构的日常运作和新闻从业者的生产实践中形成的，整个新闻业又通过何种方式去维护这些"知识"的权威性，进而实现对于自身存在的各种社会条件的再生产。这两种方法论无所谓优劣，但它们所能解决的问题是不同的：前者主要回答"是什么"，而后者所要探求的是"为什么"。

互联网的崛起、社交媒体的普及和各类智能技术的应用，令全球新闻业以迅雷不及掩耳的态势进入数字化时代，这自然也对新闻生产理论的发展提出了新的要求。一方面，在探讨影响新闻机构日常运作和新闻业结构变迁的社会因素时，对技术因素的考量变得比以往任何时候都更紧迫，在一些情况下，前沿传播技术（尤其是智能技术）对新闻业加以改造的力度甚至（至少是在表面上）超越了政治、经济、文化等因素的合力。另一方面，在技术的中介作用下，新闻业与社会之间的关系也呈现出与以往不同的特征，这导致了新闻生产在实践和文化层面的双重危机："事实"作为新闻业的根基不断在大众认知中弱化，新闻业的公共文化属性受到前所未有的冲击，新闻职业和新闻从业者的概念边界变得日益模糊，社会各界对于新闻业的社会角色的理解也比以往任何时候都更分裂，新闻日益指向观点的极化和价值的虚无，等等。

简单来说，对于新闻生产理论的发展而言，数字时代的全面到来带来了两个无法回避的议题。

第一，我们在新闻生产理论的发展和建构工作中，究竟应当赋予技术何种地位。传播思想领域一度盛行的"技术决定论"长期以来一直是我们进行新闻传播理论建构的一个"假想敌"，但如今技术的发展速度和扩散模式，显然超越了我们基于历史经验形成的思维定式。在数字新闻研究领域，技术达尔文主义逐渐抬头，越来越多的人摒弃"内容为王"的传统行业逻辑，开始拥抱"渠道为王"或"连接为王"的技术话语，这使得我们在对新闻生产进行理论化的时候，不得不将大量的思考聚焦于价值而非机制的层面：如果我们认可对技术达尔文主义的无条件拥抱会导致新闻行业、新闻职业和新闻教育的价值虚无倾向，认可新闻业运转的终极目标在于实现更大范围的社会民主，那么在数字时代一个最紧要的问题，就是努力避免新闻业沦为资本和权力统治工具。因此，对于数字新闻生产理论的建构必须以"价值重建"为首要路径，努力提升自身的规范性色彩——这是本项研究得以展开的观念前提。

第二，主流新闻生产理论走过20世纪70～80年代媒介社会学"黄金时代"的辉煌，业已形成一种高度僵化的研究模式，这种模式在观念上默认诸种机构内外的社会因素的合力是塑造新闻内容和新闻业形态的决定性力量，在方法上则推崇多少带有一些文化中心主义色彩的准人类学方法（如新闻室观察）。在这一理论体系下，新闻实践被理解为一种符号或话语层面的社会建构，并在很大程度上忠实地反映着现实世界的权力关系。这种建构主义的理论化过程自然是对深受人本主义和美德伦理影响的传统新闻理论的反拨，但随着数字时代的全面到来，我们却发现自己不得不日益面对这样一种尴尬的局面：新闻生产理论长于解释"是什么"，却无法回答"怎么办"。在技术和社会因素配比相对均衡、稳定的20世纪后期，这种理论可以帮助我们很好地对新闻业中出现的种种现象做出解释；可伴随着数字化浪潮以令人瞠目的速度对新闻业原有的结构进行冲击并不断制造出前所未有的新问题,这种理论立刻显现出它的虚弱之处。作为一个与特定行业和特定职业有着天然的、不可分割的关联的学科,新闻学的发展不可能放弃它规范性的一面,而演变成一种纯粹的阐释学。如何在数字技术带来的行业危机的背景下,让新闻生产理论(甚至更广泛意义上的新闻理论)实现阐释性和规范性的协调发展,真正实现新闻学作为一个学科、一种理论体系的自足,是本项研究得以展开的终极目标。

具体而言,本项研究期望回答如下三个问题。

第一,不同类型的数字技术究竟对新闻生产产生了什么样的影响?这是一个描述层面的问题,也是我们进行后续的理论化工作的现实基础。本书在一定程度上采纳媒介生态学派的看法,将技术视为一种技艺(technics)和文化(culture)的复合体。具体来说,本书希望通过对四种最具代表性和影响力的数字技术——聚合、虚拟现实、算法、可视化——介入主流新闻生产的方式进行深入考察,厘清这种"数字的"介入方式究竟如何在日常生产实践和专业/职业观念两个层面,对新闻业加以"改造"。

第二,不同类型的新闻媒体究竟在数字技术的冲击下进行了什么样的转型?基于不同传播媒介的新闻机构,业已在历史中形成了自己的观念和实践传统,这些传统正在由于媒介的物质形式的不断变化而受到侵蚀,甚至不断通过自我更新的方式对新的环境做出回应。通过对报纸、电视、广播和门户网站四种主流的"传统媒体"在数字化时代的转型过程进行深入的考察,本项研究期望在中观或机构的(institutional)层面,解释数字的逻辑如何改变了整个新闻行业的生态,进而将新闻塑造为一种与以往不尽相同的文化。

第三,应当如何想象,甚至建构一种适用于数字时代的新闻生产理论?本项研究的最终目的,在于设想并提出可用于数字新闻生产过程分析的理论框架。在前面各项经验研究的基础上,笔者尝试分别从新闻职业认同、新闻伦理、新闻教育和新闻行业的结构转型四个维度,进行理论化的工作。这项工作目前当然只能是探索性的,但其目标十分明确:通过数字化的思维,在新闻生产的各个维度和层面上,寻求建立一种新的价值体系的可能性,实现新闻理论的解释性和规范性的协调发展。

在方法论方面,本项研究采纳与经典媒介社会学研究既有关联又有区别的文化研究的视角,这种视角将新闻业内的生产实践、身份认同和专业主义视为特定人群(新闻从业者)的特定生活方式,并通过自下而上的路径,获取一手的质化经验资料。具体而言,笔者在2016年2月至2017年12月之间,针对不同的研究议题,对美国、英国和瑞士三个国家共106位一线新闻从业者和数字新闻用户进行了带有扎根理论色彩的深度访谈和田野研究，尝试通过一手的质化经验资料，勾勒出数字时代的全景式的"新闻生态系统"（news ecosystem）。这些受访者分别来自17家新闻机构，其中既有 ProPublica、Slate、美国在线等数字新闻机构，也有《华盛顿邮报》《纽约时报》、英国广播公司（BBC）、瑞士法语广播电视公司（RTS）等正在进行数字转型的传统新闻机构（参见表1）。由于受到客观条件的限制，一部分访谈是通过 Skype 等即时通信软件和电子邮件的书面采访完成的。当面访谈和田野观察的累计时间约为170小时。绝大部分访谈用英语完成，一小部分访谈通过法语的电子邮件通信完成。笔者认为，既然新闻学存在的合法性几乎完全来源于它与新闻业之间的辅车相依的关联，那么新闻生产理论的经验基础必然是，也只能是一线新闻从业者对行业的认知、态度和判断。文化研究要求研究者"穿上他人的鞋子走路"，本土地、自觉地完成对生活经验的理论化，这种视角以往甚少为新闻理论研究人士所借鉴。笔者期望通过这项研究，将文化研究的思维方式的价值注入新闻理论的发展路径。

表1 数字时代的新闻生产访谈对象

编号	时间	新闻机构/用户	国别	人数
001~002	2016年2月~ 2016年4月	新闻网（Le News）	瑞士	2
003~005		早报（Le Matin）	瑞士	3
006~008		一瞥报（Blick）	瑞士	3
009~010		信使报（Le Courrier）	瑞士	2
011~012		瑞士法语广播电视公司（RTS）	瑞士	2
013		本地新闻网（The Local）	瑞士	1
014~022	2016年6月	瑞士世界电台（WRS）	瑞士	9
023~027		日内瓦城市电台（RCG）	瑞士	5
028~032	2016年7月~ 2016年8月	爱丁堡晚报（Edinburgh Evening News）	英国	5
033~041		早报（Le Matin）	瑞士	9
042~050	2017年1月~ 2017年10月	美国在线新闻频道（AOL News）	美国	9
051~057		Slate	美国	7

续表

编号	时间	新闻机构/用户	国别	人数
058~059		美国联合通讯社（简称美联社，AP）	美国	2
060~062		纽约时报（The New York Times）	美国	3
063		洛杉矶时报（Los Angeles Times）	美国	1
064~065	2017年8月~	华盛顿邮报（The Washington Post）	美国	2
066~068	2017年12月	ProPublica	美国	3
069~072		天空电视台（Sky）	英国	4
073~077		英国广播公司（BBC）	英国	5
078~084		瑞士法语广播电视公司（RTS）	瑞士	7
085~106	2016年7月~ 2016年8月	数字新闻用户	瑞士	22

需要说明的是，本项研究带有强烈的探索性色彩，其对于数字新闻生产理论的想象和建构是进行时而非完成时。囿于方法和客观条件，这项研究仍需在两个方向进行拓展。

第一，由于本项研究的全部访谈资料来自笔者在美国、瑞士和英国三国工作、访问时的调研，因此相关结论的提出不可避免有着"欧美经验"的色彩。这样做并非由于非欧美经验（尤其是中国经验）在数字新闻生产领域不重要——恰恰相反，正是因为基于各种文化语境的本土经验的重要性，本项研究才努力不将两者草率地视为同一种模式、做一体化理解。本文选择欧美经验作为探索的入口主要出于两方面的原因：一方面，数字技术被广泛地运用于新闻业源起于欧美国家，其新闻学界和业界对这一问题的讨论也比世界上的其他地区更为成熟和持久，这就可以为本项研究提供尽可能丰富的语料，从而使得这项探索性研究拥有更加扎实的经验基础；另一方面，数字化的确是一场全球性的浪潮，它在某种程度上的确令不同国家和地区的新闻业传统变得比以往更加"标准化"，这也就决定了即使是对欧美经验的考察，也能够让我们在中国语境下获得启发。

第二，由于选择了文化研究的视角和方法，本项研究在结构分析，尤其是对数字技术和数字新闻机构的政治经济学分析方面，是不够充分的。笔者尝试在对具体问题进行讨论，甚至对研究框架进行设计的时候，将政治经济学分析的思维纳入考量，但总体上，本项研究并不将宏观的政治经济结构作为一个主要的分析框架。同理，这并不表明笔者认为结构分析不重要。此举更多是要表明：任何理论化的工作既建立在研究者对相关领域知识的深入了解之上，也建立在研究者自身的价值选择的基础之上。在一个新的理论体系尚处在萌芽状态时，过于侧重结构分析或许有可能抑制底层经验所具有的理论潜力，令研究者束手束脚、一叶蔽目。全球资本主义是一个无远弗届、逃无可逃的元生态系统，是一切文化讨论的"底层架构"，对这一系统全面而深入的批判性考察，需要由更加专业的学者在未来去不断扩充、完善。

第一编
数字技术与新闻生产

第一章 聚合新闻：聚合技术对新闻生产的影响

本章提要

新闻聚合服务的崛起和主流化对传统及数字新闻行业产生了显著的影响，这种影响体现在日常新闻生产实践、新闻从业者角色定位，以及新闻从业者与新闻行业的关系三个维度上。本章基于在瑞士一家本地新闻网站展开的田野研究，结合通过互联网检索获得的相关行业自述文本，尝试对上述影响做出清晰而准确的剖析。本章认为，在"连接为王"及其他与之类似的话语的支配下，数字新闻行业开始全面重视编辑业务在聚合时代扮演的重要角色；一种新的、基于数字化平台和聚合逻辑的专业理念和新闻从业者身份认同也在逐渐形成；而新闻从业者群体是否能够顺利完成从"内容生产者"到"内容策略设计者"的角色转型，将是决定整个行业生态的一个至关重要的因素。

一、新闻聚合概述

新闻聚合（news aggregation）是 web 2.0 技术环境下的一种常见的新闻内容服务，通常由两部分组成：线上的内容供应商，以及装载于用户上网终端的客户端软件或网络应用。具体而言，内容供应商完成对新闻的聚合，并借助大数据实现对新闻用户的精准推送；新闻用户则在浏览这些内容的同时，以不断上传自己的阅读行为数据的方式实现对特定新闻内容的"订购"，为内容供应商的推送服务提供依据。[1]

与传统的新闻内容服务模式相比，新闻聚合给用户带来的便利性是不言而喻的。一方面，它为用户节省了搜索网页、寻找有用信息的时间，极大提升了新闻流通的效率；另一方面，它也克服了传统新闻内容有效性的局限，极大提

---

[1] KLINENBERG E. Convergence: news production in a digital age [J]. Annals of the American Academy of Political and Social Science, 2005, 597 (1): 51.

升了信息嵌入用户日常生活的程度。因此，在新闻聚合服务中，"聚合"与"推送"是不可分割的一体两面，离开了精准推送，新闻聚合只不过是一种新的版面语言而已。

新闻聚合的雏形是主要借助网页浏览器和电子邮件系统实现分发的 RSS（Rich Site Summary）服务。最早的 RSS 产品由浏览器公司 Netscape 于1999年推出。但在移动互联网尚未发展成熟的情况下，早期 RSS 服务过分依赖既有的分发渠道，不但难以实现"用户友好"，[1] 而且也无法实现真正意义上的精准推送。其运作模式与传统的报刊订阅模式十分接近，因此能够很快地为传统媒体的使用者所接受。以 RSS 为代表的新闻聚合服务因《纽约时报》等主流媒体的采用而开始获得影响力，进而成为以互联网为承载平台和传播渠道的各类新闻媒体的一种"标配"。[2] 至2005年，几乎所有主要的网页浏览器都完成了对聚合服务的内置；至2015年，在移动终端带来的个性化新闻订制浪潮中，全球范围内总计有超过2000万个使用新闻聚合的网站。[3]

目前，在全球范围内，常见的新闻聚合服务有如下几个类型：（1）新闻聚合网站（news aggregation websites），如谷歌新闻（Google News）、赫芬顿邮报（The Huffington Post）、Event Registry 等；（2）网络阅读器（web-based feed readers），如 Flipboard、News 360、NewsBlur 等，这些阅读器可能在 PC 端和移动端拥有不同的版本；（3）社交化新闻聚合（social news aggregators），如 Digg.com 和 Reddit.com 等；（4）个人化新闻聚合（personalized news aggregators），如 NewsPrompt 等；（5）矫正式新闻聚合（media bias-aware news aggregators），如 NewsCube 等。但与传统新闻业关系最为密切的是前两种类型，即新闻聚合网站和网络阅读器。

新闻聚合服务的主流化不可避免对传统的新闻生产程式和新闻从业者，尤其是新闻编辑的工作方式构成冲击和影响。长期以来，编辑既是新闻从业者的一项核心技能（expertise），也是新闻业内的一个核心职业（occupation），是一

---

[1] HAMMERSLEY B. Developing Feeds with RSS and Atom [M]. Sebastopol: O'Reilly Media, Inc., 2005: 25.

[2] KOTENKO J. Google reader is dead but the race to replace the RSS feed is very alive [EB/OL]. Digital Trends [2013-07-01]. https://www.digitaltrends.com/web/google-reader-is-dead-but-the-race-to-replace-the-rss-feed-is-very-alive/#ixzz3usvMfKvJ.

[3] RSS usage statistics: websites using RSS. https://trends.builtwith.com/feeds/RSS.

个决定"谁有权力通过控制某种特殊技能以实现对符号的操纵"的关键元素。[1]但新闻聚合时代的到来改变了这一切。如有学者所指出的,新闻聚合服务给新闻业带来的是一场"管辖权"(jurisdiction)的危机,即传统意义上的"新闻是对关于当下的一般性优质信息进行收集和分发"的观念究竟在多大程度上还有合法性的问题。[2]近十年来,无论在新闻传播学界还是业界,如何在"聚合的时代"保持新闻业的独特性,亦即"如何区分新闻与博客、报道与聚合",[3]成为一个行业内争论不休的问题。如 Lewis 所言:"专业主义复杂性深深嵌入当下这场以用户为中心的关于新闻协商的开放式讨论中,同时也被这场讨论不断改造。"[4]

本章主要探讨新闻聚合服务的崛起及主流化对于传统及数字新闻行业产生的影响。通过采纳美国学者 J. Singer 提出的分析框架,笔者在知识社会学的视野下,将"编辑"视为关涉新闻业"管辖权"的一种重要知识。在这一视野下,编辑并不仅仅是新闻从业者的一项技能,更是决定新闻职业独特性与合法性的关键品质。[5]具体而言,本章将分别从三个维度展开分析:新闻编辑日常实践、新闻编辑角色定位,以及新闻编辑与新闻行业的关系。

本项研究主要采用田野研究和深度访谈的方法。本章分析所基于的经验资料,大部分源于笔者于2016年2~3月在瑞士一家地方新闻网站展开的小型田野研究。该网站最初是一家英文日报,在2015年年初停止纸质版出版,转型为一个纯数字新闻机构。由于以英语为出版语言,该网站的编辑团队高度国际化,编辑人员分别来自英国、美国、南非、新西兰等英语国家,以及法国、意大利、瑞士等非英语国家。网站以刊登本地时政、文化及娱乐新闻为主,内容总体较为软性,同时为用户提供 RSS 订阅服务。此外,为使研究结论更具解释力,本章还采用了部分经互联网检索获得的新闻编辑人员的自述文本或访谈言论作

---

[1] CAREY J. The communications revolution and the rise of the professional communicator [J]. Sociological Review Monographs, 1969, 13 (1): 25.

[2] ANDERSON C W. What aggregators do: towards a networked concept of journalistic expertise in the digital age [J]. Journalism, 2013, 14 (8): 1009.

[3] BOYER D. Digital expertise in online journalism (and anthropology) [J]. Anthropological Quarterly, 2010, 83 (1): 76.

[4] LEWIS S. The tension between professional control and open participation: journalism and its boundaries [J]. Information, Communication & Society, 2012, 15 (6): 26.

[5] SINGER J. Who are these guys? The online challenge to the notion of journalistic professionalism [J]. Journalism, 2003, 4 (2): 139-163.

为补充经验资料。

二、新闻生产的价值多维与路径锚定

在聚合时代，网络新闻编辑工作的日常实践与传统模式相比最大的变化，就是编辑人员为完成这项工作所需掌握的信息量的日趋庞大，所需面对的工作压力也更加沉重。

笔者访谈过的一位瑞士地方新闻网站的编辑表示，在网站引入了聚合服务之后，自己每日需要处理的信息量陡然增大。为确保本网站提供的信息与其他线上聚合服务提供者相比具有时效和容量上的优势，这位编辑每天都要阅读来自超过100个RSS新闻源的信息。网站每日早间的推送是重中之重，而这组推送通常要包括4~5个重量级故事（major top stories）以及6~7个次级故事（minor stories）。美国学者C. W. Anderson对著名网络新闻机构赫芬顿邮报的调查也显示，聚合服务的存在使新闻编辑开始面临前所未有的工作压力。有新闻网站编辑表示："我的闹钟每天早上6:55准时叫醒我，而我则会立刻跳下床，打开MSNBC，展开对当天热点新闻的梳理。只有在确保没有发生爆炸性新闻的情况下，我才可以放心地吃早餐。"[1] 在一篇行业自述文章中，一位资深网络新闻编辑表示："尽管最简单的新闻聚合方法是（借助算法）自动集成所有新闻源的最新头条……但毫无疑问，要想让新闻能够正确地推送给目标受众，编辑的人为判断是必不可少的因素……在发现和处理信息的速度上，计算机远非人力可及，但缺少人类智慧的编辑机制必然导向不智能的结果。"[2]

聚合机制的引入使新闻编辑每日所要处理的新闻素材的数量和容量均大大超过传统专业范畴内的日常新闻稿件，而这一工作也由以往的主要在晚间完成，转变为几乎完全在早间完成。一位瑞士受访者表示，自己过去喜爱新闻编辑工作的一个重要原因是更加自由的时间安排，由于门户新闻网站时代的每日头条及页面大多是在前一天晚上或深夜完成的，因此早间相对而言是比较悠闲的时段，但这一切在聚合机制引入之后发生了彻底的改变。

聚合时代新闻编辑日常工作实践的另一个显著的变化，是新闻价值判断

---

[1] ANDERSON C W. What aggregators do: towards a networked concept of journalistic expertise in the digital age [J]. Journalism, 2013, 14 (8): 1015.

[2] SOUNDERMAN J. The seven steps to a successful aggregation strategy for your news organization [EB/OL]. [2011-06-28]. https://www.poynter.org/news/seven-steps-successful-aggregation-strategy-your-news-organization.

标准的多维化。传统的新闻价值判断标准是扁平化的，通常由若干个在逻辑上平行的指标体系构成。在社交媒体崛起之后，网络新闻编辑在进行新闻素材的取舍时，必须在原本的价值体系之上增设"目标用户兴趣/利益"（target audience's interest）指标，从而使新闻价值体系呈现出由新闻文本自身属性到"社交指涉"（social referrals）的二元体系。[1] 而在新闻聚合的时代，网络流量（network traffic）又作为一个新的维度，被纳入到新闻价值的判断体系中，因而成为编辑进行新闻素材的选择、甄别和考量的一个重要依据。而造成这一局面的原因，在于现有的行业数据表明聚合式数字新闻内容每日的流量高峰出现在每日早高峰时段前后，[2] 因此所谓的"网络流量"维度并非指网络新闻编辑要让新闻内容本身吸引更多的关注（这一点早在没有互联网的时代就是一件重要的事），而是新闻编辑活动要依照聚合时代的新闻流（news flow）的规律调整自己的评判标准——这是一个时间的维度。在这一维度的观照下，新闻编辑工作除了要考虑新闻素材自身的属性以及目标用户的行为习惯，还要将网络信息流动的时间规律纳入考量（参见图1）。

图1 数字时代新闻价值判断标准的演化

在工作压强增大和专业理念多维化的前提下，"速度"成为编辑工作质量的一个决定性因素。一位受访的瑞士新闻网站编辑表示，自己对老式新闻业精雕细琢的传统并不感冒，"一个星期出一篇报道，在今天看来是十分懒惰的行为……我们应该在尽可能短的时间里，用充足的信息为用户描绘一个完整的图景"。而另一位似乎十分缅怀传统新闻业的网络编辑则认为，慢工出细活的深度报道才是"最理想的新闻工作"，但今天已经没有人可以再从事这样的工作了。有学者指出，人们对聚合时代的新闻机构的预期是提供"一站式购物"

---

[1] BEDNREK M, CAPLE H. The Discourse of News Values: How News Organizations Create "Newsworthiness" [M]. New York: Oxford University Press, 2017: 172.

[2] BOCZKOWSKI P. Digitizing the News: Imitation in an Age of Information Abundance [M]. Chicago, IL: University of Chicago Press, 2004.

（one-stop shop）的新闻消费体验，即令用户在最大限度上高效、集约地完成对本地政治及娱乐新闻的获知。[1]

对于新闻网站来说，聚合服务的引入并未导致原创新闻数量的减少。恰恰相反，为了在浩如烟海的新闻订阅源中脱颖而出，以及尽可能被综合性聚合平台及阅读器（如 Google News 和 Flipboard）引用，各大新闻网站甚至要增加原创新闻内容的数量以提升竞争力。例如，笔者展开田野研究的瑞士地方新闻网站只有11位全职编辑，但平均每天要刊发15条左右原创新闻报道，这也就意味着每一个编辑平均每天要处理超过1个原创新闻故事，而这项工作很多时候都是在早间赶工完成的；至于美国 NBC 网站这样的综合性网络新闻机构，每天推出原创新闻的数量则要在40~50条。然而，原创新闻数量的提升并未使新闻推送的工作量相应减轻。相反，为了在聚合机制中占据优势，网络新闻机构大多设立了重复推送机制，即在一天之内的不同时段对当日新闻进行多次、反复的推送。由于现有的新闻聚合机制的算法通常并不过滤同一机构推送的内容相似的新闻，因此重复推送机制就成了提高新闻可见度的一种最直接的方法。有人甚至将采用这种机制的网络新闻机构喻称为"内容农场"（content farms）或"数字血汗工厂"（digital sweat shops），其宗旨就在于"容易被聚合算法检索从而制造流量"。[2]

如有学者所指出的，在聚合时代，"路径锚定"（way-finding）的重要性大大超过了传统新闻编辑体系所强调的"把关"（gate-keeping）。[3] 这一变化意味着新闻产品如何在浩如烟海的数字信息流中脱颖而出并成功吸引用户的注意力成了编辑方针的核心内容，"新闻范式……实现了从'发布什么'到'如何推广'的转型"。[4] 对于编辑来说，日常工作的范围远远超过了对新闻文本进行厘定的范畴，更包括了提升新闻在线上新闻流中的能见度的种种努力。[5] 新闻编辑

---

[1] ANDERSON C W. What aggregators do: towards a networked concept of journalistic expertise in the digital age [J]. Journalism, 2013, 14 (8): 1018.

[2] BAKKER P. Aggregation, content farms and Huffinization: the rise of low-pay and no-pay journalism [J]. Journalism Practice, 2012, 6 (5-6):634.

[3] PEARSON G D, KOSICKI G M. How way-finding is challenging gatekeeping in the digital age [J]. Journalism Studies, 2017, 18 (9): 1087-1109.

[4] THORSON K, WELLS C. Curated flows: a framework for mapping media exposure in the digital age [J]. Communication Theory, 2016, 26 (3): 317.

[5] CHOI S, KIM J. Online news flow: temporal/spatial exploitation and credibility [J]. Journalism, 2017, 18 (9): 1187.

的日常工作实践并不仅仅是工作量的加大，更是工作性质的根本性变化。

三、编辑技能体系革新与记者行业地位下降

在任何行业内，某一职位的角色定位都不仅仅关乎该职位的工作内容、薪酬水平以及行业内地位，更是宽泛意义上的职业身份认同的重要组成部分。由于新闻聚合服务的主流化在数字新闻行业内首要是一场编辑理念与业务的革命，因此其对新闻编辑的角色定位产生了不容忽视的影响。在笔者于瑞士某地方新闻机构展开的田野研究中，受访的新闻编辑显然对自己的角色定位的转变已有较为清晰的认知，并在相当程度上达成了共识。这种角色定位的转变主要源于两个因素：一是编辑技能体系的革新，二是记者在行业内地位的相对下降。

所谓编辑技能体系的革新，主要是指聚合服务对新闻编辑提出了新的技能要求，这在某种程度上提升了网络新闻编辑的专业门槛。如一位曾经供职于某家全国性报纸、后转行做网络新闻编辑的受访者表示："新闻聚合本身就是一种新技能……以往的新闻编辑主要从事素材的拼接与整合工作，如今则要参与新闻故事本身的创作……事实上，你今天读到的绝大多数新闻故事，主要出自编辑之手。"另一位受访者也指出："改写（rewriting）是今天的新闻编辑都需要掌握的新技能。"由于聚合机制对新闻故事提出了诸多文本之外的要求（如流量要求），因此在日常工作中与传播渠道较为疏离的新闻记者撰写的报道在形式上不完全符合甚至完全不符合聚合要求就成了十分常见的状况。在这一过程中，编辑的改写能力得到突出的强调，这项能力使编辑成为"联结独立生产的新闻故事与飞速发展的行业标准的重要桥梁"。[1]

一位受访者用"好的新闻判断力"（good news judgment）这一表述来界定聚合时代新闻编辑的技能，她将这种技能视为一种总体性的素养，而不单单是一些零散技能的组合："优秀的记者未必拥有好的新闻判断，但优秀的编辑一定有……编辑不光要知道如何设计一条可以吸引流量的标题，更要比任何人都清楚究竟什么才是新闻。"一位美国新闻网站编辑也提出了类似的观点："你要清楚读者们对什么故事感兴趣，你要摸透新闻源，你要动作麻利，你要为新闻故事增添额外的价值……但最重要的是，你要有新闻判断力。"[2] 一如有学者指

---

[1] ANDERSON C W. What aggregators do: towards a networked concept of journalistic expertise in the digital age [J]. Journalism, 2013, 14 (8): 1015.

[2] DOMINGO D. Interactivity in the daily routines of online newsrooms: dealing with an uncomfortable myth [J]. Journal of Computer-Mediated Communication, 2008, 13 (3): 690.

出的，传统新闻编辑工作是一种秩序（order），而聚合时代的新闻编辑工作则如同一条"通路"（access），编辑人员的角色变得比以往更加灵活，俨然已是整个数字新闻行业的主导者。[1]

与编辑技能门槛提高和职业认同度提升相应的，是记者在行业内地位的相对降低。对于记者群体在数字时代于总体上呈现出的挫败感和幻灭感已有很多研究者做出了深入而全面的考察，这些研究表明记者在新闻行业内的地位同时受到"设计"（design）、"策展"（curation）、"聚合"（aggregation）等多重话语的挑战。[2][3]尼曼实验室甚至在一个报告中指出，聚合服务所采用的算法以及相关阅读器及应用的设计已经成为"构建新闻观念的重要参与者"，而未来的新闻报道必然是个性化的、数据化的，以及以用户需求为导向的，传统记者职业有融入"工程师"身份的危险。[4]

编辑和记者之间的矛盾是传统新闻室内的主要冲突，这一矛盾主要围绕着新闻文本的最终形态以及把关的标准展开。[5]然而在新闻聚合时代，随着编辑获得对新闻产品形态更大的裁量权以及把关机制的边缘化，记者的声音显然弱化了许多。编辑不再将自己视作"为他人作嫁衣"的辅助角色，而开始从聚合带来的新的行业范式出发，对记者的新闻采集和撰写工作提出各种要求。

在瑞士的田野研究中，有多位网站编辑通过不同方式表达了自己对记者工作的不满，具体包括：新闻故事难以攫取用户的注意力，工作效率过低难以满足网站对原创报道数量的需要，新闻文本的形式因难以被展演或推广而对编辑提出了较高的改写要求，等等。一位受访者明确表示，自己将十分欢迎算法时代的全面来临："算法并不等于完全排除人的力量，即使未来新闻报道完全由机器生成，编辑还是可以通过改写来植入专业的新闻判断。"而另一位受访者

---

[1] CARLSON M. Order versus access: news search engines and the challenge to traditional journalistic roles [J]. Media, Culture & Society, 2007, 29 (6): 1014-1030.

[2] GYORI B，CHARLES M. Designing journalists: teaching journalism students to think like web designers [J]. Journalism & Mass Communication Educator, 2018, 73 (2): 200-217.

[3] STERNBERG J. Why curation is important to the future of journalism [EB/OL]. [2011-03-10]. http://mashable.com/2011/03/10/curation-journalism/#oJAWUzfnBkqa.

[4] ANANNY M，CRAWFORD K. Designer or journalist: who shapes the news you read in your favorite apps? [EB/OL]. [2014-09-10]. http://www.niemanlab.org/2014/09/designer-or-journalist-who-shapes-the-news-you-read-in-your-favorite-apps/.

[5] JOSEPH T. Reporters' and editors' preferences toward reporter decision making [J]. Journalism Quarterly, 1982, 59 (2): 219-248.

则表示，与记者的沟通与磨合正在成为日常工作中越来越不重要的一项内容："你所看到的大部分故事都是在编辑手中完成的，记者对原创稿件的贡献只占总量极少的部分。"

  一家典型的、纯线上出版的数字新闻机构通常会雇用一定数量的独立撰稿人，尤其是在报道本地之外的事务时。对此，接受采访的编辑大多表示了欢迎。由于独立撰稿人与新闻机构没有强烈的隶属关系，因此编辑普遍感觉自己在处理或改写其稿件的时候，精神压力要小得多，沟通成本也更低。一位身居管理层的受访者甚至表示，网站正在考虑逐步实现完全由独立撰稿人提供原创故事而不再雇用常设记者，这样做并非由于独立撰稿人出品的新闻报道质量更高，而是因为这种工作方式能够赋予编辑更大的自主权，从而使新闻机构更好地适应竞争激烈的网络信息环境。

  记者职业在数字新闻行业的边缘化并不完全是技术环境变化的结果，更是新闻业内在的"品质"（quality）与"效率"（efficiency）的天然冲突在聚合时代被骤然放大的结果。有学者将"即刻性"（immediacy）视为新闻业的一项核心意识形态，其本质是时刻保持信息的新奇性（novelty）。[1] 在传统新闻业态下，记者需要在新闻品质和报道时效之间小心翼翼地把握平衡，以同时满足市场和专业主义提出的要求；进入数字时代，尤其是聚合时代以后，是"即刻性"而非新闻品质得到了高度的强化，[2] 日趋式微的传统专业主义不再是记者职业地位的保护伞。如有学者指出的："在传统意义上，'即刻性'意味着对新闻进行及时的报道以使人们在短时间内知情；而在数字新闻业中，'即刻性'就等于对新闻报道进行持续不断的更新和修订。"[3] 这表明，在对新闻业的核心意识形态的维护中，编辑已经取代记者占据了主导者的角色。

  来自美国的行业数据也显示，编辑也已取代记者成为数字新闻业最为炙手可热的职位。Poynter 发布的一个行业报告指出："新闻机构长期以来不重视编辑，如今却陷入了编辑人才短缺的危机……这是当下新闻室所面临的一场最显著的危机。"而编辑职位的重要性则体现在"优秀的编辑能够让每一个故事具

---

  [1] DEUZE M. What is journalism? Professional identity and ideology of journalists reconsidered [J]. Journalism, 2005, 6 (4): 442-464.

  [2] MITCHELSTEIN E，BOCZKOWSKI P J. Between tradition and change: a review of recent research on online news production [J]. Journalism, 2009, 10 (5): 562-586.

  [3] CHOI S，KIM J. Online news flow: temporal/spatial exploitation and credibility [J]. Journalism, 2017, 18 (9): 1188.

有独特性并令人难以忘怀……是编辑给了新闻一个结构，同时强化了人物，突出了焦点"。报告进而强调，即使是从事记者职业的人，如今也必须要接受基本的编辑培训，而整个新闻行业都必须要"珍视编辑作为一项核心技能的重大价值"。[1]

总体而言，尽管新闻聚合的主流化对新闻编辑提出了更高的技能要求，却也在同时明确了编辑在行业内的核心地位，并使编辑拥有了调配行业资源的更大的权力，以及更高的职业认同感和自豪感。相比之下，记者在行业内的地位则日趋降低，甚至出现边缘化的迹象。即使在可预见的将来，数字新闻业将记者与编辑两个角色合二为一，统称为"内容生产者"（content producer）或"聚合者"（aggregator），主导这一角色行为的也将是编辑的理念。

四、"连接为王"策略的日趋合法化

从业者与行业的关系是行业机制的一个重要的构成维度；具体而言，包括某一职业的从业者在行业内具备的普遍可信度（credibility）、有效职权范围，以及对行业总体规划及发展进程的发言权等方面。毫无疑问，随着编辑在数字新闻行业内的角色地位的提升，其与全行业的关系也有了根本性的改变。一项研究表明，编辑的技能和新闻判断在用户对新闻内容的接受过程中扮演了关键的角色[2]；由于聚合机制将用户体验和新闻消费行为转化为数据并以之作为精准分发的依据，因此编辑的权限得以超出内容生产的范畴，全面涉入流通及经济领域。

可以说，在聚合时代，数字新闻编辑与整个数字新闻行业之间存在着一种更加立体、更加多功能化的关系。例如，一项针对视频新闻内容聚合服务的实证研究显示，编辑的工作不再仅仅是呈现内容本身，更是在为全行业设立一整套分发的技术标准，强有力地塑造着整个行业的生态。[3] 一位瑞典学者也提出，聚合时代的内容编辑实际上是一个高度政治化的过程，其最终的结果是导致了

---

[1] MACADAM A. Journalism has an editing crisis, but we can do something about it [EB/OL]. [2016-04-20]. https://www.poynter.org/news/journalism-has-editing-crisis-we-can-do-something-about-it.

[2] VULTEE F. Audience perceptions of editing quality: assessing traditional news routines in the digital age [J]. Digital Journalism, 2015, 3 (6): 832-849.

[3] GILLESPIE T. The politics of platforms [J]. New Media & Society, 2010, 12 (3): 359.

全行业的去价值化——这恰恰违背了聚合服务诞生的初衷。[1] 无论研究者如何评判这种新的关系，有一点是毋庸置疑的，那就是聚合时代的新闻编辑不再是单纯的内容生产者，其技能水准和职业范畴与全行业的存在方式和盈利方式产生了更加直接的关联。传统的"制作—发行"流程被"生成—聚合—再生成—再聚合"的循环机制所取代，新闻的商业价值与其实际的使用价值有了更紧密的关联，编辑活动在很大程度上拥有了工业的成色。

在瑞士展开的田野研究中，笔者发现，数字新闻机构的编辑正在比以往更加深入地参与到经营活动之中。广告与经营部门的例会通常会要求编辑业务的主管参加，对编辑绩效的考核也会在不同程度上参阅新闻故事的流量及网络搜索热度。这一状况在给编辑的日常工作带来更大压力的同时，也令编辑得以与行业保持着一种更加紧密的关系。与记者在聚合时代的相对疏离相比，编辑总体上不断向数字新闻行业的核心地带靠拢。尽管编辑并未被要求直接对机构的经营状况负责，但毫无疑问通过全面的专业技能为供职的新闻机构争取更充裕的生存空间已经成为数字时代对编辑的基本要求。[2] "内容聚合其实涵盖了一整套广泛的工业实践与技术光谱……无论基于人工策展的聚合还是基于自动化算法的聚合，其最终指向的其实是媒介品牌的聚合"[3]。

在田野研究中，受访者对于上述新关系持有不同的态度。有人认为这种关系破坏了编辑工作的纯粹性，并担忧商业上的考量会对内容的品质产生不好的影响。但更主流的观点是：这种关系是数字新闻行业的新常态，如果编辑不能在日常工作中以一种整合的思路去改写和推送内容，那么他很有可能会因无法很好地履行自己的职责而被行业抛弃。一位受访者感慨："在聚合的影响下，一切都是联动的，内容和市场不再保持距离，流量带来的商业效果立竿见影，这一切都决定了编辑工作将变得越来越复杂。"类似的观点在美国语境下也得到佐证。数字媒体机构 Rainmaker.FM 的副总裁 Jerod Morris 在一次访谈中表示，"内容为王"的理论不适用于数字时代，新的理念是"连接为王"（connection is king）；对于编辑来说，与其要生产优质的内容，不如生产优质的内容策略（content strategy），因为编辑扮演了内容与用户之间的管道的角色。

---

[1] VONDERAU P. The politics of content aggregation [J]. Television & New Media, 2015, 16 (8): 717-733.

[2] LIEB T. Editing for the Digital Age [M]. Washington D.C.: CQ Press, 2015.

[3] VONDERAU P. The politics of content aggregation [J]. Television & New Media, 2015, 16 (8): 721.

只有将"内容生产"的思路转化为"内容策略生产"的思路，编辑才能真正实现"对整个行业的贡献"。[1]

事实上，即使在传统新闻业态下，编辑的工作也完全做不到"纯粹"，而始终与整个行业保持着政治经济层面的关联。只不过这种关联往往隐藏在新闻专业主义的意识形态之下，体现得十分隐晦而间接。但在聚合的时代，这种关联开始成为一种公开的话语。新的传播生态导致了原创内容及其主要生产者——记者地位的衰落，以及随之而来的内容策略及其主要设计者——编辑地位的上升。内容不再是新闻业最核心的价值所在，"可聚合性"（aggregability），亦即 Jerod Morris 所说的"连接为王"才是数字新闻机构生存发展的生命线。一位受访者甚至坦率地表示，自己更青睐网络原生内容而非记者采写的原创内容，因为"前者天然就拥有互联网的气质，而后者总是不可避免带有传统媒体的精英姿态，往往需要编辑投入更为烦琐的转换工作"。

新闻编辑与整个数字新闻行业更加紧密的关系的形成，无疑与聚合机制形成了相互支撑的互构效应：由于聚合机制的存在及主流化，编辑获得了前所未有的资源、权限和更高的准入门槛；而编辑对数字新闻行业日益攸关的影响力，也进一步强化了聚合服务及其"连接为王"理念的合法性。这种新的行业生态结构，势必会在可预见的将来强有力地塑造数字时代的人类信息体验与认知进程。

五、新闻编辑时代的到来

本章基于对瑞士一家本地新闻网站的田野研究，以及对其编辑人员的深度访谈，结合通过互联网检索获得的相关自述文本，尝试全面而准确地勾勒新闻聚合服务的崛起与主流化对传统及数字新闻编辑行业产生的影响。

研究发现，聚合机制对新闻编辑工作的内容、性质、专业理念、角色定位与行业关系等，均产生了深远的影响。新闻编辑在工作压力增加、技能要求提升的同时，亦获得了更大的职权和更为核心的行业地位，与日趋边缘化的记者职位形成了鲜明的对比。在"连接为王"及其他与之类似的话语的支配下，数字新闻行业开始全面重视编辑业务在聚合时代扮演的重要角色；一种新的、基于数字化平台和聚合逻辑的专业主义新闻编辑理念和新闻编辑身份认同也在逐

---

[1] An editor-in-chief's responsibilities in the digital age [EB/OL]. Audio material hosted by S Flaxman [2015-07-30]. https://rainmaker.fm/audio/editor/responsibilities/.

渐形成。在可预见的将来，编辑职位很有可能是除内容生成算法和聚合、分发算法之外，主导性的人类新闻判断力的主要来源（尽管这种判断力的内涵也会被不断改写）。在当下的数字新闻行业内，编辑群体是否能够顺利完成从"内容生产者"到"内容策略设计者"的角色转型，将是决定整个行业生态的一个至关重要的因素。

在这项探索性研究的过程中，仍有一些问题亟待解决：若聚合机制下的编辑和记者在职能上已不再是纯粹的内容生产者，那么新闻从业者将会如何认同自己的身份？除聚合机制之外，还有哪些技术的因素正在塑造新闻行业的形态？新闻编辑与新闻业内其他职业的关系（如编辑、记者关系）又将在数字技术的浪潮中迎来怎样的发展？对于这些问题，在后续的章节中将会做出清晰的解读。

第二章　导演新闻：虚拟现实与主流新闻生产理念转型

本章提要

本章对基于虚拟现实技术的浸入式新闻及其引领的主流新闻生产理念的转型过程做出全面的考察。通过文献梳理和深度访谈方法，厘清浸入式新闻的编辑理念的内涵，探讨其构建的新的传受关系，同时对这种生产理念影响下的数字新闻业的发展路径进行归纳。本章认为，浸入式新闻塑造了一种"类导演"的新闻生产者角色，而如何对"新闻导演"的个体创作倾向进行抑制以维系新闻的公共属性，将是浸入式新闻未来发展的基本方向。

一、虚拟现实与浸入式新闻

浸入式新闻（immersive journalism）既是近年来数字新闻业内出现的一种新的新闻类型（genre），也被广泛视为全球新闻生产的一个显著的趋势，其诞生和发展与虚拟现实（virtual reality, VR）技术在数字新闻业内的应用，尤其是价格低廉的头显设备（head-mounted display, HMD）在数字新闻用户中的迅速普及有密切的关系。[1]借助虚拟现实技术，生产者创造出一个可以令新闻用户"进入"和"参与"的空间，并以新闻中的当事人（或参与新闻过程的报道者，或亲历新闻事件的人物）为第一视角完成叙事，配合独特的场景和声效设计，令用户获得特定的感受、体验乃至情绪，进而放大新闻事件在心理层面对用户的影响力。[2]用虚拟现实新闻的早期拓荒者 Nonny de la Peña 的话来说，浸入

---

[1] SIRKKUNEN E, et al. Journalism in virtual reality [C]//Proceedings of the 20th international academic mindtrek conference, Tampere, October 17-18, 2016: 297-303. New York: ACM.

[2] DOMINGUEZ-MARTIN E. Immersive journalism or how virtual reality and video games are influencing the interface and the interactivity of news storytelling [J]. Profesional de la Informacion, 2015, 24 (4): 413-423.

式新闻将受众置于事件所处的语境（context）之中[1]，其愿景是为用户提供精确而完整的新闻图景。

无论在学界还是业界，浸入式新闻主要被视为新闻在叙事（narrative/story-telling）上的一种趋势或一种倾向（甚至不能算是革新）。尽管以《纽约时报》、美国广播公司、英国《卫报》以及网络新闻平台 VICE 为代表的主流新闻机构是从2015年才开始进行探索性的 VR 新闻生产的[2]，但以促使受众的主观情感介入而非单纯为其提供客观事实为首要诉求的生产趋势，早在20世纪60~70年代的新新闻主义（new journalism）浪潮中即已得到了充分的发展。这场至今仍被很多人视为"异端"的新闻文体"革命"在三个方面宣称对传统新闻理念的反叛：第一，杰出的新闻报道不仅要为读者提供确凿无疑的客观事实，更要令读者对新闻故事进行情感投入；[3] 第二，新闻记者应当成为新闻故事的一部分而非超然物外的旁观者，因而"新新闻"在本质上应当是主观的，甚至应当提供与小说相似的阅读体验；[4] 第三，"新新闻"的生产过程类似于民族志（ethnography），主张记者对某一个群体或某一个主题进行长期的、高强度的观察，以实现对其意义的深刻理解。[5] 作为印刷媒体时代的浸入式新闻，新新闻主义在欧美国家拥有为数甚众的支持者，却也始终面临着"记者的个人中心主义"和"扭曲事实"等批评，[6] 无法成为新闻业的主流生产模式。

数字新闻时代的到来改变了新闻受众（用户）的接受习惯及其对新闻形态的一般期待，数字内容用户显然比传统新闻受众更乐于接受新闻在文体和叙事上的创新。Wahl-Jorgensen 等人的研究成果表明，数字新闻用户比传统新闻受众拥有更加灵活、更加机动，也更具参与意识的新型新闻价值观，这使

---

[1] PEÑA N, et al. Immersive journalism: immersive virtual reality for the first-person experience of news [J]. Presence, 2010, 19 (4): 291-301.

[2] JONES S. Disrupting the narrative: immersive journalism in virtual reality [J]. Journal of Media Practice, 2017, 18 (2-3): 171.

[3] MEIJER I. The public quality of popular journalism: developing a normative framework [J]. Journalism Studies, 2001, 2 (2): 189-205.

[4] WOLFE T. Like a novel [J]. The New Journalism, 1973, 1: 23-68.

[5] BIRD S. The journalist as ethnographer? [C]// Rothenbuhler E W, Coman M. Media Anthropology. New York: SAGE Publications, 2005: 301-308.

[6] MANGUEL A. Why Are You Telling Me This? [M]. Banff: Banff Centre Press, 1997.

得数字平台上展开的几乎一切新闻变革都获得了热情的欢迎。[1] 英国通信管理局（Ofcom）于2015年展开的一项调查显示，在16～24岁年龄区间的英国人中，有59%已习惯于通过数字终端进行新闻消费，而在55岁以上年龄段的英国人中，只有23%拥有这一习惯，[2] 这意味着代表新闻业未来的年轻用户已基本形成了数字化的新闻消费程式，从而使得新的生产技术与生产理念的普及将拥有更低的认知成本。浸入式新闻当然也享受了数字媒体时代的这一技术红利：当《纽约时报》于2015年11月推出其专业VR新闻App（NYT VR）并同时向其一百万订户发放低价cardboard VR头显时，无论用户还是主流新闻业界均体现出高度的接受和支持，《连线》（Wired）甚至专门刊文称《纽约时报》"让整整一代人迷上了VR"。[3]

因此，我们基本可以得出如下判断：随着新闻生产的技术条件和新闻接受的主流情境的改变，强调"情感卷入"和"体验真实"的浸入式新闻获得了前所未有的发展空间，而VR技术在2015年前后的基本成熟则令这一趋势拥有了实实在在的行业基础。在可预见的将来，以VR技术为依托的浸入式新闻将迎来全面的繁荣发展。因此，对于研究者而言，在理念层面对这种日趋主流化的新闻类型的准确界定和深入分析，就显得尤为重要，因为它将不可避免地影响到新闻业以及新闻学在可预见的将来会以一种什么样的话语及姿态介入人们的日常生活。

简而言之，本章要回答的问题有三个。第一，到底什么是浸入式新闻？对此，本章将通过对现有研究文献的辨析，以及对当下主流VR新闻形态的归纳做出基本的判断。第二，浸入式新闻究竟建立了一种怎样的"传受关系"或"生产者-消费者关系"？对此，本章将以笔者于2016年在瑞士展开的小型深度访谈所得资料为基础，做出基于经验的分析。第三，浸入式新闻的主流化对于数字新闻业的未来而言，意味着什么？这将成为本章论述的最终目标。

---

[1] WAHL-JORGENSEN K, et al. Audience views on user-generated content: exploring the value of new from the bottom up [J]. Northern Lights: Film & Media Studies Yearbook, 2010, 8 (1): 177-194.

[2] OFCOM. News consumption in the UK [EB/OL]. Ofcome.org.uk [2015-03-24]. https://www.ofcom.org.uk/_data/assets/pdf_file/0020/77222/News-2015-report.pdf.

[3] WOHLSEN M. Google cardboard's New York Times experiment gave a bunch of kids their first glimpse of the future [EB/OL]. Wired Magazine [2015-11-09]. https://www.wired.com/2015/11/google-cardboards-new-york-times-experiment-just-hooked-a-generation-on-vr/.

二、"浸入"作为新闻生产理念革新的产物

我们首先要回答的问题是：到底什么是浸入式新闻？这实际上是一个知识社会学的问题：浸入式新闻作为新闻的一种子类型乃至未来有可能的主导类型，其在概念及认知层面的合法性究竟是什么？亦即，我们应当以何种方式将浸入式新闻纳入新闻业既有的概念体系？

目前学界和业界的主流观点是：浸入式新闻是一种体验导向的新闻叙事类型。例如，咨询公司德勤（Deloitte）以用户调查的方式表明，浸入式新闻实际上是一种迎合青年网民群体的讲故事的方式[1]；Constine 的研究指出，360度全景拍摄的浸入式新闻最主要的功用在于创造了一种用于激发同理心（empathy）的叙事类型[2]；Shin & Biocca 则从期待确认理论（ECT）出发，以实验方法测量了用户对"VR 新闻故事"进行体验的具体行为模式[3]。这种基于叙事学的界定方式完全是以新闻文本为中心的，它将浸入式新闻视为 VR 技术与体验导向的创作理念相结合所带来的一种理所当然的结果，并以此"不言自明"的事实，作为一切后续研究的出发点。

然而，如果我们从生产的视角对浸入式新闻进行观察，便不难发现其实这种类型的新闻首要是一种生产模式。亦即，真正将浸入式新闻与传统新闻区分开来的，是生产理念上的巨大差异。这集中体现在三个方面。

1. 生产者严格控制新闻意义

尽管表面上看，360度全景拍摄的新闻场景在一定程度上抑制了生产者通过声画剪辑（蒙太奇）方式操纵叙事的可能，但究竟有多大空间可被新闻用户用于"寻找"和"体验"意义，仍然是由生产者所界定的。实际上，当传统电视（视频）新闻的线性（linear）叙事模式被360度场景所消弭，观众更有可能会陷入一种"无意义"的虚空状态，因为缺少一个明确的"生产者意图"供其认同和协商。可供用户沉浸，甚至"自由"探索的虚拟场景，其存在的主要

---

[1] DELOITTE. Technology, Media & Telecommunications Predictions 2016 [EB/OL]. Deloitte.com [2015-12-09]. https://www2.deloitte.com/content/dam/Deloitte/global/Documents/Technology-Media-Telecommunications/gx-tmt-prediction-2016-full-report.pdf.

[2] CONSTINE J. Virtual reality, the empathy machine [EB/OL].Techcrunch [2015-02-01]. https://techcrunch.com/2015/02/01/what-it-feels-like/.

[3] SHIN D, BIOCCA F. Exploring immersive experience in journalism [J]. New Media & Society, 2018, 20 (8): 2800-2823.

目标在于刺激用户的情感共鸣，而非为其提供意义。按照 Dolan & Parets 的说法，浸入式新闻所遵循的实际上是一种"观察－被动"（observant-passive）的传播模式，用户并不能获得真正的参与感，遑论对意义的主动创造。明确的线性逻辑的缺失，往往只会令用户陷入一种高度情绪化的状态，从而对新闻中报道的事件或人物的经历产生情感共振，意义的解释权仍然牢牢把握在生产者的手中。[1] 正因如此，浸入式新闻报道的平均时长也远远超过了传统电视（视频）新闻：据统计，传统新闻片的平均时长为1分30秒至2分之间，但浸入式新闻的平均时长为6分39秒，其中最有影响力的报道大多超过10分钟。[2] 这样的编排主要是为了充分调动用户的情感力量，而不可能是为了让受众有充足的时间去反思意义。

2. "建构体验"作为核心生产目标

笔者在此前的一项研究中提出，战争和灾难是 VR 新闻最主要的选题范畴，占此类新闻报道总量的近三分之一。[3] 这一方面自然与 VR 技术的适用范围有关，但更主要的则是出于刺激用户情绪反应的需要。一些早期的代表性作品包括：《纽约时报》推出的《流离失所》（*The Displaced*）（2015年11月5日）以乌克兰男孩 Oleg、南苏丹男孩 Chuol 和叙利亚女孩 Hana 为主视角讲述战争给儿童带来的悲惨生活；美国广播公司与技术公司 Jaunt 合作的《亲临叙利亚》（*Inside Syria*）（2015年9月16日）通过出镜记者的引导展现大马士革古城被战争损毁的令人心碎的画面；VRSE 平台推出的《慈悲为怀》（*Waves of Grace*）（2015年9月1日）则讲述了一位名叫 Decontee Davis 的埃博拉疫情幸存者的经历，逼真地还原了疫情肆虐带来的恐怖的效果。简而言之，浸入式新闻在生产策略层面，是对选题有高度选择性的，这种选择并不依据新闻自身所蕴含的价值（例如，现有的 VR 新闻片几乎都不具备什么时效性），而是完全围绕着生产的最终诉求——建构体验来进行的。这种生产理念实际上在电视新闻发展的过程中始终存在，一些针对英国戴安娜王妃殒命及葬礼电视报道的研究证明了

---

[1] DOLAN D, PARETS M. Redefining the axiom of story: the VR and 360 video complex [EB/OL]. Techcrunch [2016-01-14]. https://techcrunch.com/2016/01/14/redefining-the-axiom-of-story-the-vr-and-360-video-complex/.

[2] JONES S. Disrupting the narrative: immersive journalism in virtual reality [J]. Journal of Media Practive, 2017, 18 (2-3): 178.

[3] 常江，杨奇光. 重构叙事？虚拟现实技术对传统新闻生产的影响 [J]. 新闻记者，2016 (9): 32.

这一点。[1] 只不过，如同新新闻主义在印刷媒体时代的"遭遇"一样，体验导向的生产理念长期以来始终是主流电视新闻业所警惕的倾向。

3. 简洁、直接、适合反复观看的风格

尽管线性模式已因"取景框的消逝"而不复存在，而且浸入式新闻片的平均时长也远远超过传统电视（视频）新闻，但浸入式新闻相比传统新闻仍然更加易于被用户理解和接受。例如，以新闻事件中的人物为叙事视角的浸入式作品中，充当叙事者的人物的数量至多不超过3个，且彼此之间有较好的区分度，避免给观众带来复杂的感受。另外，所有的浸入式新闻片都未采用复线结构，叙事线索均十分清晰，尽可能避免支线情节冲淡主题。尤其值得注意的是，现有的浸入式新闻片均大量使用字幕以提供更加详尽的语境信息，协助用户掌握和理解信息。高昂的制作成本和精细的实景采集使得不少浸入式新闻片适宜被用户反复观看，与快速消费品式的传统电视（视频）新闻形成显著差异，使报道题材的生命周期大为延长。这些经由专业化的选择而形成的形态，使浸入式新闻拥有"单条"传统电视（视频）新闻难以企及的全球流通性和情感影响力。

因此，将浸入式新闻视为一种生产理念革新的产物而非一种单纯在技术催动下出现的新闻叙事类型，是我们理解这种数字时代的"新新闻"的关键所在。这种新的生产理念实际上将更多的生产权力赋予了作为个体的新闻生产者，令其价值理念和文化选择成为比一般性的新闻价值规律和新闻机构特征更加重要的因素，影响并塑造了新闻作品最终的形态。不妨说，在浸入式新闻的生产机制中，新闻生产者实际上获得了一种类似电影导演的身份——浸入式新闻是导演的结果，其最终的形态也在很大程度上取决于新闻导演个人的政治、文化乃至美学选择。在可预见的将来，浸入式新闻的生产者完全有可能以"类导演"的身份成为一种相对独立于新闻机构的职业身份；他们的个人风格及其对新闻作品的高度操控性，将成为构成未来浸入式新闻版图的主导性力量。

三、专业性协商的传受关系

在明确了浸入式新闻是"导演"的产物的基础上，我们需要解答的第二个问题是：这种新型的新闻究竟创造了一种怎样的"传受关系"或"生产者－消费者关系"？如果未来的新闻是被"导演"出来的话，那么未来的"新闻受众"

---

[1] TURNOCK R. Interpreting Diana: Television Audiences and the Death of a Princess [M]. London: British Film Institute, 2000.

也将在某种程度上转化为"电影观众"吗？

　　为了解答这个问题，笔者在2016年7～8月，于瑞士的日内瓦地区展开了专门的深度访谈。访谈的对象是年龄介于18～24岁、习惯使用移动终端阅读新闻、对浸入式新闻有过接触和体验的年轻人。最终，总计有22人接受了访谈，其中绝大部分为日内瓦大学的在读学生。22位访谈对象中，男性人数（13人）略多于女性人数（9人），瑞士本国人人数（11人）与外国人人数（11人）相当，所有受访者均为智能手机深度用户，并安装、使用过VRSE、NYT VR、JAUNT、RYOT等主流VR新闻应用。之所以选择在西方国家展开研究，原因在于至2016年年中，中国尚未形成稳定的浸入式新闻生产机制与固定消费群体，而该领域的先行者全部为欧美国家的新闻机构。访谈提纲是开放式的，主要由受访者自由讲述其观看（体验）浸入式新闻时所形成的任何感受。通过这种方式，笔者期冀获得最生动、直观的经验资料。

　　经深度访谈，本章发现浸入式新闻用户的体验主要呈现为如下四种类型。

1. 真正意义上的"沉浸"并未发生

　　大部分受访者否认自己在观看VR新闻片时实现了彻底的"沉浸"。有受访者甚至认为"沉浸"只不过是一种噱头，因为在任何情况下观众都不会完全丧失自主判断的能力。如一位受访者表示："我不认为VR新闻片可以做到让观众完全地沉浸。我的确会被逼真的场景震惊，也会为当事人的遭遇揪心，但是我始终有自己的判断，那就是：我在看的是真实发生的事情，是这个世界里实实在在存在着的东西。我的情绪并不会阻止我对这些东西进行反思。"

　　至于真正的沉浸无法发生的具体原因，受访者大约给出了两个。一是目前的头显设备在技术上尚存在较大的缺陷，如戴久了会出现不同程度的头晕现象，在很大程度上阻碍了体验的连贯性。但更主要的原因是，目前多数浸入式新闻片仍设立出镜记者的角色，这一角色的存在"提醒"了用户摄像机的在场。例如，一位受访者表示："……这取决于你如何定义'沉浸'。当然，当我戴着头显设备的时候，我除了让自己沉浸于新闻中，是没有其他选择的。但是，当一位向导式的记者出现在我面前，或一位当事人对我讲述他的遭遇和故事，这便立刻提醒我这是一件严肃的事情，它不仅需要我的感动，也需要我的思考。"

　　对于受访者而言，导致沉浸的主要是头显设备和360度场景的配合，因其高度仿真地模拟了现实情境。但新闻记者和新闻当事人的存在，则始终提醒着体验者该文本的新闻属性。由此可见，至少在当下，人们在电视新闻时代形成的接受习惯和心理模式仍难以在短时间内改变。浸入式新闻的"导演"效应未必能够产生预期的情感和意义控制效果的首要原因，是用户对明确的"新闻性"

的期待。

2. 新闻用户的心理安全空间被破坏

多位受访者谈到了在观看 VR 新闻片时产生的一种普遍的心理不适感，那就是场景中的人物和事物由于显得过于"逼近"，而导致用户在以往观看或阅读新闻时的心理安全空间被破坏。一位受访者如此表达："我唯一不喜欢 VR 新闻片的一点，就是里面的人物感觉离自己实在太近了，这让我觉得自己的个人空间受到了侵犯。那感觉就像是一部电影里有太多的特写镜头一样。我知道这正是这种技术奇妙和有力的地方，但如果它令观众产生了不安甚至恐惧的感觉，又有什么意义呢？"

其实早在 VR 技术尚未被运用于新闻生产时，其他领域的研究者便已关注到这种技术有可能给体验者带来的"入侵"感以及这种感觉可能激发的消极心理反应。[1] 而且，当"逼近"的对象是人而非事物的时候，体验者的不安感会尤其强烈。[2] 而从生产的角度来看，破坏新闻场景、人物与用户之间的心理距离，恰恰是激发后者情感反应、制造沉浸效果的主要手段。因此，一种内容流通上的供需矛盾由此产生：导演化的生产者所提供的产品，尚无法与当下的消费者心理需求完全匹配。正如一位受访者所说的："很多 VR 作品称自己为'新闻'，但其实与一般的电影或者纪录短片没有本质的分别。对于新闻片所提供的那些信息，其实我早已有大致的了解。但我还是希望自己能够切身体验那些不能到达的现场，比如战争，比如饥荒，比如难民营。可当这些场景真的近在咫尺，我又会感觉到一种强烈的压迫感。这真是一种矛盾的心理！"

对于浸入式新闻的用户而言，新闻属性仍是其接受和消化文本的基本心理预设。VR 新闻片即使在形态和功能上迥异于传统电视（视频）新闻，但它仍要在可预见的将来与主流新闻用户的惯性新闻接受心理进行协商乃至妥协。

3. 信息过载和意义缺失并存

在访谈中，笔者此前的一个观点得到了验证，那就是：尽管浸入式新闻为用户提供了更丰沛的信息和更大的解读空间，但用户并没有因此而获得对于新闻事件意义的更大的掌控权。信息过载给用户带来的复杂体验中，首要的是焦

---

[1] WILCOX L, et al. Personal space in virtual reality [J]. ACM Transactions on Applied Perception (TAP), 2006, 3 (4): 412-428.

[2] BAILENSON J, et al. Equilibrium theory revisited: mutual gaze and personal space in virtual environments [J]. Presence: Teleoperators and Virtual Environments, 2001, 10 (6): 583-598.

虑感，其次才是"震惊"或"感动"。

一位受访者如此陈述自己的这种感受："VR 视频给观众提供了更多的选择，但我有的时候感觉，它过于开放了。它有那么大的空间，让我在里面随意走动、自己探索。如果我因此而错过了重要的内容该怎么办？比如，我知道记者正在讲述的信息很重要，可我也会去想，更重要的信息会不会隐藏在没有记者讲述的场景里呢？"

用户这种焦虑感的产生，既是浸入式新闻的天然属性导致的必然结果，也是其生产机制尚未成熟的体现：现有的基于 VR 技术的浸入式新闻片过分强调"建构体验"与"激发情绪"，而较为忽视对事实信息的高效传递。一些作品尝试通过声效来解决这一问题，如《流离失所》中一个重要情节"救援物资投递"，就是通过头顶飞机盘旋轰鸣的声效对用户进行提示的。但总体而言，现在的浸入式新闻作品普遍具有结构松散的特点。有一些作品（如英国《卫报》的《6×9》）甚至带有一定的实验乃至先锋色彩。

信息过载和主体意义缺失的并存，表明浸入式新闻在当下的发展阶段，仍未明确自身作为"新闻产品"的功能定位。从访谈结果来看，对于浸入式新闻的主流用户而言，"获取信息"仍然是其消费这类新闻的首要需求，而"体验"或"沉浸"只不过是技术带来的一个附加的效果，并不能取代"信息"之于新闻产品的重要性。正如一位受访者所说的："我是《纽约时报》的忠实读者，我会使用《纽约时报》的 VR 新闻 App 也是因为我对这张报纸的尊敬和信赖。无论观看 VR 视频给我带来了多么新奇的感受，我终究还是希望它能像《纽约时报》其他的报道一样，让我获得真实、有效的信息。如果不能做到这一点，《纽约时报》的 VR 作品和游戏公司的 VR 作品有什么分别？"

对于绝大多数受访者而言，VR 新闻的情感诉求和体验导向与其新闻属性之间并不应该存在非此即彼的关系。情绪的卷入可以让新闻故事更加有力，但前提是新闻故事本身要有明确的信息和价值指向。至少在目前的发展阶段，主流的浸入式新闻产品还无法很好地调和这两个因素之间的关系。

4. 报道选题的常态化受到期待

不少受访者在访谈中提到了浸入式新闻选题范围过于狭窄的问题。尽管他们也承认依托 VR 技术的浸入式新闻天然适用于战争、灾难、科技等领域的报道，但若长此以往，这类新闻将不可避免面对选题匮乏、缺少新意、用户倦怠等问题。一位受访者坦言："我对 VR 新闻的喜爱，完全是出于新鲜感，它能把我带到我无法亲临的现场。但是，这个世界每年会爆发多少场如叙利亚这样的战争呢？其他的战场又和叙利亚有什么本质的差别？事实上，到2016年年中,我已经感觉到了 VR 新闻的某种乏力。无论老牌的媒体,还是新闻网站,它们推出的作品都没有什么本质的不同。"

对于 VR 新闻在选题上的常态化是不少受访者共同的期待。他们尤其提出 VR 技术可以被运用于社会新闻和犯罪新闻报道之中。但众所周知,由于制作此类新闻片的时间成本和经济成本均十分高昂,因此要立即实现常态化是完全不可能的。但受访者的态度实际上传递了一个信号,那就是他们对于浸入式新闻背后的生产理念的基本认可:在浸入式新闻的目标用户看来,这种新闻并非仅仅适用于某些特殊的选题,而是完全可以推广至一般性的新闻报道领域,成为一种日常性的生产实践。正如一位受访者所说的:"我不认为应当约束 VR 在新闻报道中的运用。如果说这种技术能够在对叙利亚战争的报道中产生良好的效果,那么它也一定能在报道一起城市犯罪案件时发挥其应有的功效。观众应该去适应而非挑剔 VR 新闻的报道风格,毕竟它代表着未来。如果你有机会'置身于'新闻现场,为什么要拒绝呢?无论哪种类型的现场,都可以被营造出来。"

这种态度表明,尽管对于用户而言,传统的新闻接受的心理及行为惯性令其暂时无法完全适应浸入式新闻的一些新特征;但对于这类新闻所代表的全球新闻生产理念的"导演化"转型趋势,用户是持有乐观和期待态度的。这种普遍性的感受,将成为浸入式新闻的生产在未来进一步主流化的重要社会基础。

通过深度访谈,我们不难发现浸入式新闻的生产者和消费者(用户)之间形成了一种典型的专业性协商关系(professionally negotiative relationship)。这种关系的内涵由如下两个要素构成:第一,消费者在观念上基本认可生产者所秉持的专业理念,但原有的消费习惯仍在一定程度上影响着文本的流通效果;第二,消费者与生产者对浸入式新闻生产的专业主义有基本相同的期冀,但在实现这一期冀的问题上,两者遵从不尽相同的路径。这种新型的传受关系与大众传播时代有本质的不同,它实际上预示着用户(亦即传统意义上的受众)在这种体验导向的生产理念变革中扮演了重要参与者的角色。

四、浸入式新闻与数字新闻业的未来

前文分别从生产和接受的角度,探讨了浸入式新闻所折射的生产理念的革新,以及这种新的新闻生产模式所构建的新型传受关系。在虚拟现实技术日趋发展成熟、用户接受度逐渐提高的前提下,浸入式新闻的生产与消费也将不断主流化、日常化,从而成为数字新闻业区别于传统新闻业的一个基本方向。浸入式新闻自然无法完全取代传统新闻，因为用户对于即时的、准确的实时信息永远有稳定的需求；但浸入式新闻所代表的体验导向的生产理念，却不可避免将对整个数字新闻业的生产实践产生影响，因为用户会在不断接受这种新的新闻类型的过程中形成新的心理及行为惯性。

对于未来的数字新闻业而言，浸入式新闻的发展或将带来三个方面的影响。

1. "新闻导演"被纳入新闻教育体系

既然浸入式新闻所代表的是传统新闻生产理念的一种导演化转型，那么随着这种新闻生产实践在行业内的常态化，系统性地培养"新闻导演"也势必会成为从业者养成体系的一个必不可少的环节。这样做的目的，则在于以新闻学的话语去平衡 VR 技术所带来的陌生化审美的话语，强化浸入式报道的新闻属性和机构属性。

在研究过程中，我们不难发现当下的浸入式新闻导演其实仍具有鲜明的个性化创作色彩，为数不多的技术先行者（如 Nonny de la Peña、Chris Milk 等）不但引领了整个领域发展的基本方向，而且也直接参与了大量有影响力的作品的制作。这种带有"作者电影"色彩的生产模式缺乏社会化和职业化因素，并导致浸入式新闻无法充分满足受众获取信息和意义的基本需求。将浸入式新闻导演的培养纳入新闻学院的课程体系，是确保浸入式新闻保持"新闻"本色而非混同于一般性技术驱动的实验短片的一种务实策略。

对新闻导演的培养将不仅仅局限于360度全景视频拍摄及编排技术的训练，更要包括非线性叙事和视觉修辞等技能的训练。优秀的浸入式新闻导演将不仅具备制作成功的体验导向 VR 视频的能力，更具备将生产者的意图明确且适宜地传输给用户的能力。

2. 传统新闻价值观的动摇和重塑

既然已明确浸入式新闻所代表的是一种新的生产理念在数字新闻业内的崛起，那么随着浸入式新闻的日趋主流化，传统新闻生产机制所高度依赖的新闻价值观也将不可避免被破坏和改写，"从业者对于传统新闻价值体系中的各个要素的考量被重新权衡"。[1]

传统新闻价值观主要从新闻事件自身的属性出发，强调新闻编辑在工作中依据新闻所具备的某种天然的潜质对其传播效果进行预判，进而明确其在整个传播序列中的位置。但在浸入式新闻中，新闻的价值将不再仅仅取决于事件自

---

[1] 常江，徐帅. 从"VR+ 新闻"到"VR 新闻"——美英主流新闻业界对虚拟现实新闻的认知转变 [J]. 新闻记者，2017 (11): 41.

身的特征和编辑的专业判断,而要在用户和新闻文本的互动及协商中产生。这就是说,浸入式新闻所致力于追求的"体验"效果,包括事件本身的"可体验性"以及用户对事件加以体验的语境条件,将成为新的新闻价值系统的首要标准。

因此,在未来,浸入式新闻的价值将首要以动态话语的方式存在于用户对产品的体验过程之中,而非体现为一系列结晶化的判断指标。若不考虑技术和经济的因素,一切能够令用户产生新鲜感的场景以及可催生移情效应的事件都可以被制作为浸入式新闻;但这些新闻所具备的效能和所能激发的情感力量,则只能在动态的体验过程中被捕捉和判断。

3. 行业生产标准的确立

全行业共同奉行的生产标准的形成将是对"新闻导演"的个人创作倾向进行制约的一个主要的方式。这套生产标准应当是生产者与消费者在浸入式新闻发展初期不断协商的结果。一方面,"新闻导演"和用户应当对"新闻"和"浸入"两者之间的关系做出更加清晰的界定,使这种产品能够在最大程度上满足用户的信息需求;另一方面,对于浸入式叙事的结构、各类视觉听觉元素的运用方式,以及用户在体验过程中可能遭遇的伦理问题,行业应当尽快达成普遍的共识。

归根结底,浸入式新闻是一种新闻类型,因而也就是一种公共信息产品。这一点无论新闻理论和主流新闻生产实践如何进化,都不会改变。浸入式新闻所引领的全球主流新闻生产理念的转型,最终仍要落脚于新闻的公共性本质上。唯有如此,今天的全部讨论才有实实在在的意义。

第三章　生成新闻：算法时代的新闻从业者群体心态考察

本章提要

本章对算法（自动化）新闻的特征、内涵及发展现状做出全面的归纳，并结合对11位美国主流媒体编辑的深度访谈，深入考察这种新型新闻生产模式对新闻从业者群体心态构成的影响。本章认为，新闻从业者针对自动化新闻形成的温和、静止且带有一定盲目色彩的群体心态将成为算法在新闻生产领域全面普及的重要制衡力量。更加宏观的社会文化习俗和道德标准，是包括算法在内的各类内容生产新技术难以逾越的价值鸿沟。如何在行业内建立起一套适用于算法机制的专业、经济和伦理标准，则为自动化新闻发展的一个基本方向。

一、算法与新闻生产的自动化

自动化新闻（automated journalism），在一些文献中也被称为算法新闻（algorithmic journalism）或机器人新闻（robot journalism），[1]指的是一种建立在算法、人工智能程序平台以及自然语言衍生技术基础上的新型新闻生产模式，其主要特征是新闻的文字及部分视觉内容可由算法直接、自动生成，整个生产过程往往只需要很少的人工干预甚至完全不需要任何人工干预。由于基于用户信息大数据的缘故，自动化新闻作品往往能够"充分迎合新闻消费者的口味、风格和立场"[2]。

在 Montal 和 Reich 看来，自动化新闻有着巨大的发展前景，一个很重要的原因是：它能够使媒体机构的产品覆盖"长尾"读者的阅读兴趣，却几乎没

---

[1] DÖRR K. Mapping the field of algorithmic journalism [J]. Digital Journalism, 2016, 4 (6): 700-722.

[2] GHUMAN R, KUMARI R. Narrative science: a review [J]. International Journal of Science and Research, 2013, 2 (9): 205.

有增加任何边际成本，从而为新闻机构节约经济投入、化解经营压力。[1]但与此同时，自动化新闻的崛起也不可避免给整个新闻业带来了一场身份认同的危机——智能算法日渐取代新闻从业者在新闻事件认知、新闻价值判断及新闻产品决策中扮演的角色[2]，从而在记者和编辑群体中引发了强烈的反响。Clerwall的一项实验研究即表明，新闻受众并不能区分自动化新闻和人力生产出来的新闻，这在某种程度上否定了作为内容生产者的人在新闻生产活动中的不可替代性。[3]正因如此，Anderson才呼吁研究者对自动化新闻展开超越实用性领域的考察，去深度挖掘所谓的"算法转向"（the algorithmic turn）如何重塑了新闻生产的文化实践。[4]

关于自动化新闻与新闻从业者之间关系的研究，目前集中于两个方向。一个方向着重考察算法给新闻职业的发展和重构带来的可能性，如主流新闻技能的转换、传统新闻观念与计算机程序的融合，以及编辑部职能的变迁，等等。[5][6]另一个方向则通常是关于新闻从业者对自动化新闻的态度的实证研究，如Powers的研究表明，新闻从业者对于技术革新做出的反应是很复杂的，既有对传统断裂的恐惧，也有对"重生"的兴奋；[7]Dalen则发现，尽管新闻从业者在面对自动化新闻的挑战时，常常将"人的品质"置于专业话语的中心以强调算法无法真正取代人力，但其在新闻劳动技能方面的焦虑感也是显而

---

[1] MONTAL T, REICH Z. I, robot. You, journalist. Who is the author? Authorship, bylines and full disclosure in automated journalism [J]. Digital Journalism, 2017, 5 (7): 829.

[2] LATAR N, NORDFORS D. Digital identities and journalism content: how artificial intelligence and journalism may co-develop and why society should care [J]. Innovation Journalism, 2009, 6 (7): 3-47.

[3] CLERWALL C. Enter the robot journalist: users' perceptions of automated content [J]. Journalism Practice, 2014, 8 (5): 519-531.

[4] ANDERSON C W. Towards a sociology of computational and algorithmic journalism [J]. New Media & Society, 2013, 15 (7): 1005-1021.

[5] LEWIS S, USHER N. Open source and journalism: toward new frameworks for imagining news innovation [J]. Media, Culture and Society, 2013, 35 (5): 602-619.

[6] GRAY J, CHAMBERS L, BOUNEGRU L. The Data Journalism Handbook [M]. Sebastapol, CA: O'Reilly, 2012.

[7] POWERS M. In forms that are familiar and yet-to-be invented: American journalism and the discourse of technologically specific work [J]. Journal of Communication Inquiry, 2012, 36 (1): 24-43.

易见的。[1] 从知识社会学的角度看，无论新闻业的职业理念还是新闻从业者的职业身份，都是一种旨在维系新闻从业者共同体"认识论权威"（epistemic authority）的知识类型，即"用以界定、表述及解释现实的边界在何处的合法权"，[2] 而记者和编辑是这一共同体中同等重要的构成要素。尤其是，在媒介融合的时代，新闻编辑的重要性较以往大大提升，正在成为社会信息网络中数据汇集与分发的关键节点，对于新闻编辑关于算法与自动化新闻的态度与心态的考量，同样有重要的现实意义。

本章主要讨论三个问题。首先，本章从既有文献及经验资料出发，详细梳理及归纳自动化新闻生产机制的构成方式及其加诸新闻生产活动的影响。其次，本章以笔者对11位在美国新闻媒体任职的新闻编辑的半结构深度访谈为基础，呈现及分析一线新闻从业者面对自动化新闻崛起的群体心态。最后，本章将从新闻编辑的群体心态出发，对自动化新闻的发展前景及革新路径做出总结。

二、自动化新闻及其全球发展现状

作为一种新闻生产模式，自动化新闻建立在两个生产要素的结合之上：一是大数据（big data），二是算法。在一些研究者看来，自动化新闻的实质是一种新的讲故事的模式，即通过一种智能化的技术手段，自动生成连续不断的叙事序列，以满足人类理解外部世界与现实生活需要的过程。[3] 自动化新闻生产的流程由五个步骤构成：（1）在数据库及其他数据来源处检索并锁定与报道主题相关的数据；（2）对原始数据进行整理和分类；（3）通过排序、比较和聚合数据来明确新闻故事的关键事实；（4）按照某种叙事的语义结构对关键事实进行组织；（5）对最终形成的文本内容进行分发和出版，并同时提供不同风格、语言和语法复杂程度的产品。[4] 目前，自动化新闻生产实践较为成熟和成功的新闻机构多在美国，以美联社、《福布斯》杂志、新闻网站 ProPublica 和老牌

---

[1] DALEN A. The algorithms behind the headlines: how machine-written news redefines the core skills of human journalists [J]. Journalism Practice, 2012, 6 (5-6): 648-658.

[2] CARLSON M, LEWIS S. Boundaries of Journalism [M]. New York: Routledge, 2015.

[3] BUNZ M. The Silent Revolution: How Digitalization Transforms Knowledge, Work, Journalism and Politics without Too Much Noise [M]. Basingstoke: Palgrave Pivot, 2013.

[4] GHUMAN R, KUMARI R. Narrative science: a review [J]. International Journal of Science and Research, 2013, 2 (9): 205-207.

报纸《洛杉矶时报》为先驱。其中,《洛杉矶时报》于2014年3月7日对一场4.7级地震的自动化报道被视为"机器人新闻"发展的一个里程碑:这则报道完全由算法(一个名叫 Quakebot 的计算机程序)生成,在地震发生仅仅三分钟后即实现了全文发布,且在形式上与人类记者撰写的报道几乎没有任何差别。[1]至2018年年初,欧美几乎所有主流新闻机构均已建立起一定程度的自动化新闻生产平台,如 BBC 的 Jucier 和路透社的 News Tracer;自动化新闻报道的生产数量也有了极大提升,如2016年,使用 AI 平台 Heliograf 的《华盛顿邮报》总共发布了850条机器人新闻。[2]在新闻行业内,已有一批数量稳定的数据科学与人工智能公司专门为新闻机构提供算法服务,包括 Automated Insights,Narrative Science,Arria,AX Semantics,Retresco 等,如 Automated Insights 曾经为美联社提供专业的数据服务,使其实现对于全美棒球联赛以及企业收入等选题的自动化报道。[3]

由于自动化新闻生产的过程几乎不需要任何人力的介入,因此从其诞生之日起,便在生产理念及实践等领域引发争议。一些学者认为,自动化新闻的出现极大提升了新闻生产者与消费者之间关系的透明度。其中既包括信息透明度(disclosure),即生产者获取信息(数据)的过程在理论上可以没有任何暗箱操作的空间,完全基于现成的公开的资料;[4]也包括算法透明度,即生成新闻所需要的技术与方法也是完全公开的,杜绝了人类记者与编辑在生产过程中受价值倾向乃至自身道德问题支配的可能。[5]而正是传统新闻生产中存在的上述两类"不透明"现象,给行业带来了关于"某一信息产品的生产过程是否符合伦

---

[1] CARLSON M. The robot reporter: automated journalism and the redefinition of labor, compositional forms, and journalistic authority [J]. Digital Journalism, 2015, 3 (3): 416.

[2] MOSES L. The Washington Post's robot reporter has published 850 articles in the past year [EB/OL]. Digiday.com [2017-09-14]. https://digiday.com/media/washington-posts-robot-reporter-published-500-articles-last-year/.

[3] COHEN N. From pink slips to pink slime: transforming media labor in a digital age [J]. The Communication Review, 2015, 18 (2): 98-122.

[4] KARLSSON M. Rituals of transparency: evaluating online news outlets' uses of transparency ritual in the United States, United Kingdom and Sweden [J]. Journalism Studies, 2010, 11 (4): 535-545.

[5] CODDINGTON M. Clarifying Journalism's quantitative turn: a typology for evaluating data journalism, computational journalism, and computer-assisted reporting [J]. Digital Journalism, 2015, 3 (3): 331-348.

理标准"的问题。[1]但也有人表示现在的算法过程远谈不上透明，甚至更加不透明。

不过，更多的讨论则带有质疑色彩，甚至一定程度的抵制色彩。例如，有学者指出，自动化新闻由于模糊了新闻作者的内涵与边界，因此"揭示了算法技术及其社会与文化角色黑暗的一面"[2]。还有一些学者则疑虑于业界对自动化新闻不加辨析地接受有可能带来新闻生产的唯技术论问题，如Anderson指出："以咀嚼数据为生的算法以及其他我们看不到却正在崛起的信息命令设备既不完全是物质的，也不完全是人性的，而是两者的结合，由人性的意图和物质的冷酷共同构成。"[3]Flew等人的经验研究也指出，"从数据中衍生的信息不能与赋予数据意义和价值的社会关系与文化环境相剥离"[4]。也有实证研究表明，新闻从业者面临算法给新闻业的核心理念带来的冲击时，很容易创造出一套带有犬儒主义色彩的集体话语，"一种既能在某一系统中生存，又不会让自己的自信心受损的生活方式"[5]。

但无论如何，自动化新闻作为全球新闻业发展的一个基本趋势，已经是显而易见的事实。算法在可预见的将来完全取代人类新闻从业者的论调自然是站不住脚的，因为自动生成的新闻只能建立在准确、清晰和结构化数据的基础之上，而新闻业所要关注和挖掘的绝大多数社会事实是没有办法被简化为数据的。但只要新闻业在内容生产上对技术的依赖性仍然存在，越来越精密的智能及算法就必然会被运用于行业的实践当中，因为自动化报道的确可以将新闻从业者从很多重复性、日常性的工作中解放出来，并促使行业将其智识资源更多地用于深度阐释性报道和调查性报道。[6]一如Neil Thurman所指出的："自动

---

[1] TURILLI M, FLORIDI L. The ethics of information transparency [J]. Ethics and Information Technology, 2009, 11 (2): 105-112.

[2] MONTAL T, REICH Z. I, robot. You, journalist. Who is the author? Authorship, bylines and full disclosure in automated journalism [J]. Digital Journalism, 2017, 5 (7): 830.

[3] ANDERSON C W. Towards a sociology of computational and algorithmic journalism [J]. New Media & Society, 2013, 15 (7): 1016.

[4] FLEW T, et al. The promise of computational journalism [J]. Journalism Practice, 2012, 6 (2): 159.

[5] BRAUN J. Going over the top: online television distribution as sociotechnical system [J]. Communication, Culture and Critique, 2013, 6 (3): 301.

[6] GRAEFE N. Guide to automated journalism [EB/OL]. Tow Center for Digital Journalism [2016-01-07]. https://towcenter.org/research/guide-to-automated-journalism/.

化生成技术带来的新闻数量的激增也许让这个原本已经信息过载的世界变得更加令人难以把握，因此这种技术实际上刺激了作为人的新闻从业者提升自身技能的需求，包括新闻判断、新闻敏感以及质疑的精神。"[1]

三、自动化生产时代新闻从业者的群体心态

在这一部分，笔者将结合自己展开的一项小型探索性质化研究，来考察新闻从业者在自动化新闻生产浪潮中体现出的群体心态，进而剖析算法和人工智能在心理和文化两个维度上可能对新闻行业及其从业者产生的影响。

从2017年8月至12月，笔者相继通过电子邮件对11位美国主流媒体的新闻编辑进行了半结构访谈，这一部分的研究发现主要就是基于本次访谈所获得的一手资料。这11位受访对象主要通过熟人介绍获得。他们来自5家媒体机构：美联社、《洛杉矶时报》、《华盛顿邮报》、ProPublica和《纽约时报》。这5家媒体机构均拥有较为成熟的自动化新闻生产机制，且在2016～2017年获得了较好的行业影响力。受访者平均年龄为36岁，包括6位男性和5位女性。

本项研究主要采纳Neil Thurman等人设计的阐释框架，将新闻编辑针对自动化新闻形成的群体心态划分为三个维度：专业的、经济的以及伦理的。[2]相应地，访谈问题也主要包括三类：(1) 受访者如何看待及理解人工智能和算法对日常工作的专业行为的影响？(2) 受访者如何评价自动化新闻生产机制对于新闻业人力及资金成本的节约？(3) 在自动化新闻生产的浪潮中，新闻行业的主流道德体系有什么样的变化？

对于访谈资料的分析，本章主要采用话语分析（discourse analysis）的方法，即除对资料的语义做出解读外，也同时结合语境信息（如行业发展动态、受访者自身的实践经验、美国新闻业的主流文化等）做出批判性的判断。

1. 专业主义话语危机

纵观历史，每一次有新技术被应用于主流新闻生产，都会在从业者群体内形成一场专业主义的话语危机，进而催生一种下意识的否定性话语和心理防范

---

[1] SCOTT C. Report: robot journalism will continue to grow in newsrooms despite its limitations [EB/OL]. Journalism.co.uk [2017-03-02]. https://www.journalism.co.uk/news/report-robot-journalism-s-limitations-not-halting-its-onward-march/s2/a700429/.

[2] THURMAN N, et al. When reporters get hands-on with robo-writing: professionals consider automated journalism's capabilities and consequences [J]. Digital Journalism, 2017, 5 (10): 1241.

机制。本项研究的全部受访者，均在不同程度上体现出了这一心态。这种心态集中在三个方面。

首先，受访者普遍认为自动化新闻只能完成较为低端的、可复制性强的报道任务，而完全无法取代人类记者与编辑对新闻事件的语境化解读和价值判断。例如，一位受访者表示，算法无法对新闻源进行选择和甄别，而必须依赖既有的、单一的、可供获取的数据，因此只适用于统计数据较为丰富的领域，如犯罪新闻、体育新闻、财经新闻等。另一位受访者则认为，对于新闻编辑来说，掌握新闻事件的背景信息是十分重要的工作，而这一点自动化报道完全无法做到。

即使在适宜的领域，完全依赖算法生成报道也有可能导致严重的专业性偏差。一位受访者详细阐述道："在犯罪报道领域，单纯通过数据的比较和呈现，完全可以生成一篇'清爽的'机器人报道；但对于犯罪这种敏感而重大的社会现象来说，仅呈现数量而不做语境化的分析，有时会导致有害的后果，例如仅仅关注到犯罪率的下降却无法察觉'性质'更加恶性的极端犯罪行为实际上是增加了的，等等；这样的自动化报道发布出去，完全有可能给读者留下'社会环境正在变得越来越安全'的错误印象。"而另一位受访者则举例说明了财经类自动化报道可能出现的偏差：投资者依照报道中提供的分析去投资时，有可能遭遇失败，因为"股市和期货市场的变化有的时候是由数据之外的力量所左右的，这些信息通常由金融界直接透露给新闻界，而不会体现在数据库中"。

其次，大部分受访者认为自动化报道的一个很大的问题是缺乏新闻价值的判断机制，而新闻价值判断又恰恰是新闻从业者最重要的日常工作之一。例如，一位受访者指出，对于商业领域的报道，编辑通常都需要将其中富有人情味的因素加以提炼和强调，以争取新闻的可看性，但这一点自动化报道完全无法实现。她进而提出了自己的观点：新闻在本质上仍然是关注人的生活的，而人的生活不可能被量化为程式化的数据。正因如此，几位受访者提出，自动化新闻主要对记者职业构成了冲击，却反而凸显了编辑工作的重要性，因为"编辑工作的复杂和精密性……决定了它很难被算法所取代"。

最后，还是有一位受访者表达了对于自己有可能在算法时代被新闻行业遗弃的忧虑。这位相当资深的受访者称："所有的新技术……包括算法，其本质都是要替代人……我难以想象当人工智能可以完成我们今天的大部分工作的时候，报社还要我们这些老派的编辑做什么。"这样的观点与我们早期在行业媒体上看到的大量分析文章所采纳的话语策略较为吻合，如《算法比人类报道者更善于讲故事吗？》（《连线》杂志，2012年4月24日）、《机器人会偷走你的工作吗？》（Slate，2011年9月16日）、《机器人记者：新闻业末日到来的征兆？》（《卫报》，2012年5月14日）、《体育记者还有存在的必要吗？》（《商业周刊》，2010年4月30日）等。耐人寻味的是，这种多少有些悲观的心态与算法技术提供方的"精神面貌"形成了鲜明的对比：在 Matt Carlson 针对 Narrative Science 公司的个案研究中，该公司上至 CEO 下至普通员工普遍强调"自动化不会取代人的位置，而只会让原本就处在那个位置上的人的价值得到更加充分的利用"。[1] 不过，显然，持这样心态的受访者并不多见。

总体而言，在专业主义的维度上，受访的新闻从业者对于自动化给新闻业带来的冲击持有较为温和与冷静的态度，极端的悲观心态及尖锐的批判性立场并不常见。其中，新闻编辑对自身的核心职业技能有较为充足的信心，这与记者群体所体现出的更加鲜明的精神负担形成了对照。[2] 不过，受访者也并未接受自动化技术是"新闻职业的一种自然进化"的观点[3]，而于总体上表现出了对于这一趋势的批判性态度。

2. 自动化生产的经济潜能

一般性的观点认为，算法和人工智能的引入能够极大节约新闻机构的运营成本，将有限的人力资源运用于重复性报道之外的、更加复杂的工作，同时以尽可能少的投入生产出个性化的新闻内容。在本项访谈中，受访者也对此发表了自己的看法。

首先，几乎所有受访者都认为引入自动化新闻生产机制对于新闻机构而言是节约成本的务实选择；但受访者亦普遍认为，由于算法只有极其有限的适用范围，因此无法从根本上改变整个新闻业的经济基础。例如，一位受访者指出，算法对报社运营成本的节约，主要就体现在裁掉了一些"低端且工作耗时"的岗位，比如新闻助理，不但节约有限，而且这本来也是传媒经济发展的一个自然的过程。而另一位受访者则指出，一些行业普遍认为有很大的可能性被算法所取代的职位，如体育记者，其实本来在近年也处于不断萎缩的状态。

其次，也有一些受访者从新闻消费者的角度做出了评论。他们认为，算法

---

[1] CARLSON M. The robot reporter: automated journalism and the redefinition of labor, compositional forms, and journalistic authority [J]. Digital Journalism, 2015, 3 (3): 420.

[2] WILLNAT L, et al. The global journalist in the twenty-first century: a cross-national study of journalistic competencies [J]. Journalism Practice, 2013, 7 (2): 163-183.

[3] CREECH B, MENDELSON A. Imagining the journalist of the future: technological visions of journalism education and newswork [J]. Communication Review, 2015, 18 (2): 142-165.

的存在并没有给新闻产品带来新的附加价值，因此在实际上也就没有增强新闻产品对其消费者的吸引力，所以也就没有办法产生新的利润。例如，一位财经新闻编辑表示，自己所在的新闻机构对于机器人新闻的运用主要集中于手机或平板电脑的弹出通知（snaps），因其"简单、规范化，而且适合手机的屏幕阅读"；但对于财经报道的读者来说，仅仅阅读这样的东西是完全不够的。一位刚刚入行的年轻网络编辑也表示，消费者会很容易对模板化的新闻内容产生厌烦心理，因为这类报道没有任何激情与快感，不具备事实之外的任何附加价值。另一位较资深的编辑则称，据自己对犯罪新闻读者的了解，绝大多数人在阅读此类报道时都基于一定的猎奇心理并伴随着特定的情绪，而对这种心理和情绪的呼应是自动化报道无法做到的，因为情感的因素无法被"结构"。这些观点显然是理性而准确的。不过，也有一位受访者认为算法可以以同样的数据为基础生成不同类型的叙事版本以迎合不同消费者的口味，因此有利于新闻机构扩大读者群和消费市场。

最后，有一些受访者提出了自动化新闻的可持续发展问题，即这种可以令新闻机构节约成本的新闻生产模式在未来究竟有多大的拓展空间，以及其现有的空间会不会萎缩的问题。其中，被受访者提及最多的是体育新闻和财经新闻，因为这两个领域的结构化数据资源最为丰富；此外，还有犯罪、选举与气象等领域。一位受访者指出："没有人能预测是否还有其他领域可以被纳入自动化报道的范畴……就算有，也不能确保那是有利可图的。"更多的评论集中在自动化在现有两个主要领域——体育新闻和财经新闻的应用前景上。有两位受访者表示，从新闻报道的点击量来看，算法自动生成的报道与人工撰写并编辑的报道仍无法相比，自动化报道的主要功能是覆盖"没有人愿意做的选题……算法主要是节省时间而不是经济成本"。还有受访者表示，算法最有可能的应用前景，其实是成为人类内容生产者的有力的辅助工具，即通过对结构化数据的分析和呈现，为各种类型的深度报道和调查性报道提供翔实的信息，从而节约报道者用于数据搜集和分析的时间。

总体而言，在经济的维度上，受访者的心态是较为审慎的，体现出了较为强烈的人本主义的精神，即高度强调人作为传媒经济核心生产要素的高度自觉。受访者并未简单论述算法会不会取代人的问题，而能够从行业的总体生态和格局出发，较为科学地推断算法的应用前景和价值潜力，折射出比前一个分析维度更加鲜明的职业自信。

3. 算法的伦理问题

在围绕技术对新闻业的影响展开的实证研究中，伦理问题是一个核心议题。现有的研究主要从四个方面关注这一议题：数据在新闻生产中的获取和运用过程中的伦理问题，算法可能存在的偏见问题，算法是否有能力在所有语境下都保持理性的问题，以及代码和数据的透明度问题。[1][2] 一个普遍性的发现则是：新闻从业者认为新闻业的数字化和自动化令新闻生产过程变得更加复杂，从而使自己更难做到对传统行业道德准则的遵从。[3] 在本项访谈中，受访者对于自动化新闻潜在的伦理问题表现出了较为强烈的表达欲，并于总体上认为一切新技术导向的新闻生产模式都需要建立新的伦理标准。其中，透明性、偏向性和准确性是较为集中的话题。

受访者最为关注的伦理问题是算法的透明性（transparency）问题，亦即自动化新闻应当如何让受众知道数据和资料的来源，以及呈现这些数据和资料的方法。如一位受访者表示：记者和编辑对于一条报道的署名既意味着他们对报道内容负责，也意味着他们采用了新闻用户认可的专业手段；但机器人报道若只在署名栏（byline）上标注"这篇报道由计算机程序完成"，则意味着它完全是在一种不透明的状态下被生产出来的。这位受访者进而斩钉截铁地说："至少，对于读者来说，知道信息来源于什么地方是一个底线。"而另一位受访者则提出疑问："机器人报道的作者到底是谁？是算法吗？还是数据供应商？编辑在其中又扮演了什么角色呢？这些都是灰色地带。"

另一个颇受新闻从业者关注的伦理问题是自动化报道的偏向性（bias）问题，但受访者在这个问题上形成了两极分化的看法。一些人认为，算法在总体上使新闻报道的偏向性降低了，因为它剔除了人的因素对新闻内容的影响。如一位受访者所说的："技术不会带来偏向……人才会导致偏向……机器人新闻对事实的呈现是完全客观的，是一种更加理想化的新闻。"另一位时政新闻编辑举例说明："在时政新闻领域，几乎每一天的报道都围绕着对于总统特朗普的评价和争议……记者们选边站队，报道内容非黑即白……相比之下，基于数据的机器人报道更加全面和准确。"而还有一些人则认为，"人类新闻"（human journalism）所体现出来的偏向性毕竟是个体性的，但算法所体现出来的偏向

---

[1] ZION L, CRAIG D. Ethics for Digital Journalists: Emerging Best Practices [M]. New York: Routledge, 2014.

[2] THURMAN N, et al. Giving computers a nose for news: exploring the limits of story detection and verification [J]. Digital Journalism, 2016, 4 (7): 838-848.

[3] SPYRIDOU L, et al. Journalism in a state of flux: journalists as agents of technology innovation and emerging news practices [J]. International Communication Gazette, 2013, 75 (1): 76-98.

性甚至偏见（prejudice）则有可能给整个行业带来一场伦理灾难。如一位受访者所言："大数据来源于社交媒体，而社交媒体则充斥着大众情绪……就算计算机程序是中立的，但如果数据本身是带有偏向性的怎么办？这种偏向会通过算法，向各个新闻机构蔓延。"另一位受访者则表示，尽管数据是中立的，但将数据转化为新闻叙事的架构却是人搭建的，"而这一机制中存在的偏见令人更加难以察觉"。针对算法的这一问题，已有学者提出过"无偏见的偏见"（unbiased bias）命题：不止算法，一切"对于信息的细化过程都不是道德中立的"。[1]

在信息呈现的准确性（accuracy）方面，受访者普遍认同自动化新闻的优势。尤其是，修正报道中的事实性错误是编辑的一项重要的日常工作，而机器人报道完全不会出现这类问题。但相应地，算法也不会如人类编辑一样，对关键信息和数据进行核查（verify），即"验证信息是否真实"。一位受访者即表示，自己就曾经处理过原始数据有问题的机器人报道，并称："由于数据是由其他机构提供的，所以编辑的核查工作仍然必不可少。"另一位受访者则表示，人类编辑所特有的"敏感性"仍然有着不可替代的价值，而各大媒体应当尽早建立起针对自动化新闻的核查机制。

总体而言，受访者对于自动化新闻的伦理反思是较为全面和透彻的，这体现了针对伦理问题的考量不但在新闻从业者的职业身份认同中占据着十分重要的位置，而且也构成了新闻从业者用以"对抗"包括算法在内的技术冲击所采用的主导性话语的观念基础。受访者对于数据自身的偏向性等问题的考量，体现了新闻从业者群体对算法现存的问题有较为透彻的认识。

四、群体心态对技术话语的制衡

结合上文对自动化新闻内涵及属性的考察，以及对11位美国主流媒体新闻编辑的深度访谈，我们得以对自动化新闻生产浪潮中新闻生产者的群体心态形成比较清晰的认知。一方面，新闻从业者对自动化新闻的态度是较为温和和理性的，这一点尤其体现在大部分受访者对数据自身存在的问题，以及传统新闻理念与技能在技术语境下的适用性问题的清醒认识上。但与此同时，也不难发现，这一群体对于自动化新闻和算法的认知也是较为片面和静止的，主要集中

---

[1] TURILLI M, FLORIDI L. The ethics of information transparency [J]. Ethics and Information Technology, 2009, 11 (2): 109.

于当下的情况，缺乏发展的视野和眼光。实际上，受访者所提到的算法现存的绝大多数问题，都在以很高的效率得到修正。例如，专业大数据及算法公司 AX Semantics 的负责人即曾表示，自己现有的数据库已经可以实现为自动化新闻添加语境资料、得出较为复杂的结论，以及对数据自身的偏向性进行即时的核查与修正；在可预见的将来，算法甚至有望实现对图像数据的读取和结构化。[1] 因此，作为一种新闻观念与价值内核较记者更为稳定的力量，新闻编辑针对自动化新闻形成的群体心态在一定程度上也体现出了一种盲目和傲慢。这种群体心态必然会成为自动化新闻发展过程中的一种重要的制衡力量。这种力量不应当被观察者和研究者忽视。一如 Gynnild 所指出的，对于数字新闻业的阐释，不应仅关注技术是如何改变新闻实践的，更重要的是把握技术如何改变了从业者对于未来的新闻实践的想象。[2]

此外，尽管自动化新闻所存在的问题并不完全与编辑群体的认知和想象一致，但抛开人的因素不谈，如何在行业内建立起一套适用于算法机制的专业、经济和伦理标准，确为自动化新闻发展的核心议题和基本方向。无论技术环境与从业者心态如何改变，新闻作为公共文化产品的属性是不会改变的，因此算法必须服膺社会公共生活的基本法则。从数字新闻业发展至今的规律来看，新闻专业主义的种种教条是完全可以被技术修正乃至改写的，但更加宏观的社会文化习俗和道德标准，则是包括算法在内的各类内容生产新技术难以逾越的价值鸿沟。事实上，关于自动化新闻在价值领域的失范现象，主流学界已有广泛而深刻的研究，这些失范现象包括且不限于：原始数据如何在商业利益的支配下隐藏某些观念和意识形态意图[3]，算法如何体现为"利益无涉"并构造出"超

---

[1] THURMAN N, et al. When reporters get hands-on with robo-writing: professionals consider automated journalism's capabilities and consequences [J]. Digital Journalism, 2017, 5 (10): 1254.

[2] GYNNILD A. Journalism innovation leads to innovation journalism: the impact of computational exploration on changing mindsets [J]. Journalism, 2014, 15 (6): 713-730.

[3] DIAKOPOOULOS N. Algorithmic accountability reporting: on the investigation of black boxes [EB/OL]. Tow Center for Digital Journalism [2014-02-12]. http://towcenter.org/wp-content/uploads/2014/02/78524_Tow-Center-Report-WEB-1.pdf.

越主观性"的话语[1]，以及算法如何导致了从业者及读者新闻判断力的衰退[2]，等等。而中国语境下的研究，目前仍然处于较为欠缺的状态。

从研究的角度看，现在仍然缺乏对于算法如何影响新闻机构日常运作的编辑部参与观察，而现有的研究（包括本章）都带有显著的探索性色彩。算法对于内容生产本身的直接影响是显而易见的，但更重要的是把握算法如何楔入新闻业内的人、理念和实践模式三者的相互关系，进而以新闻业为切入口，深刻理解算法对于整个社会结构所产生的潜在影响。对此，只有深入新闻机构的内部进行近距离的观察，才能获得更有价值的信息。

---

[1] GILLESPIE T. The relevance of algorithms [C]//Gillespie T, et al. Media Technologies: Essays on Communication, Materiality, and Society. Cambridge, MA: MIT Press, 2014: 167-194.

[2] CARLSON M. The robot reporter: automated journalism and the redefinition of labor, compositional forms, and journalistic authority [J]. Digital Journalism, 2015, 3 (3): 416-431.

第四章　图绘新闻：信息可视化与新闻室内的理念冲突

本章提要

本章通过对相关学术文献中关于可视化新闻生产的话语构成的检视，以及对瑞士五家新闻机构的可视化人员的深度访谈，全面勾勒数字化新闻生产与传统新闻生产之间存在的理念冲突，以及这种冲突对于新闻业发展变迁路径的潜在影响。研究发现，可视化新闻生产逻辑将"真实"界定为再现层面上的操作性概念，主张将美学的维度纳入新闻专业主义体系，同时提出了重构新闻价值标准的要求，这对传统新闻理念的权威性构成了显而易见的挑战。本章进而提出可视化新闻生产所遵循的"科学－艺术"观念结构有可能导致整个社会公共空间和文化结构的变迁。

一、可视化：重构新闻的认识论

数据可视化（data visualization）或信息可视化（information visualization）是人类视觉传播实践的一种当代形式，其字面意思是"对数据（信息）的视觉化呈现"，但暗含着"以某种视觉形式对信息加以抽象、分类和重新界定"的认识论意义。尽管以视觉形式存在的各类信息形式（如图表）伴随着人类传播行为的始终，并在17世纪时成为一个有自己的理论体系的相对独立的实践领域；[1]但只有在互联网技术和大数据的基础上，"可视化"才有可能成为信息生产和传播的主潮。[2]数字新闻行业的研究者和实践者普遍认为数据可视化能够有效提升人们对于信息的理解，尤其有助于人们认清特定事件的发展规律及其

---

[1] FRIENDLY M. A brief history of data visualization [EB/OL]. Psu.edu [2006-03-21]. http://citeseerx.ist.psu.edu/viewdoc/download?doi=10.1.1.446.458&rep=rep1&type=pdf.

[2] APARICIO M, COSTA J C. Data visualization [J]. Communication Design Quarterly Review, 2014, 3 (1): 7-11.

背后的潜在社会因素，[1]因此其日趋成熟的实践体系是大数据在人类信息生产及认知领域的一个重要突破。[2]而且，由于可视化实践将视觉艺术及设计的理念引入了信息产品的设计，支持者们普遍将其视为艺术和科学的完美结合体，或一种新型的"艺术科学"（art-science）。[3]

数据可视化在新闻业的广泛应用，也伴随着数据新闻的蓬勃发展而日趋主流化，新闻从业者对可视化的关注几乎与其对大数据的关注同步发生：[4]对大数据的使用必然要求以视觉手段对其加以呈现，而有效的可视化新闻也必然以大数据而非典型个案为资料基础。[5]大部分研究者认为，可视化的生产趋势对新闻从业者提出了新的、复合性的技能要求，因而实际上导致了传统内容生产者（如记者和编辑）在行业内地位的降低。例如，有人将数据可视化时代新闻从业者的技能归纳为写作（writing）、编辑（editing）、设计（designing）与编程（programming）四项，并宣称抱残守缺的传统新闻人将会被行业淘汰。[6]不过，也有研究者从另一个角度得出结论：在数据可视化实践中，即使是程序员、美工、数据分析师这样的"技术人员"，也必须要拥有一种"新闻的态度"（journalistic attitude），否则便会生产出失败的数据可视化产品。[7]2011年欧洲新闻中心（European Journalism Centre）展开的一项行业调查显示，约有

---

[1] LEE E, KIM Y W. Effects of infographics on news elaboration, acquisition and evaluation: prior knowledge and issue involvement as moderators [J]. New Media & Society, 2016, 18 (8): 1579-1598.

[2] CHEN C, HARDLE W, UNWIN A. Handbook of Data Visualization [M]. Leipzig: Springer, 2008.

[3] LATCHMAN S. Data visualization is both an art and a science [EB/OL]. Air Worldwide [2015-01-22]. http://www.air-worldwide.com/Blog/Data-Visualization-Is-Both-an-Art-and-a-Science/.

[4] GIARDINA M, MEDINA P. Information graphics design challenges and workflow management [J]. Online Journal of Communication and Media Technologies, 2013, 3 (1): 108-124.

[5] DOWD C. The new order of new and social media enterprises: visualizations, linked data, and new methods and practices in journalism [J]. Communication Research and Practice, 2016, 2 (1): 97-110.

[6] SEGEL E, HEER J. Narrative visualization: telling stories with data [J]. Journal IEEE Transactions on Visualization and Computer Graphics, 2010, 16 (6): 1139-1148.

[7] WEBER W, RALL H. Data visualization in online journalism and its implications for the production process [C]. The 16th International Conference on Information Visualization, 2012.

70%的新闻从业者认同大数据及可视化是当代新闻业发展的必然趋势，但与此同时，也有更高比例的新闻从业者为自己缺乏与之相关的必要知识和技能而焦虑，其中排在前两位的知识与技能分别是数据分析和可视化。[1]新闻从业者在数据可视化时代的集体焦虑，不可避免地体现在了新闻机构的日常生产实践中。有学者即在对新闻媒体的实地研究后提出"可视化信息的生产是一个既困难又复杂的过程，要求不同领域的人员相互合作并达成共识"[2]；而实际情况则是，作为内容专家的新闻记者与新闻编辑往往与可视化的直接实践者，即美工或设计师，讲着截然不同的语言。[3]

数字新闻行业现有的可视化实践及国际学界对其做出的一些探索性研究均指向了一个问题，那就是可视化生产在新闻机构内导致了理念的分裂。在某种意义上，围绕着可视化出现的编辑室冲突是数据的逻辑和新闻的逻辑之间的矛盾在符号层面的彰显：前者只关乎对信息做出准确而有美感的呈现，而后者则旨在追求一种本质的真实，一种事实本身与各种宏大概念之间的终极关联。因此，对于新闻编辑室内的围绕可视化生产实践出现的理念冲突展开深入研究，有助于我们理解传统新闻理念在数字新闻时代的处境与前景，进而使我们能够在相对具体的、易于把握的层面上，阐释新闻业可能的未来。

本章尝试探讨三个问题。首先，笔者对国际主流数字新闻研究的学术文献围绕数据（信息）可视化形成的话语类型进行梳理和归纳，从而提供观察者和研究者关于这种新型的新闻生产实践的认知图景。其次，笔者以2016年在瑞士展开的一系列深度访谈为经验基础，深入剖析可视化生产导致的编辑室内理念冲突的具体表现及背后的逻辑。最后，本章将围绕可视化生产实践出现的理念冲突视为当代数字新闻业内在逻辑矛盾的征候，并尝试以之为切入口，深入剖析数字新闻业可能的发展路径。

---

[1] BRADSHAW P. Data journalism survey: a mixed picture [EB/OL]. Data Driven Journalism [2011-09-22]. http://datadrivenjournalism.net/news_and_analysis/data_journalism_survey_analysis.

[2] SMIT G, HANN Y, BUIJS L. Visualizing news: make it work [J]. Digital Journalism, 2014, 2 (3): 352.

[3] DICK M. Interactive infographics and news values [J]. Digital Journalism, 2014, 2 (4): 490-506.

二、视觉逻辑对新闻逻辑的僭越

作为一种新型的主流新闻生产类型（或生产方式），可视化在新闻业内的地位仍处于较为含混和暧昧的状态。总体而言，关于"可视化"与"新闻"之间的关系存在着三种观点。

第一种观点认为可视化是一种旨在提升新闻内容、优化新闻产品、增强新闻认知的生产技术（technique），是主流新闻生产体系中的一种工具性的存在。例如，Ferster 对《今日美国》和《纽约时报》的可视化生产实践的考察，大致就秉承这样的思路；他认为，新闻报道对各种视觉手段的"运用"，目的在于"引导读者思考字面意思背后的关系、类型和潜在可能"，从而搭建"内部表征与外部表征之间的桥梁"。[1] 瑞典学者 Appelgren 和 Nygren 也表达了类似的观点，他们强调数据新闻就是"传统新闻工作方法和数据分析及可视化技术的混合"，其效用则是在最大限度上实现"精确"（precision）。[2] 这种工具论的观点小心翼翼地绕过理念层面的争论，而将可视化"锚定"在"技术改良"的话语范畴之内，这体现了一些新闻研究者对于更加本质性的矛盾的回避。如前文所述，可视化本身虽然只是一种呈现信息的手段，但它在新闻行业存在和发展的基础，则是大数据的原理，这种原理有自己独特的逻辑体系，是不可能"自然而然地"屈从于传统新闻理念的。

第二种观点更进一步，将可视化视为一种新的新闻叙事（storytelling）类型，而数字时代的新闻业转型的主要内容，就是"通过创造新的视觉化叙事的方式去满足数字新闻消费者的需求"。[3] 从叙事的角度探讨技术对内容的影响，是西方新闻和媒体研究领域的一种相当主流的思路，这种思路能够使研究者跳出新闻产品的形式范畴，进而在意义的生产和接受层面去考察技术所发挥的作用。这一观点尽管仍未将可视化的盛行视为一种新闻认知范式的断裂，却也超越了一般性的工具论，开始在生产的内在逻辑层面去探讨可视化在当代新闻业中扮演的角色。如 Kolodzy 即指出，数据可视化并不仅仅是帮助记者"找到并

---

[1] FERSTER B. Interactive Visualization: Insight through Inquiry [M]. Cambridge, MA: The MIT Press, 2013: 31-32.

[2] APPELGREN E, NYGREN G. Data journalism in Sweden: introducing new methods and genres of journalism into "old" organizations [J]. Digital Journalism, 2015, 2 (3): 394-395.

[3] HANN Y, et al. When does an infographic say more than a thousand words? Audience evaluations of news visualizations [J]. Journalism Studies, 2018, 19 (9): 1296.

呈现故事的方式",更是"一种在新闻中拓展叙事的路径",其重要性绝不仅止于"信息图表等技术手段"。[1] 不过,这种主要基于叙事学术语的说辞也有问题:故事当然是构成新闻的重要元素,但新闻绝不仅仅是故事,更是一种"指向更加丰富的公共文化"的信息产品,[2] 有着远比"故事"更加丰富和深刻的价值内涵。作为一种制度化的信息产品生产实践,可视化的逻辑是融入新闻的生成、流通和接受的整个机制的。当我们将可视化仅仅视为一种与传统新闻叙事既有关联又有差异的叙事类型时,其实仍然未能触及数字新闻的本质问题:"当大数据赋予了信息的视觉呈现以高度的精密性和科学性,传统新闻对于个体、个案和反常状态的关注与解释,是否还有存在价值?"[3]

第三种观点与前两种观点相比显得更为激进,却也是笔者所认同和秉承的观点,那就是:可视化之于新闻生产,并不仅仅扮演了技术或叙事维度上的辅助者的角色,更是一套试图以视觉的逻辑代替新闻的逻辑的新闻生产观念系统,是一种新闻生产的技术美学,其与传统新闻理念的冲突不但不可避免,而且还将持续塑造数字新闻业未来的生态。例如,Dick 对 BBC、Channel 4、《卫报》、《金融时报》等英国新闻媒体的可视化生产的研究即表明,"非新闻专业的价值观不断被编辑室的文化所压抑",而可视化设计人员在日常工作中则完全奉行与新闻记者不同的评价标准。[4]Lowrey 的研究也表明,围绕视觉形态的信息生产实践形成的规范冲突(normative conflict)一直是数字时代的新闻编辑室最主要的冲突类型,他进而将数字新闻编辑室视为"整合的规范"(代表新闻机构的利益)、"艺术的规范"(代表视觉内容生产者的利益)和"新闻的规范"(代表传统新闻从业者的利益)三者相互冲突、协商的场所。[5] 总而言之,可视化及其背后的大数据的逻辑给新闻业带来的是一种范式变迁(paradigmatic change),其真正的影响力则要通过对数字新闻编辑室的生态的深入了解方能准确把握。而这也是本项研究得以开展的初衷。

---

[1] KOLODZY J. Practicing Convergent Journalism: An Introduction to Cross-Media Storytelling [M]. New York: Routledge, 2013: 165.

[2] GLASSER T. The Idea of Public Journalism [M]. New York: The Guilford Press, 1999: 45.

[3] 常江. 蒙太奇、可视化与虚拟现实:新闻生产的视觉逻辑变迁 [J]. 新闻大学, 2017, 1: 58.

[4] DICK M. Interactive infographics and news values [J]. Digital Journalism, 2014, 2 (4): 503.

[5] LOWREY W. Normative conflict in the newsroom: the case of digital photo manipulation [J]. Journal of Mass Media Ethics, 2003, 18 (2): 123-142.

三、可视化时代的新闻理念冲突

在这一部分，笔者以自己于2016年3～4月在欧洲国家瑞士展开的一系列深度访谈作为主要的经验资料来源，考察新闻机构的可视化人员（在西方通常被称为designer）对传统新闻理念的认知方式与认同状况，进而剖析这种围绕着新闻生产基本逻辑出现的新闻编辑室内理念冲突之于数字新闻行业发展的意涵。

在2016年3～4月，笔者总计对瑞士5家新闻机构的13位可视化人员进行了深度访谈，这5家新闻机构分别是《早报》（法语日报，位于洛桑）、《一瞥报》（德语日报，位于苏黎世）、《信使报》（法语日报，位于日内瓦）、"本地新闻网"（The Local，英语新闻网站，位于日内瓦）、瑞士法语广播电视公司（RTS，位于日内瓦）。受访者主要通过人际关系网络征集。对于日内瓦和洛桑地区的新闻机构的11位受访者，访谈采用面谈的方式进行，单次访谈时间约90分钟。对于位于苏黎世的新闻机构的2位受访者，访谈通过电子邮件进行。访谈是半结构的（semi-structured），用英语进行。

根据路透新闻研究所和牛津大学发布的2017年数字新闻行业报告，尽管瑞士是欧洲新闻业发展最为迅速的国家之一，但由于媒体所有权高度集中、公营广播电视系统一家独大等原因，其数字新闻行业形成了较为鲜明的本土特色，且主要依托传统新闻机构发展，尤其是免费报纸、小报和公共广播，而受到美英大型数字新闻机构（如《赫芬顿邮报》等）影响较小。[1] 瑞士数字新闻业的这一状况使之成为本项研究的理想对象：在一个传统机构势力及文化影响力强大的生产环境下，新闻编辑室内新旧理念的冲突能够得到更加清晰的彰显。

总体而言，这是一项有着明确的理论建构意图的探索性研究。从经典新闻理论出发，笔者对可视化生产人员的访谈主要围绕其关于传统新闻业的三个核心理念展开：第一，新闻真实性的内涵及实现方式；第二，以客观性为内核的新闻专业主义；第三，新闻价值的评判标准。通过分析可视化生产人员对上述传统新闻理念的认知及态度，本章尝试于数字新闻业发展的当下语境中，阐释新闻生产自我调适与变革的可能的路径。

---

[1] NEWMAN N, et al. Reuters Institute Digital News Report 2017 [EB/OL]. [2018-01-01]. https://reutersinstitute.politics.ox.ac.uk/sites/default/files/Digital%20News%20Report%202017%20web_0.pdf.

1. 本质真实与再现真实

毫无疑问，"真实"是传统新闻理念的基石，也是新闻区别于文学、电影等其他公共文化产品的关键属性。尽管新闻真实在不同文化语境下或许有着不尽相同的含义，但其在新闻专业话语范畴内的合法性却是相当牢固的。在美国学者 Blank-Libra 看来，真实其实是新闻业"对关乎自由和义务的各种选择的负责任的态度"[1]，因而其不仅是一种认识论意义上的属性，更是一种社会属性和文化属性，是联结新闻生产者、新闻产品与新闻受众的观念纽带。

本项研究的所有访谈对象都以不同方式表达了真实对新闻而言不可替代的重要性。如一位从未接受过新闻或传播专业训练的受访者称："在进入这个行业以前，我就明白新闻必须是真实发生的，人们对于假新闻深恶痛绝……进入新闻机构以后，我的这种感受更加强烈，因为几乎所有人都在重复做的工作就是：核实、核实再核实。这一点对于新闻网站来说尤其重要，因为很多新闻的信息源都来自社交媒体。"而另一位受访者则表示假新闻的泛滥是数字新闻行业必须要解决的问题："你会看到，制造假新闻已经成为一门生意，那些人可以把虚假的东西做得惟妙惟肖。但更糟糕的是，读者似乎已经不那么在乎新闻的真实与否了，这才是真正的灾难。"

不过，对于真实性的观念认同并不意味着可视化人员持有与传统记者、编辑相同的新闻真实观。事实上，在深入探讨"真实"的含义和边界的过程中，受访者几乎提出了与传统真实观截然不同的理解。这主要体现在两个方面。

首先，受访者普遍认为真实是一个操作性的概念，而未必是一种"本质的"属性。也就是说，新闻具有真实性并不是因为"新闻应该真实"，而是因为"新闻从业者应当通过一系列的手段确保新闻的真实"。这种带有工具理性色彩的新闻真实观，精准地折射出数据科学逻辑与新闻文化逻辑在认识论上的根本分歧。对此，一位供职于公共广播公司 RTS 网站的视觉编辑的观点很有代表性："大数据的主要意义就是确保新闻的真实。或者说，大数据是不会说谎的。我们不能确保新闻的信息源和某些关键细节的准确无误，但至少由数据所呈现的部分是真实的，或者说，符合数据自身结构的真实。"另一位供职于报纸网站的受访者表达了类似的观点："在我看来，真实与否从来就不应该是一个问题，我们只对数据负责，只要准确地呈现数据，那么数据自然就会把真实的情况展现出来，这是一件再自然不过的事情。"这样的观点实际上是在强调可视化信

---

[1] BLANK-LIBRA J. Pursuing an Ethic of Empathy in Journalism [M]. New York: Routledge, 2017: 63.

息所遵循的其实是一种可以自证的真实性法则：只要严格尊重数据科学的逻辑和规律，就能够生产出真实的新闻内容。

其次，绝大多数受访者对于"不真实"的新闻，持有较为宽容的态度，这与一些针对传统新闻记者与新闻编辑的调查结论有很大的差异——在这些调查中，"假新闻"通常被视为重大的行业失范现象，而"提供毫不含糊的证据以确保真实性是记者不能推卸的责任"。[1] 一位已入行7年的可视化人员表示自己并不赞同这种斩钉截铁的论断，她表示："如果新闻的故事是由记者来讲的，那么我们根本没有办法确保它能做到完全真实……记者的价值观和道德感都会影响到这个故事的形式。例如，在报道亲子关系的新闻时，有孩子的女性记者和单身的男性记者怎么可能讲出一样的故事来？"此外，也有几位受访者提出，假新闻是完全可以通过技术去判别的，因此"杜绝假新闻最好的方式……就是建立起有效的假新闻检测（fake news detection）机制"。不过，也有一位受访者表示，新闻从业者——无论传统记者还是可视化人员——都应当努力追求真实，她说："无论技术发展到多么高级的程度，新闻行业都需要有一种正常的文化，那就是对事实本身的无条件的尊重……离开了这一点，一切都无从谈起。"

从访谈资料中，我们大致可以得出如下的结论：深受数据科学思维方式影响的可视化人员对新闻真实持有一种操作化（operationalized）的理解；新闻真实与其说是新闻的一种本质属性，不如说是一种"管理技术"，是一种需要在再现（representation）层面不断追求和完善的理想状态。可视化人员与传统新闻从业者在新闻真实性问题上的理念冲突处于较为隐蔽的状态，这是因为两个群体均认同真实作为新闻业价值基石的话语正当性。事实上，在具体的日常生产实践中，双方也很少因真实与否的问题产生直接的冲突。这在一定程度上得益于瑞士新闻业高度发达的分工体系，如一位受访者所言："尽管所有人都被要求对自己出产的内容进行核查……但那主要是文字编辑的工作。我们所需要处理的通常只有数据。"

2. 新闻专业主义的美学维度

新闻专业主义是新闻从业者普遍遵从的行业意识形态，是界定"新闻从业者"与"非新闻从业者"最基本的身份标识，通常有鲜明的排他性。在媒介理论家Hallin和Mancini看来，尽管新闻专业主义在不同的社会与文化中拥有

---

[1] FOREMAN G. The Ethical Journalist: Making Responsible Decisions in the Pursuit of News [M]. Malden, MA: Wiley-Blackwell, 2010: 121.

不同的内涵，但其运作方式都是高度相似的，即通过确立一整套"专业规范"（professional norms）的方式，从"生活方式、道德准则、自我身份意识以及准入门槛等方面"明确"新闻职业"到底是什么。[1] 具体到欧美社会的语境下，尽管不同国家对新闻专业主义的内涵有不尽相同的认知，但总体上"客观性"是新闻行业普遍接受的专业价值内核。

在访谈中，笔者发现，与新闻真实性原则相比，受访者对通行的"新闻专业主义"的内涵普遍较为陌生，缺乏明确的认知，更谈不上认同。在笔者将问题具体化为"对于客观性的看法"时，受访者内部出现了较为显著的观念分歧。其中，一部分受访者认为客观性与真实性一样，都是新闻应当具有的属性，也是新闻生产者需要通过特定的技术或操作性手段去达成的目标，如一位受访者干脆表示："真实和客观难道不是一回事吗？只有使用客观的资料、持有客观的态度，才能写出真实的报道。"而另一些受访者则表示不完全认同"新闻从业者应当持有客观的态度"这一命题。一位来自苏黎世的年轻的可视化人员即表示，新闻的形态应当是多种多样的，有纯粹的客观性报道，也应该有态度更加明确、情感卷入更深的报道。她说："事实上，我的很大一部分工作都是在创造能够触动读者的东西……我希望读者从我这里获得的不仅是冷冰冰的事实，更有一种精神上的感动和满足。"

比起可视化对新闻客观性法则的驳杂态度，另一个研究发现更有价值，那就是一些受访者明确提出，随着可视化信息生产在新闻行业的重要性不断提升，新闻职业的内涵应当被重新界定；来自视觉设计领域的基本观念，尤其是美学的观点，应当成为新闻专业主义的一个重要组成部分。例如，一位受访者坦言："关于正确的可视化应该是什么样的……我和记者之间经常产生矛盾。他们会认为我破坏了故事的完整性，甚至在内心深处觉得可视化对新闻来说是有害的。而事实是，包含可视化设计的新闻报道始终比纯粹的图文报道更加吸引用户。记者认为只有自己才最了解读者，但那个时代已经过去了。"而另一位供职于日内瓦地方报纸的可视化人员态度更加激进："说实话，我并不在意一条新闻故事有多大程度是真实的或有效的，我只专注于让它变得更有吸引力……可视化最有魅力的部分，就在于它能够挖掘出深藏在数据内部的'美'。如果新闻不能从一开始就吸引人们的眼球和感叹，便很有可能淹没在信息的海洋里。"本项研究中的受访者对于"美"在新闻产品中的重要性的

---

[1] HALLIN D, MANCINI P. Comparing Media Systems: Three Models of Media and Politics [M]. New York: Cambridge University Press, 2004: 35.

强调与 M. Dick 此前针对英国新闻机构可视化人员的研究发现有相似之处，在他的研究中，被调查者也普遍表示"情感、美、优雅"等感性因素对于数字新闻的传播效果而言至关重要，而这并不必然意味着客观性原则"走入了死胡同"。[1]

有一位较为资深的受访者表示，尽管可视化生产所遵循的美学原则与传统新闻专业主义所推崇的客观性原则之间存在着难以调和的矛盾，但这种矛盾并不是可视化时代的新生事物，而是自始至终都存在于新闻编辑室之中。他举例说："在电视新闻里，如何处理战争、受害者、尸体以及未成年人的图像，始终是一个人们争论不休的问题……这是因为图像本来就有自己的一套规律。用在新闻中的图像，无论是交互图表还是仅仅一张照片，都不仅仅是用来传递信息的，更是用来触发情感的。"而现在瑞士新闻机构的实际状况是，可视化生产所遵循的美学原则"处在十分边缘的位置"，并在具体的生产实践中导致了大量的冲突。例如，供职于洛桑的《早报》的可视化人员表示，自己几乎每一天都会因为发稿时间问题与记者及其他工作人员进行争论："有效的可视化必须是精致的，拥有尽可能完整的形式，并且要建立在深入的数据挖掘和分析的基础之上，而这些工作需要充足的时间来完成。但现在的实际情况是，编辑部门每天都在催促我们加快完成工作，以防错失时效。在很多时候，我只能去顺从这种风气，这真是一件令人烦恼的事。"

值得注意的是，尽管受访者普遍认同应当将美学的维度纳入新闻专业主义的概念范畴，但这一维度的基础仍然是一种科学主义的态度。用一位受访者的话来说，即是"一种冷静地展现尽可能完整的图景的能力"。在可视化人员群体来看，以客观性为内核的传统新闻专业主义最大的问题在于它鲜明的"人治"色彩。新闻记者为了追求或许并不存在的纯粹客观而不断压抑图像所具有的情感力量，在本质上并不是一个道德问题，而是"不科学"的体现。

3. 新闻价值的再定义

新闻价值是新闻生产者选择和编排新闻素材的主要指标体系，也是现代新闻职业理念的一个核心组成元素。尽管研究者已指出放诸四海而皆准的、客观存在的"新闻价值标准"其实只是一个迷思，但媒体机构仍然普遍以之为规范组织日常新闻生产活动。[2] 在本项研究中，受访的瑞士新闻机构可视化人员对

---

[1] DICK M. Interactive infographics and news values [J]. Digital Journalism, 2014, 2 (4): 500.

[2] CLAUSEN L. Global News Production [M]. Copenhagen: Copenhagen Business School Press, 2003: 45.

于传统新闻价值标准普遍表达了较为鲜明的观点,这表明新闻价值是视觉理念与新闻理念在编辑室内发生冲突的主要场域。

受访者关于新闻价值体系的看法,大致可归纳为三种类型。

第一类看法强调传统新闻价值观的效能在可视化生产领域的"不确定性",即并非所有的新闻价值法则都适合可视化内容的生产。这一观点集中体现在可视化人员对于"新闻时效"的普遍抵制态度上。有多位受访者用不同的方式表达了新闻业对时效性的"过分"追求影响了可视化可能具有的认知潜力和可能产生的接受效果。此外,也有受访者表示并不存在一套客观标准可被用来判定哪些新闻是"重要的",哪些新闻是"不重要的"。例如,一位供职于日内瓦本地新闻网站的可视化人员指出:"有一些选题看上去很重要,但实际上没有任何数据和资料可以支撑这一点,记者和编辑的判断完全是基于一些习惯性的感觉或者约定俗成的东西。"另一位供职于公共广播公司的可视化人员也声称:"在很多时候,我们无法去完成那些'真正'重要的报道,这是因为并不是所有时候我们都能找到数据支持我们这样做。我们只能去调和自己的判断,在数据和选题之间寻找平衡点。"

第二类看法则认为,可视化内容生产需要确立属于自己的新闻价值评判标准,亦即明确并非所有的新闻选题都适合使用可视化的方式表现。例如,一位受访者表达了对新闻机构普遍将可视化视为一种"价值无涉"的工具的看法的反对:"可视化设计也需要价值判断。只不过,这种判断是基于数据做出的。有一些数据中天然蕴藏着故事,并且也适合用视觉的方式呈现。如果不能从数据中提炼出故事来,做再多挖掘工作也是于事无补的。"另一位受访者发表了类似的观点:"有效的可视化报道必须要尊重视觉传播自身的规律。可视化不同于新闻图片,不是被简单'嵌入'到报道中的。可视化本身就是报道的核心,甚至灵魂。"至于这种新的新闻价值评判标准应当包含哪些维度——例如,究竟符合什么样条件的数据才能够被转化为新闻故事——受访者并未形成清晰的观点。这一状况折射出可视化新闻生产受到数据严重制约的问题。传统新闻价值评判是基于新闻事件自身的内容做出的,而可视化逻辑下的价值评判则完全取决于数据的形态、容量和偏向。

第三类看法则较为激进地否定新闻价值评判标准的存在意义。这种看法强调随着数据挖掘技术的不断成熟,新闻报道活动应当逐步实现完全由数据驱动,而非由人的主观判断来决定哪些新闻可以被报道或被优先报道。持这样观点的受访者不多,但观点较为尖锐,如一位日内瓦地区日报的可视化人员表示:"大数据的当代价值就在于代替人们做出判断……而可视化就是对这种判断的科学的呈现。"这样的观点存在的本身,即表明可视化生产实践所带来的新闻编辑室内的理念冲突其实远比我们想象得深刻。

四、从"叙事－文化"到"科学－艺术"

本章尝试通过对相关学术文献中关于可视化新闻生产的话语构成的检视,以及对瑞士5家新闻机构的13位可视化人员的深度访谈,清晰地勾勒出可视化新闻生产与传统新闻生产之间可能存在的理念冲突,以及这种冲突对于新闻业发展变迁路径的潜在影响。研究发现,可视化内容生产者与传统记者和编辑尽管普遍认同真实性法则在新闻理念体系中的正当性与合法性,但在如何通过新闻专业主义和新闻价值评判体系实现对于"真实"的践行这一问题上,则存在着直接的观念冲突。信息可视化的生产逻辑将"真实"界定为再现层面上的操作性概念,主张将美学的维度纳入新闻专业主义体系,同时提出了重新定义新闻价值标准的要求,这对传统新闻理念的权威性构成了显而易见的挑战,也势必会在数字新闻业未来的发展中以更加显著的方式发挥影响。

上述理念冲突自然是在数字新闻编辑室的日常生产实践中被我们观察到的,但其根本原因,则在于可视化生产与传统新闻生产所奉行的截然不同的话语逻辑。对于可视化生产者而言,新闻生产是一种在"科学－艺术"观念结构中,将数据转化为故事的创造性劳动,数据是故事的基础,"美"则是数据得以被转化为故事的中介。而在传统的新闻生产视域内,生产者主要遵循着一种"叙事－文化"的话语逻辑,即新闻首要是一种叙事文体,在一些被全行业所普遍认同的规范体系下生成,再与其他类似的文本共同构成了一种将"真实"视为生命线的纪实性的公共文化。因此,上述发生在新闻编辑室内的理念冲突并不仅仅是新闻行业在数字化转型过程中的一种职业生态,更有可能昭示着整个社会公共空间和文化结构的变迁。

从全球数字新闻行业的发展趋势来看,传统新闻理念的更新与再造已是毋庸置疑的事实。而本项研究带给我们的启发,则体现在新闻业理念变革可能的方向上。一个需要我们深入思索的问题是:在数字化的时代,新闻究竟还有多大可能以及多大必要仍是一种本质真实、价值中立的社会公共文化?可视化生产实践给新闻编辑室带来的理念冲突,其实只是新闻业理念变革潮流的一个征候,其背后的深层文化逻辑还有待新闻理论的研究者和革新者进行更加深入的考察。

第二编
数字时代的新闻机构

第五章 原子化未来：技术变迁对报纸新闻专业文化的重塑

本章提要

本章全面梳理文献，阐释报纸新闻专业文化的三种主流话语：世俗性、认知秩序、个人主义，并结合对英国和瑞士两家地区报纸展开的深度访谈，对前沿传播技术冲击下的报纸新闻专业文化的转型和变迁过程展开深入探讨。研究发现，日常新闻生产技术的变迁重塑了报纸新闻从业者的专业想象和认同，曾经"有机"的报纸新闻专业文化正不断转型为一种原子化、程式化的新型文化。本章认为，报纸新闻从业者的文化精英认同（即认知秩序话语）仍然有着牢固的心理基础，这一点有可能成为未来的报纸新闻业在数字信息丛林中得以延续乃至获得重生的关键所在。

一、报纸新闻的专业文化

当我们使用"媒介"这个词来界定人类拓展自己的感官和思维并对广阔的外部世界和社会生活加以认识的中介时，我们实际上是在两个层面上展开思考的。首先，特定的媒介其实就是建立于特定物质介质之上的符号系统，其本质是符号依照技术自身的特性进行排列与组合，并最终生成意义和结构的机制。[1] 不过，除技术含义外，我们在对媒介和传媒行业加以理解时，其实更多是将其视为一种文化。用 Ossewaarde 的话来说，就是"媒介的文本如何被赋予了建构关于社会内在机理以及与社会有关的知识的角色"。[2] 媒介的这种"技术－文化"属性极大地影响了现代社会不同时期的文明形态：在特定时期占主导性

---

[1] GARNHAM N. Emancipation, the Media and Modernity: Arguments about the Media and Social Theory [M]. New York: Oxford University Press, 2000.

[2] OSSEWAARDE M. The national identities of the "death of multiculturalism discourse" in Western Europe [J]. Journal of Multicultural Discourses, 2014, 9 (3): 173-189.

地位的媒介技术类型往往会创造一些特定的叙事类型和生产关系，[1] 而这些叙事类型和生产关系既塑造了媒介机构内部的文化，也借助媒介系统强大的认知中介功能，有力地介入了整个社会的变迁。一如詹姆斯·凯瑞（James Carey）的精确总结：新闻业本身就是文化的产物，它的作用就是反映、界定和凝结社会。[2]

在新闻媒体内部，专业文化（professional culture）的形成是媒介的上述"技术-文化"属性的集中体现，呈现出内向性和外向性的"双重视野"（double vision）的特征。[3] 对此，学界已经有过广泛而深入的讨论。一方面，不同的媒介生产技术会通过构建新闻媒介机构文化的方式，对新闻业的各种规范和实践进行强有力的塑造，[4] 并导致全行业普遍认同的"新闻常规"（journalistic routine）的形成。[5] 但更重要的是，特定新闻媒介的专业文化会跟社会结构发生更加深刻的互动，制造社会分层，区隔社会空间，参与整个人类文明的总体走向。如 McNair 曾归纳，新闻媒体自身所具备的某些稳定的"条件"，导致了新闻从业者在其专业主义思维中对新闻业民主化角色的想象和认同。[6] 持批判理论立场的 Sparks 也曾提出过类似的观点，他认为报纸的专业文化会"培育"未来社会的民主化实践。[7]

报纸新闻既是现代新闻业历史最悠久、文化根基最深厚的新闻形态，也是当代全球媒介文化版图的重要组成部分。主要基于印刷术和依托物理空间传播新闻的报纸尽管有着辉煌的历史，却也是传媒业每一轮技术变革最主要的冲击对象。但与此同时，印刷术对文字传统的倚赖、建构抽象意义的能力，以及根

---

[1] SCHUDSON M. The Sociology of News [M]. New York: W. W. Norton & Company, 2003.

[2] CAREY J. Communication as Culture: Essays on Media and Society [M]. Boston, MA: Unwin Hyman, 1989.

[3] MACGREGOR P. Siren songs or path to salvation? Interpreting the visions of web technology at a UK regional newspaper in crisis, 2006-2011 [J]. Convergence: The International Journal of Research into New Media Technology, 2014, 20 (2): 159.

[4] PEER L, CHESTNUT B. Deciphering media independence: the Gulf War debate in television and newspaper news [J]. Political Communication, 1995, 12 (1): 81-95.

[5] ZELIZER B. Journalists as interpretive communities [C]. In Berkowitz D. Social Meaning of News: A Text Reader. Thousand Oaks, CA: Sage Publications, 1997: 401-419.

[6] MCNAIR B. Cultural Chaos: Journalism, News and Power in a Globalized World [M]. London: Routledge, 2006.

[7] SPARKS C. Extending and defining the propaganda model [J]. Westminster Papers in Communication and Culture, 2007, 4 (2): 69-84.

深蒂固的阐释传统，又使得一种独特的、带有精英主义色彩的报纸新闻专业文化得以形成。大量的经验研究发现，尽管电视新闻无论在传播效果还是文化影响力上均全面超过报纸新闻，但报纸新闻从业者仍然以"文本阶级"（textual class）自居，对电视的图形传统持居高临下的批评态度。[1][2] 用布尔迪厄的话来说，报纸新闻的专业文化实际上成了一个"提供标榜文化或艺术地位的空间"的"场域"，是主导行业发展的各种力量和冲突得以施展的主要场所。[3]

在传播技术飞速发展、媒介融合态势日趋清晰的当下，报纸新闻业受到的冲击是显而易见的。在欧美主要国家，报业最后的繁荣期大抵出现于20世纪80年代中后期，从那以后便开始不断走下坡路。当然，此处的"下坡路"主要是产业和市场意义上的，而未必是文化意义上的。大量的统计数据佐证了这一点。例如，eMarketer的统计数据显示，即使在印刷媒体历史悠久、传统深厚的英国，主要全国性报纸的广告收入也在以令人震惊的速度下跌：2017年全英报纸广告收入比2016年大幅度下滑9%，且这一颓势仍将持续存在，与数字媒体产业欣欣向荣的成长态势形成鲜明的对比。[4] 而早在2009年，皮尤中心的调查即显示，有近60%的美国人认为报纸消亡对于公共生活不会有任何影响。[5] 但这种观察的结论只是表面现象。如前文所述，媒介是一种"技术-文化"的存在，如何透过技术条件的变迁，去解释报纸新闻的专业文化的嬗变，才是我们理解传统报业在媒介融合浪潮中的存在方式的关键所在。一如亨利·詹金斯所言："媒介融合其实是波及全社会范围的文化转型。"[6] 报纸新闻作为"印刷技术-文化"在当代社会结构中最重要的代表，其专业文化在技术驱动下的变化，可以作为我们观察当下社会变迁的一个很好的切入口。因此，Menke等人关于媒

---

[1] SINGER J B. Who are these guys? [J] Journalism, 2003, 4 (2): 139-163.

[2] MELTZEN K. TV News Anchors and Journalistic Tradition: How Journalists Adapt to Technology [M]. New York: Peter Lang Publishing, 2010.

[3] BOURDIEU P. The Field of Cultural Production [M]. New York: Columbia University Press, 1993: 30.

[4] EMARKETER. UK Newspapers fight falling ad revenues: new income sources sought as ad spending slows [EB/OL]. [2017-03-17]. https://www.emarketer.com/Article/UK-Newspapers-Fight-Falling-Ad-Revenues/1015444.

[5] PEW RESEARCH CENTER. Many would shrug if their local newspaper closed [EB/OL]. People-Press [2009-03-12]. http://www.people-press.org/2009/03/12/many-would-shrug-if-their-local-newspaper-closed/.

[6] JENKINS H. Convergence Culture: Where Old and New Media Collide [M]. New York: New York University Press, 2006.

介融合的判断是十分准确的：:"对于融合时代的新闻研究而言，跳脱单一的技术视角，转向文化层面上的理解，是最重要的一项工作。"[1]

本章着重探讨三个问题。首先，笔者将梳理现有的理论文献，对报纸新闻的专业文化特征做出全面而准确的归纳，并以此作为经验研究的依据。其次，笔者以自己在英国和瑞士展开的一项小型的访谈研究为基础，通过分析一手的经验资料提出关于技术变迁背景下报纸新闻专业文化转型路径的探索性结论。最后，本章将结合经典新闻理论对报纸在社会变迁中扮演的角色的阐释，讨论报纸新闻业在数字时代可能拥有的行业生态及文化前景。

二、世俗性、认知秩序与个人主义

作为现代新闻业最初和最主要的形式，报纸新闻的专业文化深受印刷术的属性及接受语境的影响。对此，研究者从不同的角度出发，得出了不尽相同的结论。经深入爬梳文献，本书认为报纸新闻的专业文化是三种话语的交叉与融合：世俗性、认知秩序，以及个人主义。

一些研究者认为，报纸新闻的专业文化以"世俗性"（secularism）为核心。事实上，正是大众化报纸的出现和流行使世俗主义成为西方现代国家的基本"文化纤维"（cultural fabric）。[2] 报纸作为世俗文化的代表，当然与印刷术对天主教会的权威性的瓦解过程有密切的关系：机械复制的新闻纸如同机械复制的《圣经》一样，动摇了神学在解释世界问题上的不言自明的认识论权威，因而成为文化民主的象征。在近代神权衰落、民族国家日趋崛起的过程中，报纸通常被视为世俗生活和国家想象之间必不可少的中介。[3] 本尼迪克特·安德森（Benedict Anderson）在提出其著名的"想象共同体"理论时，也是将报纸理解为区隔"我们"和"他者"的重要文化边界。[4] 世俗性作为一种文化惯性，

---

[1] MENKE M, et al. Convergence culture in European newsrooms: comparing editorial strategies for cross-media news production in six countries [J]. Journalism Studies, 2018, 19 (6): 882.

[2] GUNN T. Religious freedom and laïcité: a comparison of the United States and France [J]. Brigham Young University Law Review, 2004, 419: 420-506.

[3] SOMMIER M. Representations of individuals in discourses of laïcité from Le Monde: confirming or challenging the republican framework of identity? [J]. Social Identities, 2017, 23: 232-247.

[4] ANDERSON B. Imagined Communities: Reflections on the Origin and Spread of Nationalism [M]. London: Verso, 1991.

对现代报纸新闻业产生了深远的影响。即使今天的西方国家早已是世俗社会，但报纸仍然"在观照民族国家的基督教文化遗产的同时……界定和调整着社会中的种种差异"。[1]

关于报纸新闻的专业文化的第二个视角，体现在报纸对于认知秩序（cognitive order）的强调——报纸新闻的从业者普遍认为文字在人类认知体系中的地位高于图像，因而也就间接在报纸新闻读者和其他类型的图像新闻的受众之间制造了文化上的区隔。例如，Bock 就曾指出："尽管今天报纸新闻与图片之间的密切关系已是不言而喻的……但纵观报纸新闻发展的历史，会发现图片成为一种具有新闻意义上的权威性的信息源，其实经历了相当坎坷的过程。"[2] 在现代报纸新闻的日常内容生产中，虽然图片已经成为一种不可或缺的内容元素，但从业者仍普遍认为其地位是低于书写文本的；围绕图片完成的新闻报道，也仅仅是为了满足受教育程度较低的"平民"大众的需要而已。[3] 在信息环境业已高度图像化和数字化的当下，尽管报纸受到了强烈的冲击，甚至不得不开启"无纸化"（paperless）的技术进程，但其以"文字优先"的认知秩序为价值内核的专业文化，深远地影响着融媒体时代的信息生产和消费机制。一如有研究者指出的，尽管有着如"一张图片抵得上千言万语"的陈词滥调，但人们始终认为"图像"是不能言说其自身的，新闻始终是一种"语境化的语言"，而文字记者是这一语境的支配者。[4]

第三种主流观点将"个人主义"（individualism）视为报纸新闻的专业文化的价值内核。个人主义文化在报纸新闻业中的存在缘起于近代报刊追求报道自由的斗争，并通过一系列法律和制度框架（如美国宪法第一修正案）实现了固化。[5] 有研究者指出，报纸新闻业的个人主义文化是与欧美国家（尤其是美

---

[1] BHANDAR G. The ties that bind: multiculturalism and secularism reconsidered [J]. Journal of Law and Society, 2009, 36 (3): 326.

[2] BOCK M. Newspaper journalism and video: motion, sound, and new narratives [J]. New Media and Society, 2011, 14 (4): 602.

[3] ZELIZER B. Journalism's "last stand": wirephoto and the discourse of resistance [J]. Journal of Communication, 1995, 45 (2): 78-92.

[4] BECKER K. Photojournalism and the tabloid press [C]//Wells L. The Photography Reader. London: Routledge, 2003: 291-308.

[5] MERRILL J. Communitarianism's rhetorical war against enlightenment liberalism [C]// Black J. Mixed News: The Public/Civic Communitarian Journalism Debate. New York: Routledge, 1997: 63.

国）的经济自由主义和社会经济结构的集中化密切相关的，而被新闻机构奉为圭臬的客观性法则，其实是一种对于从业者的个人主义的"控制措施"（control measures）——报纸新闻从业者自始至终都是一种强调主观性角色的职业。[1] 有人认为新媒体技术对传统报纸新闻业的"入侵"强化而不是削弱了这种文化。例如，Canter 的一项针对英国地方报纸的研究发现，报纸记者对于社交媒体的使用几乎是一种完全个体化的行为，与其所在的新闻机构之间并不存在必然的联系；[2] Broersma 和 Graham 指出推特（Twitter）之于报纸记者的主要功能在于搭建私人的专业网络；[3] Heinrich 则认为，报纸新闻从业者主要是将社交媒体作为一条"个人新闻专线"（personal news wire）来使用的，其目标与报纸的总体编辑方针既可能是符合的，也可能是不符合的。[4] 不过，这些结论其实只是指向了报纸新闻从业者的新媒体使用行为，这种行为是否能够指向作为文化的"个人主义"，仍需要进行深入辨析。但总体上，从业者普遍认为报纸新闻实际上承载着大卫·里斯曼（David Reisman）所描述的现代西方社会运转的一个基本的价值观：尽管社会需要对唯我论（solipsism）进行纠正以达到整合的目的，但个人对社会的顺从既不是必要的，也非一种公民职责。[5] 报纸新闻因其承载的个人主义精神而被研究者普遍视为一种更加有机也更加纯粹的新闻。

总体而言，世俗性、认知秩序和个人主义成为构成报纸新闻专业文化的三种主流话语，有着深厚的历史基础和现实依据。报纸新闻业正是依托于这种专业文化实现自身价值在数字时代的延续，而这三种话语也成为下一阶段的经验研究的理论基础——笔者对英国和瑞士两家地区报纸的专业文化变迁的经验研究，就是以这三种话语为理论前提的。

---

[1] REVERS M. Contemporary Journalism in the US and Germany: Agents of Accountability [M]. New York: Palgrave Macmillan, 2017: 22.

[2] CANTER L. The interactive spectrum: the use of social media in UK regional newspapers [J]. Convergence, 2013, 19 (4): 472-495.

[3] BROERSMA M, GRAHAM T. Social media as beat: tweets as a news source during the 2010 British and Dutch elections [J]. Journalism Practice, 2012, 6 (3): 403-419.

[4] HEINRICH A. Foreign news reporting in the sphere of network journalism [J]. Journalism Practice, 2012, 6 (5-6): 766-775.

[5] RIESMAN D. The Lonely Crowd: A Study of the Changing American Character [M]. New Haven, CT: Yale University Press, 1961.

三、报纸新闻专业文化的变迁：从有机化到原子化

为探索前沿传播技术对报纸新闻的专业文化产生的影响，笔者于2016年7~8月先后对英国苏格兰爱丁堡地区和瑞士日内瓦地区的两家英文区域性报纸（regional newspaper）展开了针对记者和编辑的小型的深度访谈，期望从亲历报纸新闻业剧烈的结构转型的一线从业者处获得鲜活的一手资料，并以之作为后续分析和反思的基础。之所以选择欧洲的地区报纸为资料搜集的报社，主要是因为相比拥有更加雄厚的经济实力和文化底蕴、对新技术的采纳和适应效果也更好的主流报纸，地区报纸的结构和文化受新技术的影响更加显著，危机感也更强，而作为近代报业发源地的欧洲，地区报纸素有深厚的传统和鲜明的存在感。[1]

本次访谈的对象总计14位，主要通过电子邮件联系的方式确定，其中英国报纸的从业者5位，瑞士报纸的从业者9位。在全部访谈对象中，有7位是记者，另外7位是编辑。受访者年龄在30~45岁，男性居多（10位）。访谈全部采用面对面的方式进行，单次访谈时间约60分钟。由于笔者当时居住在日内瓦，因此在完成访谈资料的初步整理之后，又对两位瑞士的受访者进行了补充访谈。

访谈以英语进行，采用半结构形式。访谈的问题主要以上文所归纳的世俗性、认知秩序和个人主义三种话语为依据。访谈中着重挖掘受访者对于自己所在报纸的专业文化变迁过程的深入理解，以及对于报纸新闻业在数字新闻时代的发展前景的判断。

1. 从服务社区到全球想象

报纸新闻专业文化中的世俗性，集中体现在报纸新闻业在生产实践中对于"日常生活的意义"的挖掘。与其他类型的新闻内容和叙事类型相比，报纸新闻通常更关注各种人群的生活细节，也更倾向于从这个角度出发对人群进行分类。如一位受访者所说的："对于报纸来说……了解你的报道是写给谁看的，这很重要。不能期望所有人都成为你的读者。"对于作为报纸新闻机构主流的区域性报纸来说，情况尤其如此。"服务于你所在社区"是几乎所有受访者都表现出来的普遍情绪，这种情绪在强度上甚至超越了对理想化的新闻专业主义信条的追求。

但新技术在报业内的采用，显然对地区报纸的上述世俗精神和社区理念构

---

[1] TEMPLE M. The British Press [M]. Maidenhead, UK: Open University Press, 2008.

成了冲击。这主要体现在两个方面。

首先，报纸在由传统印刷介质向数字产品转型的过程中，以"社区"为主要符号形式的世俗精神出现了一种本质性的变化：地区报纸的从业者开始去想象一个"全国"乃至"全球"的市场，并日趋将受众视为同质化和原子化的传播对象。例如，一位瑞士受访者指出："在我们的报纸开始逐渐削减印刷的数量，并将越来越多的成本投入到数字平台和客户端建设中时，我产生了一种想法，那就是我们的报纸或许有可能像《纽约时报》一样，产生超出地区的影响力。"数字技术突破传统报纸所受到的物理空间的局限，在理论上为不同类型的新闻机构提供了平等的竞争平台，这对于报纸立足于本国、本民族、本地区甚至本社群的世俗性文化来说，显然是一种反向的力量。这一效应在英国受访者群体中同样得到了体现，一位受访者即表示，在报纸不断进行数字化转型，甚至开始尝试"无纸化"发行的背景下，编辑室内人员在遴选素材、挖掘选题、确定新闻重要性排序，以及组织评论等工作中，心态都有了明显的变化，"大家越来越关注遥远的和宏大的事件……以前这些事与我们无关，但现在我们要对这样的事做出基于本地的解释"。一位编辑则坦言："我们的工作其实与本地居民的日常生活越来越疏远，而本地居民也越来越少看我们的报纸。"报纸作为世俗生活和国家想象之间中介的角色，正在加速淡化。

其次，报纸记者和编辑在工作中对社交媒体的广泛使用，也破坏了旧文化的"有机性"，高度依赖社交媒体获得报道素材的报纸新闻从业者难以从"世俗文化"的总体性价值出发去进行具有社会整合与社会动员功能的地区新闻报道。他们开始追求"注意力"效应，所写的新闻报道也日趋呈现出非个性化的色彩。一位瑞士受访者称："当同行们开始在报道中引用社交媒体上获得的信息……我是很迟疑的，因为很难去证明这些信息的准确性。但后来的情况，我们都知道，这已经是一个不可避免的过程了，无论你如何去看待。"而一位英国受访者则表示自己每天的主要工作之一，就是对社交媒体上的重要信息进行检索，"我期望找到更多的本地信息，但事实证明这样很难，所以我现在实际上已经转型为一个报道全国事务的记者"。值得一提的是，受访者似乎普遍认为作为非官方信息源的社交媒体的可信度并不是一个什么要紧的问题，或干脆承认在新闻生产中依赖社交媒体是一个不可逆转的趋势。这一发现其实与 Paulussen 和 Harder 的一项针对比利时报纸新闻的研究发现不谋而合——在这项研究中，两位作者发现社交媒体在报纸新闻生产实践中并没有被纳入"可信性等级"（hierarchy of credibility）的考量；也就是说，社交媒体对报纸新闻的采集和生产工作的"渗透",是一个相当顺畅和自然的过程。[1] 对此,一位受访者的观点颇有说服力:"社交媒体让我比以前有了更强烈的成功的欲望……我希望我的报道能够超出我所在的这个狭小的区域,拥有更加广泛的读者和更大的影响力。"

总体而言,在各种前沿技术的冲击和"改造"下,报纸新闻的世俗性特征已被大大削弱,区域性报纸在形态和精神气质上与全国或国际性大报,乃至电视网和门户新闻网站有了更多的相似之处。用一位受访者的话来说,那就是"报纸逐渐没有了'性格'(character),只剩下'品质'(quality)"。报纸新闻业建立在印刷术基础上的、带有有机社群文化色彩的世俗精神气质,实际上被无远弗届的互联网技术纳入了一个强调"一般性标准"的全球新闻文化网络之中。

2. 视觉内容生产调整原有认知秩序

如前文所述,强调文字优于图像,并以此作为区分社会文化阶层依据的认知秩序,是报纸新闻专业文化的重要组成部分。在访谈中,笔者发现在地区报纸的新闻室内,这种文化也受到了比较显著的冲击,并制造了观念和实践上的矛盾。其最直接的外在表现,就是以图片、视频和可视化为代表的各类视觉元素在新闻报道中的重要性的提升。

不过,通过访谈可以得到的一个显而易见的结论是:报纸新闻从业者对于视觉符号在报道中的运用持有一种比以往更加宽容和温和的态度。例如,在一项2008~2009年针对美国地区报纸展开的实证研究中,研究者发现文字和图像之间的"紧张关系"仍然是报纸新闻从业者"好奇、焦虑、关切乃至错愕情绪的一个主要来源"。[2] 但在本章的访谈中,几乎所有的受访者都表示图像化是报纸新闻形态演变的一个一般性趋势,没有必要为此而紧张或焦虑;更有若干位受访者称自己正在学习与数据和信息可视化相关的技术和软件,以适应新的工作环境。一位瑞士的资深编辑甚至说,他会倾向于雇用那些熟悉视频剪辑技术的年轻人,因为"视频显然是现在人们最喜欢看到的东西——报纸虽然不能承载视频,但我们有自己的网站和客户端"。

不过,有一个现象很值得注意,那就是受访者在表达对于将视觉符号运用于新闻报道的实用主义态度的同时,往往仍强调报纸新闻相对于另一类新

---

[1] PAULUSSEN S, HARDER R. Social media references in newspapers: Facebook, Twitter and YouTube as sources in newspaper journalism [J]. Journalism Practice, 2014, 8 (5): 542-551.

[2] BOCK M. Newspaper journalism and video: motion, sound, and new narratives [J]. New Media and Society, 2011, 14 (4): 609.

闻——电视新闻的文化优越性。一位受访者在阐释这一问题的时候指出："对于我来说，视频只是……工具，它能够让文字的表达更加有感染力，同时也能吸引更多的读者。但电视新闻就不同了，它是把世界中的某些局部放大，再通过各种手段去塑造这些局部，最终可能完全改变了世界的本义。"而另一位受访者则认为，报纸新闻的日益视觉化，其实是报纸在新的技术环境下延续生存、发展的契机，但"电视本来就已经是视觉的东西，没有拓展的空间……人们会越来越喜欢互联网视频，而逐渐厌弃电视"。有两位英国的报纸编辑表示，在"互联网时代"到来之前，自己还会每天通过看电视的方式去捕捉全国性或国际性的事件动态；但有了社交媒体和其他类型的网络信息终端之后，自己几乎再也不看电视新闻了。没有人明确表达电视观众是"非精英"，但受访者普遍在言谈中暗示了这一逻辑。

不过，还是有一些受访者表示报纸新闻日益电子化和视觉化的趋势带来了不可回避的身份认同问题。数据可视化设计人员和视频制作人员开始在新闻室内拥有越来越大的话语权，从而导致了"报纸记者"和"报纸编辑"这两个身份的含混性。一位受访者即表示："设计制作人员平时也称自己为记者或编辑，但他们所持有的观念其实和文字记者截然不同。"这种观念的冲突实际上给编辑室的日常运转带来了不少操作上的矛盾，比如"视觉编辑"和"文字编辑"对于新闻价值的不同判断标准，以及在目前仍以文字报道为主体的生产模式之下，可视化内容生产人员的边缘化问题。

从访谈结果来看，报纸新闻记者所认同的"认知秩序"似乎不再以"文字－图像"这样的符号维度作为分层的依据，而是调整为新的"印刷（网络）－电视"的媒介维度。报纸新闻从业者的文化精英想象仍然存在，而且鲜明地体现在话语层面上。比如，一位受访者表示："对于报纸的编辑来说，最重要的工作仍然是阅读——新闻的最大价值，就在于它是一个通过书写来记录历史的系统。"不过，这位受访者最后并没有忘记补充上一句："但电视不是。"

3. 个人主义文化的弱化

个人主义作为报纸新闻专业文化的一部分，在西方社会语境下有着深刻的哲学和制度基础。相对于电视和其他类型的新闻媒介而言，报纸新闻的生产通常不需要依赖作为公共基础设施的电子通信网络，也不必然需要团队协同机制，因此报纸新闻从业者通常有着比其他新闻媒体从业者更加鲜明而强烈的个人主义价值倾向。但本章在访谈中发现，报纸新闻生产的社交化和智能化趋势，在一定程度上弱化了报纸新闻业的个人主义文化，而强化了新闻行业内部的无形的网络化协同生产机制。

社交媒体介入主流新闻生产机制的一个主要的路径,就是使得社交行为变成了新闻的孵化器。[1]这在实际上大大弱化了报纸新闻长期以来引以为豪的、孤胆英雄式的调查新闻传统。一位英国受访者不无忧虑地表示,社交媒体使信息的获取变得过分容易,对信息进行甄别和解释的空间也大大压缩,因此"没有人愿意去做既受累又不讨好的调查记者了"。而一位瑞士的女性受访者则称,自己毕业时选择来报纸而不是数字新闻机构工作,正是因为向往调查性记者职业,但实际情况却是"每天睁开眼睛第一件事就是打开Facebook和Twitter……否则会觉得无话可说"。也有受访者表示,其实在本地各新闻媒体的从业者之间,已经形成了一个小型的专业信息交换网络,"大家在Facebook上彼此关注,也会分享一些信息和观点……这很难说不会对自己的新闻写作产生影响"。对于突发新闻来说,几乎没有谁能够抢到所谓的"独家",因为实际上大家都在使用同样的信息源(社交媒体)和同一个信息网络。

而近年来席卷报纸新闻业的智能化浪潮,则进一步削弱了从业者的能动性。本项研究访谈对象所在的两家报纸,均与主流的智能新闻聚合机构建立了合作关系,这实际上消弭了各地区报纸在报道形态上的个性——大数据的逻辑使得新闻读者(此时称为消费者或许更加贴切)的情感和心理需求成为引导新闻生产方向的"指挥棒",因为只有他们的点击和分享动作才能够被算法记录下来并汇聚成为个性化分发的依据。不少受访者表达了对于自己有朝一日有可能被算法取代的担忧。一位受访者称,个性化色彩鲜明的新闻报道如今越来越不受欢迎,算法更加青睐在猎奇性和感官氛围营造上有独到之处的新闻内容,这实际上迫使报纸记者和编辑开始以"网络新闻"的标准去撰写内容、编辑版式和取标题。相比前面的话题,关于智能化的讨论显然在受访者中引发了更为显著的焦虑感,一位英国受访者表示在算法的强大机制下,未来能够存活的或许只有如《卫报》这样既有文化积淀又有很强的技术创新能力的、真正意义上的"精英报纸",而区域性报纸则会不可避免地选择"无纸化"道路,成为众多缺乏特色的地区性数字新闻机构中的一个。

总体上,受访者仍认为个人主义(以及调查报道)是报纸新闻业最具独特性的理想文化;但对于这种文化的未来,他们普遍持有悲观的态度。对于报纸新闻从业者来说,无论是社交媒体对新闻生产的深度介入,还是智能技术对地

---

[1] 常江.新闻生产社交化与新闻理论的重建[J].湖北大学学报(哲学社会科学版),2017(6):142.

区新闻机构的特色与个性的消弭，实际上都在宣告作为一种专业文化的个人主义正在西方新闻业的版图中不断消亡。正如一位受访者所言："最终的结果可能是大家全都变成了一副模样，就像工厂里生产出来的机器。"

四、报纸新闻业的原子化未来

本章通过文献梳理和深度访谈的方式，对前沿传播技术冲击下的报纸新闻专业文化所面临的转型进行了探索性的研究。研究发现，各种社交化、视觉化、智能化的传播技术业已全面浸入报纸新闻业的内在肌理，不但改变了日常内容生产实践的方式和形态，而且也重塑了报纸新闻从业者的专业主义想象和认同。报纸新闻曾经是一种带有鲜明的社区服务意识和精英主义成色，同时以从业者的个性与个人风格作为主要内容产品标识的专业文化，但这种"有机"的文化在传播技术的影响和塑造下，正不断转型为一种原子化、程式化的新型文化。在这种新型文化里，新闻的采集、新闻价值的判断、新闻产品形态的设计等实践，均要服膺一种超越本地的、带有全国或全球色彩的无形标准体系，这一标准体系由技术的逻辑所界定，具有价值中立、去个性化和民粹主义色彩，对传统的报纸新闻专业文化形成了有力的消解。

不过，正如有研究者所指出的，"技术变迁与新闻业变迁之间的关系既是复杂的，也难以获得广泛的共识"[1]。在考察前沿传播技术对传统新闻媒体的影响时，应当尽力避免将技术视为自洽的、唯一的、决定性力量的观点，并充分考虑新闻业自身的文化，尤其是专业文化所具有的惯性和生命力。从本章研究的结果看，在狂飙突进的技术浪潮中，尽管报纸新闻业的专业文化已呈现出与过去不同的面貌，但报纸新闻从业者的文化精英认同（即认知秩序话语）仍然有着牢固的心理基础，这一点，有可能成为未来的报纸新闻业在数字信息丛林中得以延续乃至获得重生的关键因素。

不过，上述结论有一个前提，那就是"报纸"作为一种实在的或想象的媒介在人类认知格局中的地位始终得到流行观念的维护——亦即作为一种"技术－文化"的印刷媒介仍然拥有牢固的认知基础。历史证明，群体心态和身份认同的惯性往往以人们意想不到的方式发挥作用。基于本章的研究结论，以近

---

[1] NIELSEN R. How newspapers began to blog: recognizing the role of technologists in old media organizations' development of new media technologies [J]. Information, Communication and Society, 2012, 15 (6): 962.

乎"文化决定论"的观点来看，只要新闻业仍然需要精英式思维方式和个性化的深度内容来维系自身对于一般性社会结构的反映和呼应，"报纸新闻业"便会一直存在下去——哪怕是以"无纸"的方式。

第六章　多屏化视界：数字时代的电视新闻生态转型

本章提要

本章通过文献梳理，并结合对一线电视新闻记者展开的深度访谈，描摹前沿传播技术及其文化在心理和观念层面对业内资深人士的影响，进而判断电视新闻生态在新技术的冲击下所经历的转型历程。研究发现，新技术话语对固有电视新闻生态的冲击主要体现在其对新闻内容的"改造"以及这一过程可能导致的公共性丧失问题；而至少在从业者心理层面，新技术对作为物质实践的电视播出形式和原有的平等主义的传受关系并未产生显著的影响。本章进而提出，相比印刷媒体，电视媒体的传统新闻生态在其从业者的认知中有更加牢固的基础，其对各种类型的新技术话语的吸纳和改造能力也更强大，这使得电视新闻成为我们研究数字化时代新旧新闻理念冲突的最佳田野。

一、传播架构与电视新闻生态

电视的发明和普及既是人类信息生产与传播领域的一件大事，也是整个人类社会文明版图的一次重要的重组。一方面，电视以自己独特的信息组织和传播方式"在家庭和传播技术之间搭建了错综复杂的意义网络"，强化了家庭作为社会构成的核心单元的地位和消费作为拉动社会经济增长的主要手段，进而也就有力地塑造了第二次世界大战之后的主流社会形态。[1] 另一方面，作为一种强大的叙事媒介，电视以自己独有的符号形式和表达手段塑造社会事实、构建社会想象，"对各种社会和文化生态的存在条件进行着再生产"，[2] 是联通人

---

[1] CHAMBERS D. The material form of the television set: a cultural theory [J]. Media History, 2011, 17 (4): 359-360.

[2] WILLIAMS R. 1981, Communication technologies and social institutions [C]// Williams R. Contact: Human Communication and Its History. London: Thames & Hudson, 1982: 231.

类精神世界和外部物质世界的最基本的中介。尽管进入互联网和数字化时代以后，传统电视在内容生产和产业规模两个维度上遭遇了严重的冲击，但直到目前为止，主要由电视所构造的视听化信息生产和接受习惯，乃至一种几乎为全人类共享的、根深蒂固的"显像管思维"，仍然在新的社会文明形态的形成中发挥着举足轻重的作用。一如约翰·费斯克（John Fiske）所指出的，电视对社会运行的脚本（script）具有深刻而持久的影响力，这种影响力超越浅层的应激反应式的表面关联。[1]

电视新闻既是基于电视媒介的最重要的公共文化产品之一，也是电视媒介用以强化特定社会结构、构建特定文化想象的重要中介。在Cottle和Rai看来，不同媒介所具有的建制化、类型化、可辨识的"传播架构"（communicative architecture）会导致不同新闻生态（news ecology）的形成。[2]也就是说，电视媒介自身的属性和偏向是先于电视新闻对特定事务或新闻事件的话语建构实践存在的，这与经典的框架理论以"事件"或"既定价值偏向"为中心的观念很不一样。[3]在这个意义上，电视作为一种强势的"技术－文化"中介系统在自身属性（特别是与传播架构密切相关的技术属性）上的演进和变迁，会对电视新闻的生态产生直接的影响。因此，在技术环境日新月异、新技术不断被运用于改造各种传统新闻生产类型的当下，社会覆盖面最广、认知影响力最大的电视新闻的生态经历了什么样的转型，以及这一转型过程背后有怎样的深层逻辑，就成为我们观察、阐释乃至预测电视新闻行业在数字时代的进路的关键所在。

本章主要采用Cottle提出的传播架构理论和Bijker提出的技术框架（technological frame）分析方法，深入探讨数字时代的各种前沿技术及围绕这些技术形成的话语对电视新闻在生产层面的生态所产生的影响。在Cottle看来，基于不同媒介形式的特殊的传播架构是这种媒介新闻类型与其他新闻类型相区别的主要依据，其不但决定了新闻故事将以什么方式被讲述和再现，更导致了带有特定偏向的新闻生态的出现和固化。[4]而Bijker提出所谓的"技术

---

[1] FISKE J. Television Culture [M]. New York: Routledge, 2010.

[2] COTTLE S, RAI M. Between display and deliberation: analyzing TV news as communicative architecture [J]. Media, Culture & Society, 2006, 28 (2): 163-189.

[3] MATTHEWS J, COTTLE S. Television news ecology in the United Kingdom: a study of communicative architecture, its production and meanings [J]. Television & New Media, 2012, 13 (2): 106.

[4] COTTLE S. TV News, Urban Conflict and the Inner City [M]. Leicester: Leicester University Press, 1993.

框架"实际上就是使用特定技术的特定社会群体的成员所共享的一种认知结构（cognitive structure），包括目标、关键问题、现行理论、经验法则（rules of thumb）、检验程序等具体的分析维度，这些维度共同决定了该群体成员思考、解决问题、制定策略和进行实践的总体过程。[1] 这一分析方法曾被 Boczkowski 直接用于进行网络新闻编辑室的生态考察，得出了令人信服的结论。[2]

不难发现，这一研究思路实际上是一种"技术-文化共生论"。无论 Cottle 的"传播架构"还是 Bijker 的"技术框架"，其实都与哈罗德·英尼斯（Harold Innis）的"传播偏向论"存在某种逻辑上的关联，强调媒介自身的属性和特征对其内部和外部文化生态可能产生的影响。事实上，从电视的技术属性出发去探讨电视新闻和电视文化的生态在欧洲媒介研究学术体系中有深厚的传统，如布尔迪厄（Pierre Bourdieu）对"电视新闻场域"的概念化[3]，以及本森（Rodney Benson）对于新闻场域内各类专业实践及理念的形成方式的分析等[4]。近年来，颇有一些学者从新闻生产的角度切入，探讨新的数字技术带来的跨媒介生产模式对电视新闻业的主流实践、电视新闻从业者的身份认同以及影响新闻内容的各类思潮（如民粹主义）的形成产生的影响。[5][6] 但关于数字技术带来（或催生）的电视新闻业的总体生态转型及其背后的逻辑进程，目前仍缺少基于一手经验研究的深入分析。这正是本项研究展开的原因。

本章主要探讨三个问题。首先，笔者将对围绕"技术对电视新闻业的影响"这一在电视研究领域颇有传统的议题展开的各种讨论进行归纳和分析，尝试提供一种基于电视媒介自身属性的一般性理解路径。其次，笔者基于在2017年9~12月期间完成的对于英国和瑞士的16位一线电视新闻记者的深度访谈，努力从电视新闻编辑室生态变迁亲历者的真实感受出发，归纳这种新生态在新闻

---

[1] BIJKER W E. Of Bicycle, Bakelites, and Bulbs: Toward a Theory of Sociotechnical Change [M]. Cambridge: MIT Press, 1995.

[2] BOCZKOWSKI P. The processes of adopting multimedia and interactivity in three online newsrooms [J]. Journal of Communication, 2004, 54 (2): 197-213.

[3] BOURDIEU P. On Television [M]. New York: The New Press, 1998.

[4] BENSON R. News media as a journalistic field: what Bourdieu adds to New Institutionalism and vice versa [J]. Political Communication, 2006, 23: 187-202.

[5] DEUZE M. Media Work [M]. Cambridge, UK: Polity Press, 2007.

[6] LEE-WRIGHT P. Culture shock: new media and organization change in the BBC [C]// Fenton N. New Media, Old News: Journalism and Democracy in the Digital Age. London: Sage, 2010: 71-86.

生产主体观念和心理等维度的体现。最后，本章将以对上述新生态的理解为立足点，对数字技术浪潮中的电视业的发展的未来路径做出判断。

二、技术对电视新闻的影响：一个历久弥新的议题

尽管所有新闻媒体的出现和发展都是特定传播技术的产物，但与报纸和广播相比，电视新闻与各种新媒体技术之间的关系显然更引人注意，也更容易带来争议。这一方面是由电视媒体在产业和文化两个维度上的强势地位决定的——人们十分愿意深入辨析一种主流的，甚至带有某种霸权色彩的强势媒介究竟会在技术的冲击下发生怎样的变化。另一方面，这也与电视新闻对于20世纪后半叶人类历史进程的深度参与有密不可分的关系——电视新闻通过对重大事件的深入报道，界定了这些事件在全球观众集体记忆中的存在方式和意义。一如有学者指出的："电视新闻通过仪式性叙事的方式为重大事件赋予意义，从而在历史、地缘和人性三个维度上塑造了人类社会。"[1]

考察技术变迁对电视新闻的影响，目前存在三个主要的视角：行为主义视角、叙事学视角和人类学视角。

所谓的行为主义视角，通常是从经典传播学的基本逻辑出发，立足于传播效果，将新技术加诸人（主要是电视新闻从业者）的行为的影响视为分析行业总体变迁规律的切入口。在这一视角下，有不少关于电视新闻记者和编辑的新媒体技术使用研究成果问世。总体而言，这些研究普遍认为技术革新提升了电视新闻生产的效率，改变了电视新闻生产的程式。例如，Barnhurst指出，社交媒体的出现和普及给电视原有的播出时效带来了巨大的压力，这一方面提升了电视记者的工作效率，另一方面也导致电视媒体的某些优势新闻类型——尤其是调查性报道——被压缩乃至取消。[2] 与此同时，也有研究发现，包括社交媒体在内的新型传播技术在电视新闻从业者的认知中变得越来越重要，如Bullard的调查即显示，约50%的电视新闻编辑表示自己的雇员会在社交媒体上跟观众进行"非常频繁"的互动，这一比例远高于报纸编辑的

---

[1] HA-ILAN N. Images of history in Israel television news: the territorial dimension of collective memories, 1987-1990 [C]// Edgerton G R, Rollins P C. Television History: Shaping Collective Memory in the Media Age. Lexington: The University Press of Kentucky, 2001: 222.

[2] BARNHURST K G. The problem of modern time in American journalism [J]. KronoScope, 2011, 11 (1-2): 98-123.

19%；[1]Lasorsa 等人的调查则指出，供职于地方电视台的"非精英"记者在新技术采纳问题上，比全国性电视网的记者心态更加开放，受新闻业传统的影响更小。[2] 此外，还有研究发现，对于新技术的使用在一定程度上打破了不同电视网（台）从业者之间的区隔，一个联结电视记者的职业网络开始形成，电视新闻业的主流立场开始以"众包"（crowdsource）的形式存在，这将导致电视新闻影响社会进程方式发生改变。[3] 总体而言，行为主义视角下的研究着重考察电视新闻业和电视新闻从业者对新技术的采纳所产生的直接效果。这类研究通常带有工具论色彩，不对技术自身的属性和偏向进行考察，也基本不对整个行业生态的转变做深入分析。

相比之下，叙事学视角的研究有着更加强烈的阐释意图，研究者尝试以文本（新闻叙事）为入口，去揭示新技术冲击下电视新闻行业再现和塑造社会现实的方式可能出现的变化。这一视角的基本观点，如 Ytreberg 所言，"将新闻的本性首要地视为一种附加了意识形态意味的专业规范下的叙事"[4]。例如，Cummings 选取一家典型的地方电视台，对其20世纪70年代至今制作的新闻片进行叙事分析，发现电视台在各个时期对于新技术的采纳并没有显著地影响到本地新闻的叙事，"40多年前的电视新闻故事的结构与今天没有显著的差异"。作者进而得出结论：与其说是新技术为电视新闻业带来变化，不如说是"人和机器之间的中介效应产生了更大的影响"。[5]Henderson 的研究显示，与电视新闻编辑技术相关的各种理念和规范对电视新闻的叙事产生了显著的影响，但这一事实因电视新闻编辑群体长期以来受到研究者的忽视而未能被正确看待。[6] 一项关于印度电视新闻叙事的研究也表明，卫星通信技术在印度电视业的广泛

---

[1] BULLARD S. Editors use social media mostly to post story links [J]. Newspapers Research Journal, 2015, 36 (2): 76.

[2] LASORSA D L, LEWIS S C, HOLTON A E. Normalizing twitter [J]. Journalism Studies, 2012, 13 (1): 19-36.

[3] LEWIS T. Tweeting @ work: the use of social media in professional communication [J]. Information Services & Use, 2014, 34 (1/2): 89-90.

[4] YTREBERG E. Moving out of the inverted pyramid: narratives and descriptions in television news [J]. Journalism Studies, 2002, 2 (3): 369.

[5] CUMMINGS D. The DNA of a television news story: technological influences on TV news production [J]. Electronic News, 2014, 8 (3): 206.

[6] HENDERSON K. Narratives in local television news editing [J]. Electronic News, 2012, 6 (2): 67-78.

运用强化了电视新闻叙事的"活力"(liveness),并借此在电视新闻和观众之间建立了一种"虚幻的、隐藏了中介效应的实时互动关系"。[1]值得注意的是,这一视角下的研究多有历史视野下的纵贯研究,研究者试图在"技术更新"和"电视新闻叙事"之间建立一般性的理论关联。这种努力难以获得成功,一个重要的原因就是其显著的"去语境化"(decontextualized)色彩。电视新闻的叙事被视为一种自洽性的话语实践,被研究者剥离出其被生产和协商的具体环境——这将不可避免陷入某种媒介中心主义的论调。一如大卫·莫利(David Morley)所言:"我们应当抵制那种试图从某些经验出发推导出放诸四海而皆准的理论模型的想法……媒介研究的真理始终建立在将媒介的运作置于具体的社会文化、法律和经济框架之中的基础上。"[2]

从人类学视角展开的研究,主张研究者深入行业的日常实践之中,通过对典型个案或强度个案的参与观察或深访,真正实现对技术驱动或影响下的行业生态的描摹。一方面,电视新闻业对各种新技术的采纳在不同程度上重塑了新闻生产者和消费者(观众)之间的关系,进而也就对新闻业所倡导的"审慎"(deliberation)和"行动"(action)的社会文化构成了冲击;[3][4]但另一方面,就电视新闻行业的内部生态而言,技术的影响无论在观念层面还是实践层面,都是有限而缓慢的,这体现了电视新闻行业传统生态的强大根基。例如,Ashuri 和 Frenkel 对以色列本地电视新闻从业者进行深度访谈,发现经济考量在电视记者对于各种类型的互联网技术的使用中发挥了决定性的作用:在新技术尚未成为电视台的直接经济来源的情况下,这种技术自身的偏向所产生的文化对整个电视新闻行业生态的影响也是相当有限的。[5]Matthews 和 Cottle

---

[1] KUMAR A. The unbearable liveness of news television in India [J]. Television & New Media, 2015, 16 (6): 551.

[2] MORLEY D. Television, technology, and culture: a contextualist approach [J]. The Communication Review, 2012, 15 (2): 100.

[3] WIESSLITZ C, ASHURI T. The moral journalist: the emergence of new intermediaries of news in an age of digital media [J]. Journalism: Theory, Practice & Criticism, 2011, 12 (8): 1035-1051.

[4] THURMAN N. Forums for citizen journalists? Adoption of user generated content initiatives by online news media [J]. New Media and Society, 2008, 10 (1): 139-157.

[5] ASHURI T, FRENKEL A. Online/offscreen: on changing technology and practices in television journalism [J]. Convergence: The International Journal of Research into New Media Technologies, 2017, 23 (2): 148-165.

对英国电视新闻行业的传播架构的考察，也带有鲜明的人类学色彩，其主要结论是：英国的电视新闻编辑室生态在传播架构上是高度结构化的，其职业文化不但能够对自身进行再生产，而且内部也是高度分化的，技术在总体上强化而非破坏了上述传播架构。[1] 其实早在2004年，一项针对英国和西班牙两国的电视新闻编辑室的人类学研究就发现了电视台的机构文化对新技术的"改造"和"消解"能力：电视新闻机构会通过各种制度和规范约束互联网对传统新闻理念和技能的破坏，并致力于保持新闻室内的多元化实践。[2] 总体而言，人类学的研究视角反对对技术做去语境化处理，这种视角的基本逻辑是归纳基于技术形成的新的专业主义话语，并在新闻从业者和新闻编辑室的自然情境下对"新话语"与"传统话语"之间的协商机制进行考察。

本章认为，关于技术对电视新闻行业的影响，若不能上升（或深入）到生态层面，就必然会落入行为主义的表浅或技术决定论的偏执。在这个意义上，不断结合新的技术形式，选择适宜的个案进行人类学式的深入研究，将持续更新和完善我们对这个问题的认识，进而形成关于电视新闻业的准确的"技术－文化"观。

三、电视新闻的生态转型与电视记者的心理震荡

在2017年9～12月，笔者主要通过电子邮件和Skype等即时通信软件对英国和瑞士两个欧洲国家的16位资深电视新闻记者进行了半结构访谈。访谈者分别来自三个电视机构：4人来自天空电视台（Sky），5人来自英国广播公司（BBC），7人来自瑞士法语广播电视公司（RTS）。访谈对象主要通过个人关系网络征集，其年龄全部在40岁以上，并有超过10年的电视新闻从业经历。之所以选择年长、资深人士作为访谈对象，是为了获得一线从业者关于技术对行业生态影响的更加审慎、深刻和完整的认知图景。三家电视新闻机构在欧美语境下具有较好的代表性：天空电视台和BBC是拥有全球影响力的英语电视新闻机构，而RTS代表了欧洲大陆的、非英语的、本地广播色彩更加鲜明的电视机构。由于研究对象分布在两个不同国家，故访谈主要在线上进行，基本方式

---

[1] MATTHEWS J, COTTLE S. Television news ecology in the United Kingdom: a study of communicative architecture, its production and meanings [J]. Television & New Media, 2012, 13 (2): 103-123.

[2] AVILÉS J, et al. Journalists at digital television newsrooms in Britain and Spain: workflow and multi-skilling in a competitive environment [J]. Journalism Studies, 2004, 5 (1): 87-100.

是：通过电子邮件发送半结构问卷，再根据访谈者的回答进行2～3次的补充邮件追访；此外，对于愿意接受Skype视频访谈的3位受访者（全部位于瑞士），笔者对其分别进行了60～90分钟的视频访谈。邮件访谈使用英语和法语进行（取决于受访者讲什么语言），视频访谈用英语进行。通过这项小型的深访，本章尝试勾勒处于数字化转型前沿的欧美电视新闻业在过去十年间所经历的生态转型的具体表现。

在分析的维度上，本章主要借鉴前文提到过的Cottle和Bijker关于"传播架构"和"技术框架"的分析思路，结合自己的理论建构意图，以电视媒介在如下三个方面的独特性为维度，考察各种数字技术对电视新闻生态的作用机制：作为物质实践的电视新闻播出方式、作为公共档案的电视新闻内容、作为文化仪式的电视新闻传受关系。

1. 作为物质实践的电视新闻播出方式

长期以来，电视新闻播出方式的物质性（materiality）一直受到研究者的忽视。由于电视在日常生活中的强大存在感，其作为物质实践的属性反而成了"不言自明"的东西，令人难以察觉，遑论反思。[1]但电视新闻的播出方式又无疑是受到各种新技术影响最直接的领域，是新型"技术-文化"话语加诸电视新闻生态最直接的体现，给一线从业者带来的冲击也最显著。例如，一位英国受访者表示，在过去十余年间，互联网日渐成为新闻节目播出的重要平台这一事实加重了相当一部分电视记者的焦虑感，他尤其谈到CNN于2006年推出的线上公民新闻项目iReport（该项目向全球观众征集UGC新闻素材，并专门为其开辟播出渠道）给欧美电视新闻从业者带来的冲击："这种感觉实际上宣判了电视新闻的死刑，因为电视记者不再是唯一的生产者。"当然，并不是所有受访者都持有这样悲观的态度。一位瑞士受访者即表示，其实新媒体技术——尤其是社交媒体——对电视新闻的播出形式没有产生显著的影响，"至少就瑞士的情况而言，传统电视新闻始终没有受到直接的冲击……电视在欧洲更主要的是一种生活方式的代名词，电视记者这个职业也有类似的意味"。

总体而言，大部分受访者认为数字、互联网和前沿智能技术主要对电视新闻的内容形式做出了革新的要求，对于作为物质实践的电视新闻播出的影响并不是根本性的。但的确有几位受访者指出播出机制哪怕出现微小的变化，也会在从业者群体中引发震荡。例如，一位英国受访者回忆英国电视播出从模拟

---

[1] GELLER M. Introduction [C]// Geller M. From Receiver to Remote Control: The Television Set. New York: The New Museum of Contemporary Art, 1990: 7.

信号转向数字信号时期自己曾经出现的精神焦虑："信号的转换实际上意味着一系列相关的操作方法和技能的转换，因而也就意味着你最熟悉的专业知识在新的时期是否还有价值的问题。"另一位英国受访者也表示，Netflix 这样的超级网络视听平台的崛起给传统电视从业者带来了普遍的心理波动："最开始的时候，你会认为 Netflix 只是一个新的渠道而已，但渐渐地你会怀疑会不会有一天它变成了最重要的，甚至唯一的渠道，因为电视新闻赖以生存的电视网（network）可以轻而易举地被它绕过。"但总体而言，在大部分受访者看来，电视新闻的播出形式在当下仍然是维系电视记者职业心理安全感的一个依据。

至少迄目前为止，作为物质实践的电视新闻播出形式尽管在客观上受到了数字化、社交媒体和智能技术的冲击，但这种冲击在电视记者的心理层面上产生的影响却并不是"紧迫而即刻的"。如此前有研究者所指出的，传统电视机构在"改造"和"消解"新技术影响力的问题上是相当强势的；换言之，确保传统电视播出形式的"完整性"在某种程度上体现了"机构的文化"在电视新闻业的技术转型过程中对"媒介的文化"的制约和抗衡。

2. 作为公共档案的电视新闻内容

与电视新闻的播出方式相比，技术对电视新闻内容的冲击在受访者中激发了更加剧烈的反应。也就是说，当新技术的文化逻辑介入了"什么样的内容可以成为电视新闻"的专业决策机制，电视记者将会感受到更加直接的"生态压力"。一位英国受访者即表示，数字化显而易见地影响了新闻内容的筛选机制："一方面，我们越来越依赖 Facebook 获得新闻线索，尤其是在社会新闻和言论领域……还有就是，网络节目的订户数量越来越多，我们需要比以前更加积极地去制作线上内容，至少是适合线上播出的内容。"一位瑞士的受访者也表示，大数据和智能化趋势对电视新闻的内容提出了新的要求："数据的话语权越来越大，人们开始认为没有数据支持的报道只是经验而已……而且，没有数据的支持，节目也很难用可视化的方式去吸引观众，尤其是年轻观众。"

值得注意的是，不少受访者直接或间接地从一个共同的立场表达了自己对于新闻内容领域的"生态压力"的态度，那就是电视新闻作为一种公共（文化）档案的"基因"。简而言之，受访者普遍认为新技术对电视新闻内容的"改造"在不同程度上导致了新闻的公共性的丧失，用一位英国受访者的话来说："新闻开始以人的娱乐趣味为标准，而不是公共精神。"至于这种"丧失"具体体现在哪些方面，受访者的回答较为多元。例如，一位瑞士受访者强调"人情味（human interest）新闻报道的数量比以往更多，而严肃的时政报道和言论则被压缩"；一位曾在美国工作的英国记者指出新闻频道现在"整天围绕着特朗普发的 Twitter 绞尽脑汁地找选题和批评的角度，对于真正有价值的公共事件视而不见"；另一位瑞士的受访者则称"科技公司对节目的形态有越来越直接的影响，新闻更多要符合技术的要求而不是公共性的需求"。这些以"公共性"为基本话语逻辑的观点与一些学者的观察不谋而合，如 Andersson 在其对电子垃圾（E-waste）的电视新闻报道的研究中所指出的：电视对负面新闻的"偏爱"实际上是一种通过再现"遥远的苦难"（distant suffering）的方式，在公众心中唤起一种兼具公共精神和心理安全的文化紧迫感[1]，这一文化理念对于电视新闻稳定行业生态的形成十分重要。

访谈中有一个很值得注意的发现，那就是来自传统公营广播系统的 BBC 和 RTS 的受访者和来自商营电视机构 Sky 的受访者在捍卫电视新闻的公共性的姿态上并没有呈现出显著的差异，这表明电视新闻作为一种公共文化在欧美从业者群体中有广泛而牢固的认知基础，甚至在相当程度上超出了传播体制的限定，体现了行业意识形态（或生态）强大的自我再生产能力。

3. 作为文化仪式的电视新闻传受关系

电视新闻生产模式中的生产方和接受方之间的关系，历来比印刷媒体有更加鲜明的平等主义色彩。戴扬（Daniel Dayan）和卡茨（Elihu Katz）在《媒介事件》（Media Events）中深入阐释了电视"制造事件"并同时建构全社会共同的集体记忆的机制，实际上强调了电视新闻对世俗（mundane）事务的格外关注，以及站在大众的立场为这些事件赋予意义的仪式性特征。[2]而已有一些研究表明，数字技术对电视新闻生产的介入至少在受众的接受行为层面上，强化而不是削弱了电视的上述特征。如有学者指出，数字技术导致了"多屏"接受行为的出现，这弱化了电视荧屏的唯一性，进一步消减了电视文化的灵韵，从而使电视新闻的传受关系变得更加平等。[3]

访谈的资料大致支持了上面的观点。例如，一位英国受访者表示："新媒体环境让电视记者和观众之间的关系比以前更加紧密，观众对电视新闻的信任度并没有降低……这和人们是不是会每天准时打开电视机无关。"一位瑞

---

[1] ANDERSSON L. Where technology goes to die: representations of electronic waste in global television news [J]. Environmental Communication, 2017, 11 (2): 263-275.

[2] DAYAN D, KATZ E. Media Events: The Live Broadcasting of History [M]. Cambridge: Harvard University Press, 1992.

[3] D'HEER E, COURTOIS C. The changing dynamics of television consumption in the multi-media living room [J]. Convergence: The International Journal of Research into New Media Technologies, 2016, 22 (1): 3-17.

士受访者也声称:"其实 Facebook 并没有夺走人们对电视新闻的注意力……Facebook 只不过为电视提供了一个与观众联结的新方式。"不过,也有受访者的态度较为暧昧。如一位供职于 Sky 的记者迟疑地说:"我不知道自己和观众之间到底应该是什么关系,在我看来这个问题很奇怪。我更愿意把自己看作是新闻业的人,而不是电视台的人。新闻记者和受众之间的关系是既亲近又疏远的,社交媒体实际上并没有改变这种关系。"在一些类似的言论中,我们大致可以看到电视新闻从业者身上存在着"电视人认同"和"新闻人认同"的身份矛盾,这种矛盾虽然在话语层面得以彰显,但显然新技术的话语并未对其产生显著的影响。

总体而言,平等主义作为传统电视新闻生产者及其受众(消费者)之间关系的文化仪式感并没有在新技术的冲击下被削弱——当然,我们也无法从现有的访谈资料得出新技术话语强化了上述仪式感的结论。在传受关系问题上,受访者普遍对技术持有一种无谓有无的态度,这当然不能表明技术的话语无关紧要,而更多说明了平等主义的传受关系在欧美电视新闻从业者专业观念中的牢固地位几乎是"不言自明"的。正如有一位瑞士受访者所归纳的:"我认为电视记者对于所谓的'数字浪潮'难以产生正确、深刻的认识,这是因为电视自身的文化太深厚、太强大了,这种文化就建立在过去80年中电视和它的观众之间所形成的那种独特的、排他性的文化关联之上。"

四、电视新闻:新旧协商的最佳田野

本章通过深入的文献梳理,并结合对英国、瑞士两国电视新闻记者展开的深度访谈,尝试描摹前沿传播技术及其文化在心理和观念层面对业内资深人士的影响,进而判断欧美电视新闻生态在新技术的冲击下所经历的转型历程。本章将各种类型的数字技术视为一个总体加以考察,从其自身的属性和偏向出发,探讨其作为"架构"对电视新闻生态的介入方式。研究发现,新技术话语对固有电视新闻编辑室生态的冲击主要体现在其对新闻内容的"改造"以及这一过程可能导致的公共性丧失问题;而至少在从业者心理层面,新技术对电视播出形式和原有的平等主义的传受关系并未产生显著的影响。这一结论说明:相比印刷媒体,拥有半个多世纪的"第一媒介"自我认知的电视媒体的传统新闻生态在其从业者的观念中有更加牢固的基础,这种传统生态对各种类型的新技术话语的吸纳和改造能力也十分强大。或者说,传统电视新闻生态并不是在简单接受新技术话语的"入侵",而更多是在与后者进行各种类型的协商,从而实现一种或多或少带有实用主义色彩的"理念融合"。

不过,一个问题随之而来,那就是:传统电视新闻生态的高度稳定性对于电视新闻业的数字化转型究竟意味着什么?如果说数字化、社交化甚至沉浸化是人类社会信息传播的一个一般性的路径,必将带来更精细的内容形式和更极致的接受体验,那么传统电视新闻生态的这种稳定结构会否成为电视新闻行业进行理念和实践革新的障碍?Evans 等学者即曾指出,电视新闻业拥有将各种类型的技术和内容依自身的逻辑整合为一种单一的、可操纵的多屏化"数字资产"(digital estates)的能力,从而使数字电视相对于传统广播电视的"进化"不再有意义。[1]

但从另一个角度,我们也不难得出一个结论,那就是电视新闻业的强大生态的确在以自己的方式延续着传统新闻理念和传统新闻生产方式的生命力。"新"和"旧"的轮替本来就不是一个黑白分明的过程,技术达尔文主义者往往忽视一种技术身上附加的历史和文化基因。旧话语在与新话语发生冲突的过程中,往往会更加强调人性、责任、公共性这样很容易被新技术的拥护者忽视的人文主义因素,因为人文主义显然是消解技术决定论的戾气的最重要的话语资源。所以,不妨说,正是由于拥有"保守"而强大的生态,电视新闻业才成为我们在数字新闻迅猛发展的当下深入剖析新闻生产的新旧话语如何相互协商和相互改造的最佳"田野"。

---

[1] EVANS E, et al. Building digital estates: multiscreening, technology management and ephemeral television [J]. Critical Studies in Television: The International Journal of Television Studies, 2017, 12 (2): 191-205.

第七章　仪式化认同：媒介融合与广播新闻理念革新

本章提要

　　本章通过文献解读，并结合对一线广播新闻从业者的深度访谈，探讨电台广播的"强媒介属性"文化加诸广播新闻专业理念的强大影响，以及这种影响在媒介融合时代所发生的变化。研究发现，在媒介融合已成为全球新闻业的主导性传播模式的当下，广播新闻从业者仍普遍对于"融合"持有一种工具论的态度；广播新闻从业者所秉持的新闻专业理念始终以广播的"本地性"为话语基础。但与此同时，新技术给总体传播环境带来的改变仍然在客观上强化了广播新闻从业者的专业认同。本章进而提出作为一种文化的媒介融合的复杂性命题。基于对广播媒介的个案研究，本章认为真正的融合只会发生在每一种媒介的本质属性发挥出最大效能的那一瞬间。

一、广播媒介的隐与显

　　在我们日常生活的媒介使用中，广播似乎一直处于某种低调，甚至隐晦的状态。如彼得·刘易斯（Peter Lewis）所言："广播与生活的距离是如此之近，以至于听广播就像刷牙洗脸一样，成了一件无须解释的事。"[1]在媒介研究者和媒介政策制定者的视野中，广播也就因此而成了"隐形媒介"，围绕着广播展开的全部讨论，都建立在某种"欠发达"（underdeveloped）的批评话语的基础之上。[2]

　　不过，我们也要看到，或许由于长期身处电视的阴影之下却又不具备与后者争夺受众的能力，广播得以在过去半个多世纪的时间里避免了与其他媒介展

---

[1] LEWIS P M. Private passion, public neglect: the cultural status of radio [J]. International Journal of Cultural Studies, 2000, 3 (2): 167.

[2] LEWIS P, BOOTH J. The Invisible Medium [M]. London: Macmillan, 1989.

开主流信息（如新闻）服务的直接竞争，很早就放弃了"全民媒体"的道路，形成了依照自身的媒介属性进行专门化的内容生产的机制，并因此而获得了持久的生命力。正如有学者评价的，电视作为"敌人"对广播的压制，反而迫使后者不断对自身进行界定和再界定，进而成为对于自身的独特性认识最为清晰的一种媒介。[1]

对于广播从业者来说，这种清晰的认知十分重要，它标识着自身与其他更加"主流"的媒体从业者的不同。一项2013年展开的针对1080位新闻记者的调查结果显示，电视和报纸记者比广播记者更倾向于在社会结构中赋予新闻机构较高的地位，其对自身职业角色的期望也与普通大众对理想的新闻记者的职业角色期望更加接近。[2] 由此可见，即使在有着共享的行业意识形态的新闻记者群体中，广播记者也是"异类"，他们的新闻职业身份认知的价值色彩较为淡弱，而源于广播媒介特征的职业身份认同色彩更加强烈。

然而，让广播和广播新闻从业者"独善其身"的传统媒体时代已渐行渐远，媒介融合带来的多平台、跨平台内容生产和信息分发模式，也裹挟着古老的电台广播进入了一个新的纪元。因此，本章旨在通过一项小型的探索性研究，尝试回答如下两个问题。第一，在媒介融合的时代里，电台广播自身的文化属性，以及广播新闻从业者对这些属性的认知和理解，究竟发生了什么样的变化？第二，这些变化如何影响了广播新闻从业者对于广播新闻专业理念的想象？

依照上述逻辑，本章围绕如下三个议题展开讨论。首先，笔者将结合理论文献阅读，对电台广播的文化属性及其对广播从业者职业认同的影响做出清晰的阐释。其次，笔者以一项2016年年中在瑞士日内瓦地区两家电台展开的小型深度访谈研究所得一手资料为依据，深入挖掘"媒介融合时代广播新闻专业理念"这一命题的概念内涵。最后，以上述两部分的研究工作为基础，笔者尝试提出融媒体时代"理解广播"的理论与实践路径，并尝试从针对广播的个案研究出发，探索媒介融合的本质。

---

[1] EDMOND M. All platforms considered: contemporary radio and transmedia engagement [J]. New Media and Society, 2015, 17 (9): 1568.

[2] WILLNAT L, WEAVER D H, WILHOIT G C. The American journalist in the digital age: how journalists and the public think about journalism in the United States [J]. Journalism Studies, 2019, 20 (3): 423-441.

二、从广播文化到广播新闻

关于广播的文化属性,已有很多学者做出过深入的考察。一个学界普遍认可的观点是:随着电视在20世纪50年代末期成为最强势的媒体,广播在很大程度上失去了公共媒介(public media)的地位,无论内容取向还是文化风格,都全面转向伴随性和私人化。[1]

广播的这种文化转向,是在两个方面同时发生的。物质存在的层面,也就是广播的收听终端,在过去半个多世纪里始终朝向更廉价、更轻便和兼容性更好的方向发展。内容生产层面,以新闻为代表的公共信息在广播内容光谱中的重要性大大低于其他媒介的情况,而音乐、政治脱口秀、宗教宣传等关乎个人生活方式和价值选择的内容品类,则极大繁荣。一如广播理论家 Crisell 所言:"尽管广播的受众数百万计,但听广播却始终是一种……孤独的个人行为。"[2] 在这样一种思维方式的指引下,广播研究者们用各种各样的字眼来界定广播的文化,包括瞬时(ephemeral)、亲密(intimate)、对话(conversational)、隐形(invisible)等。综合这些观点,不难发现,在传统媒体时代,广播文化的独特性其实体现在它的低度中介性(less mediated),这使得广播所传递的信息显得更加本真(authentic),也更加值得信赖(trustworthy)。[3]

广播的上述文化属性,甚至并没有在数字时代发生根本性的改变。相比报纸与电视,广播电台所进行的所谓"新媒体转型",在全世界范围来看,都是最为克制的。也许由于经历过20世纪五六十年代的衰落的缘故,新世纪的数字化浪潮并没有给广播行业带来比过去更多的危机感。恰恰相反,从大约10年前开始,欧美学界和业界即展开了关于如何在跨媒体平台上推广所谓的"广播性"(radioness)优势的讨论。例如,格拉斯哥大学的 A. Moscote Freire 就曾指出,电台广播的"人类传播"属性,以及不加掩饰的"意向性",完全可以借助新

---

[1] DOUGLAS S J. Listening in: Radio and the American Imagination, from Amos "n" Andy and Edward R Murrow to Wolfman Jack and Howard Stern [M]. New York: Random House, 1999: 225.

[2] CRISELL A. Understanding Radio [M]. London: Methuen, 1986: 13.

[3] FLEMING C. The Radio Handbook [M]. London: Routledge, 2002.

的数字平台去影响甚至重塑一般意义上的媒介文化。[1]这体现了广播媒介的生命力：长期立足于自身的媒介属性制定与之相匹配的务实的内容生产策略，而不是服膺虚无缥缈的普适价值神话，使得广播具有其他媒体难以企及的生命韧性。一如 Edmond 所说："关于'广播性'的旧观念，正在塑造超越广播的广播的未来。"[2][3]

那么，广播的这种强大的媒介-文化传统，对广播新闻的实践产生了什么样的影响呢？这方面的研究却并不多见。针对广播新闻的研究，显然受到了广播媒介自身"不可见性"的影响，长期受到学界的忽视，遑论深入讨论广播新闻的专业理念了。如果我们将新闻专业理念视为新闻业所普遍认同的一种意识形态，那么它所要回答的，就是关于新闻从业者"是谁"，以及"与新闻业之间存在何种关系"的问题。而新闻从业者对这两个问题的答案的想象，又不可避免与其所服务的新闻媒介自身的文化密切相关。对此，Mitchell 和 Stewart 对英国广播公司电台部门（BBC radio）从业者的研究很有代表性。他们通过对广播节目对诸如"我们""我们的"等字眼的使用方式的分析，认为广播新闻从业者更倾向于对自己的节目所面向的特定的分众群体进行认同，而非如报纸、电视新闻从业者一样更倾向于对一般意义上的大众进行认同；而这种认同方式，表明在广播新闻实践中，"公正性"只是一种符号式的存在。[4]当然，专业实践和专业主义理念并不一定是严格的对应关系，但上述研究至少揭示出：广播新闻的专业主义对从业者的约束力较其他媒体更弱，也更倾向于赋予从业者更多的个性化空间。

而广播新闻从业者的这种更具自由度和对话感的专业理念，实际上也为广播新闻在内容和形式上的创新提供了更多的空间，很多在"正统"新闻理念里难以被接受的传播手段，在广播里却是可行的。例如，在报纸和电视广告收入

---

[1] MOSCOTE FREIRE A. Remediating radio: audio streaming, music recommendations and the discourse of radioness [J]. Radio Journal: International Studies in Broadcast and Audio Media, 2007, 5 (2/3): 97-112.

[2] LEWIS P, BOOTH J. The Invisible Medium [M]. London: Macmillan, 1989.

[3] EDMOND M. All platforms considered: contemporary radio and transmedia engagement [J]. New Media and Society, 2015, 17 (9): 1569.

[4] MITCHELL P, STEWART J. Who are we? Language and impartiality in BBC radio journalism [J]. Journalism Practice, 2017, 11 (4): 417-437.

急速下滑的2005年前后,美国新闻电台的盈利情况反而有温和的抬升[1],学者Dillman Carpentier的研究表明,这与广播新闻业开始大量将音乐效果运用于新闻播报有密切的关系,"鉴于广播的伴随属性以及听众的低参与度,任何有助于让听众对内容更加投入的信息形态都会给整个行业带来提振"[2]。尽管她并未考察广播新闻从业者的新闻观念于其中扮演了什么角色,但毫无疑问这种带有颠覆性色彩的形态革新在电视新闻行业几乎是不可想象的。简而言之,由于不具备电视的强势地位,"留住听众"始终是广播新闻所要解决的首要问题。在这种情况下,那些带有普适性色彩的价值理念,如客观、公正等,实际上是新闻业"强加给"广播业的。对于广播新闻从业者来说,必须先让基本的生存需求得到满足,才能去考虑真正意义上的"专业性"的问题。

一些针对非英语国家的广播研究项目,从另一个角度证明了广播新闻的独特性。例如,一项在东南亚国家印度尼西亚展开的调查显示,该国广播记者很难在日常实践中接受、采纳西方的新闻理念,研究者将这一现象归结为文化冲突,其中既包括东西方文化间的冲突,也包括广播媒介与其他媒介文化间的冲突。[3]而一项在西班牙加泰罗尼亚地区完成的广播记者访谈研究,则从议程设置的角度展现了广播记者对于公共事务的独特理解,研究者进而指出:"广播媒介的独特属性,包括瞬时、含混、技术便利和信息容量大等特征,显著地影响了广播新闻对社会事务加以呈现的方式……正因如此,在西班牙,电台始终是对舆论进行影响的优势工具。"[4]正是在这样的情况下,广播记者与正统新闻专业主义理念所预设的道德观(如"看门狗"隐喻)是比较疏离的。从这些研究中我们可以看出,不光电台广播本身是一种非常本土化的媒介,广播新闻也成为一种本土化色彩极强的新闻实践。

综上所述,我们可以得出如下几个阶段性的结论。

---

[1] PAPPER B. By the numbers: news, staffing and profitability survey [J]. RTNDA Communicator: The Magazine for Electronic Journalists, 2006, October: 22-34.

[2] DILLMAN CARPENTIER F R. Innovating radio news: effects of background music complexity on processing and enjoyment [J]. Journal of Radio and Audio Media, 2010, 17 (1): 66.

[3] MUCHTAR N, HANITZSCH T. Culture clash: international media training and the difficult adoption of Western journalism practices among Indonesian radio journalists [J]. Journalism Practice, 2013, 7 (2): 184-198.

[4] CASTELLO E, MONTAGUT M. Journalists, reframing and Party public relations consultants: strategies in morning talk radio [J]. Journalism Studies, 2011, 12 (4): 517.

首先，与其他媒介相比，电台广播拥有一种"强属性"文化，亦即，广播这种媒介自身的技术特征，在这种媒介的文化特征的构成中，扮演了比其他媒介更加重要的角色。这种由媒介属性所主导的文化，不仅是广播行业面临新技术冲击时对自身内容生产策略进行调整乃至变革的主要依据，更成为一种思维方式，为广播从业者所普遍接受，主导着整个广播行业的日常实践。

其次，广播行业对自身媒介属性的高度重视，源于电台广播相对于电视的弱势地位和生存压力，却也使广播获得了一种与主流媒介文化保持距离的相对独立性，这种相对独立性决定了广播受传播技术发展的影响远不及报纸和电视那样直接，甚至，主流信息接受环境的变化或许反而会给偏安一隅的广播带来新的机遇，使得其赖以生存的"广播性"能够借助新的数字平台实现对广播媒介的超越，触及更大范围的受众。

最后，在广播媒介强属性文化的作用下，广播新闻的理念与实践也与一般意义上的、去语境化的新闻专业主义保持着较为疏远的距离，广播新闻的专业理念在外在符号层面上体现为一种"生存话语"，在实际操作中则体现为一种实用主义。在广播新闻的行业实践中，正统新闻专业主义的公共性理想和客观、公正等价值要求，更多扮演了背景知识的角色。

三、媒介融合背景下的广播新闻专业理念变迁

上述分析尚未能解答一个问题，那就是：在媒介融合的时代里，广播新闻的专业理念是否发生了变化，发生了什么样的变化？

之所以要探讨这个问题，原因就在于媒介融合对于传媒业来说，并不仅仅是实践模式的转型，更是一种文化转型。在这一过程中，新闻业既存的技术、产业、市场、类型和受众，均会发生联动式的改变。[1] 例如，亨利·詹金斯（Henry Jenkins）以新闻叙事为例，分析了媒介融合对新闻故事讲述的方式产生的影响：跨媒介的故事需要在多重平台上展开，每一个平台所承载的故事文本都会对故事总体做出独特的、有价值的贡献；所以在理想状态下，跨媒介的叙事应当能够让每一种媒介都将自己的效能发挥到最大。[2] 这一观点，其实与很多广播研究者对于"广播性"及其在媒介融合时代的潜能的阐述，有异曲

---

[1] JENKINS H. The cultural logic of media convergence [J]. International Journal of Cultural Studies, 2004, 7 (1): 33-43.

[2] JENKINS H. Convergence Culture: Where Old and New Media Collide [M]. New York: New York University Press, 2006.

同工之处。这也就意味着，广播业只要加入媒介融合的进程，就必然要进一步强化（或弱化）自身的媒介－文化属性，而深受这种属性影响的广播新闻的专业理念，也就不可避免要呈现出一些新的特征来。

为了检验这一推想，笔者于2016年夏天在瑞士日内瓦地区的两家电台展开了一项小型的访谈研究，期望通过与媒介融合前沿地带的广播新闻从业者的深度交流，获得关于其"变化中的新闻专业理念"的一手资料，作为进一步分析和归纳的基础。

第一家电台是瑞士世界电台（World Radio Switzerland, WRS），该电台是瑞士境内唯一一个全天候广播的英语电台。其前身为成立于1996年的公营日内瓦世界电台（World Radio Geneva），2007年改组并更换为现在的呼号。2013年，WRS完成私有化，其现在的拥有者为总部位于日内瓦的盎格鲁媒介集团（Anglo Media Group）。作为覆盖瑞士全境的唯一一个英语综合性电台，WRS与BBC建立了固定的合作关系，长期以来坚持进行高品质的广播新闻制作与播报，尤其重视瑞士本地新闻的生产。如今，WRS已经成长为瑞士最具国际知名度的广播新闻媒体，曾多次获得西方广播新闻界最高奖——爱德华·莫罗奖。

第二家电台是更具日内瓦本地色彩的日内瓦城市电台（Radio Cité Genève, RCG）。这是一家全天候播音的非商业电台，成立于1984年，其新闻节目主要涵盖日内瓦地区。该电台有一个公开的价值理念，即"让文化少数派发声"，因此十分重视对亚文化族群的新闻报道。其新闻节目品类齐全、制作精良，在本地听众群体中拥有良好的口碑。

值得一提的是，这两家电台均为瑞士境内最为积极地参与媒介融合进程的新闻机构，迄今为止，均搭建起以音频新闻为主要内容形式的跨平台播出架构，包括传统频率、网站点播系统、移动应用，以及社交媒体账号。

笔者主要通过熟人介绍的方式，对上述两家电台新闻部门的共14位员工进行了深度访谈，其中9人来自WRS，5人来自RCG。14人中，男性和女性各7位，年龄分布在26岁到41岁之间，全部从事一线记者、编辑、节目主持工作。访谈集中于2016年6~7月完成，单次访谈时间为90~120分钟。访谈全部用英语完成，故笔者在以法语播音的RCG征集访谈对象时，只选择了可以熟练使用英语的人。

由于缺乏针对广播新闻专业理念的成熟的研究框架作参考，故本项研究带有较为强烈的扎根理论色彩。访谈以完全开放的方式进行，受访者畅谈自己对广播新闻专业理念的认知，笔者再围绕言谈中出现的重点概念、热点议题进行追问。经资料分析，本章认为在媒介融合环境下，广播新闻从业者在专业理念上呈现出如下三个方面的特征。

1. 本地价值：广播新闻的核心价值

访谈从受访者所认同的广播新闻的核心价值切入。受访者被要求用若干个核心词汇来概括自己所认可的行业核心价值。其中，大多数受访者使用不同的方式表达了一个类似的观点，那就是广播新闻应当着重宣扬本地的生活方式。

例如，一位受访者指出，广播的传播方式决定了它天然就是首要服务于本地居民的，尤其是在本地报纸和本地电视台逐渐衰落的情况下，电台似乎已经成为本地声音最为适宜的出口，因此也就要求新闻从业者能够将本地新闻报道作为优先级最高的工作。而另一位受访者则从具体操作的角度谈了自己的看法，她认为，与报纸和电视相比，广播节目的制作成本是最为低廉的，传播方式也最快捷，因此广播是一种十分贴近日常生活的媒体，它在不适用于有深度、系列化的国内、国际新闻报道工作的同时，却在本地新闻竞争领域有着巨大的优势。

值得一提的是，无论作为全国性广播电台的WRS还是本地化色彩更加明显的RCG，其新闻从业者在这个问题上的看法并没有什么明显的不同。一位在WRS从事国际新闻编辑工作的受访者称，WRS很少自己制作国际新闻，而主要采用与BBC深度合作的方式，甚至直接转播BBC的国际新闻，她表示："广播当然应当关注世界事务，但是并不是所有的电台都应该那样做……我将（国际新闻报道）看作是一个责任，它可以通过转播、购买来完成，而未必是所有的广播记者都应该去做的事。"至于几乎只进行日内瓦本地新闻报道的RCG，其新闻部门员工则以各种方式声称"本地价值"（local values）的重要性，尤其强调日内瓦作为国际大都会的多元文化属性对本地广播新闻提出的要求：应该让各个群体的价值观都能在节目中得到体现。

从若干位较为资深的广播新闻从业者的访谈资料来看，他们对广播新闻的上述核心价值的理解并没有因为媒介融合的进程而发生本质的改变。尽管基于移动应用和社交平台的跨媒体传播模式使得电台新闻的覆盖范围在理论上已经完全超越了地理和文化界限，但广播新闻从业者并未将这一点视为改变主流内容生产策略的充分条件。

相反，颇有一些受访者表达了媒介融合给本地广播新闻带来的"文化危机"，尤其是来自邻近的法国的一些大型新闻机构在跨境音频新闻传播领域的一些举动，让一些受访者察觉了本地价值可能受到更具技术和资本优势的跨国媒介机构侵蚀的危险。RCG的一位记者即表示，自己所在的电台从2014年开始进一步加大了对于信息类节目的制作力度,对本地各族群的生活方式所进行的呈现和挖掘也比以往更加深入,希望通过这种方式来确保本地新闻的价值。但也有受访者认为这种想法是杞人忧天。一位 WRS 的记者即指出,尽管跨媒介传播让更加强势的媒体机构可以通过网络渠道"介入"本地新闻竞争,但"广播的听众比其他受众更加忠诚……没有证据表明他们会改变自己的收听习惯,只要他们还需要来自本地的声音"。这位受访者进而用 WRS 的营收状况证实自己的观点:从2011年到2016年,该电台的盈利始终在温和增长。

2. 道德与情感:广播新闻从业者的理想品质

受访者对于广播新闻从业者应当具有何种品质的理解,可以在很大程度上反映出他们对于"我是谁"这个问题的认知,亦即广播新闻从业者对自身职业身份的认同。在这个问题上,本项研究的受访者给出了不同的界定方式。其中,积极(positive)、敏感(sensitive)和共情(empathetic)等是受访者比较常用的表述。跟基于其他媒介的新闻从业者相比,广播记者显然更加注重职业身份认同中的道德与情感因素,而较少关注规范性、逻辑性的方面。

例如,一位 WRS 的受访者表示,一个好的广播记者首先必须是"一个好人",他或她应该热心关注社区事务,尤其注重某些族群在经济或文化上的困窘状况。她谈及2015年秋天日内瓦市民发起的旨在抗议瑞士政府的难民政策的大游行,以及 WRS 对游行的深度报道,她表示:"我很开心看到我的绝大多数同事都是有同情心的,广播展现了它比报纸更富有人性的一面。"另一位同样供职于 WRS 的记者也表达了类似的观点:"广播记者应当对身边的事务保持敏感,能够察觉到社区环境的微小变化,并在自己的节目当中将这种变化呈现出来。"

不过,这并不表示受访者抗拒传统新闻专业主义所倡导的理性、中立的精神,但如前文所述,这些新闻业的"宏大叙事"更多是作为背景知识存在于受访者的观念之中的。一位拥有美国某著名大学新闻学院硕士学位的受访者对这个问题的认识十分清晰,她说:"新闻学院的教育,最终还是要和广播的特征结合起来……不得不承认,很多理念其实更适用于报纸和电视台,而不适用于广播。"在这个问题上,地方电台 RCG 的受访者走得更远,例如一位记者表示:"更准确地说,我所制作的是信息节目,而不是纯粹的新闻节目……这些节目并不仅仅要告诉人们发生了什么,还要让人们得到实在的帮助。"

专业教育的背景显然在受访者对这一问题的认知上发挥了重要的作用。在14位受访者中,有5位曾经接受过不同层次的新闻、传播、传媒相关专业的训练,他们在总体上更加认可传统新闻专业主义理念,对过于情感化、个性化的表达有所克制；而社会学、人类学、文学、性别研究等专业出身的从业者，则较少有这方面的心理负担。一位毕业于人类学专业的受访者即表示，自己从来不觉得"客观"这个东西对于广播来说有任何价值；但他同时又说，"客观……不管怎么样都是一种值得推崇的品质"。

此外，值得一提的是，尽管 WRS 跟 BBC 有长期、深入的合作关系，甚至可以被视为 BBC 全球广播网络的瑞士分台，但受访者并未表现出对 BBC 新闻文化的认同。一位受访者认为，BBC 的报道比较"装腔作势"，甚至颇有些"自以为是"；而另一位受访者则表示，BBC 的国际报道其实是标准化的产品，放在哪里使用都一样，因此是可以复制的。

3. 公平性：广播新闻操作的基本规范

在访谈的过程中，我也分别获得了两个电台所使用的操作规范手册，但其内容并未与主流新闻机构有显著的不同，比如两者均强调了对于新闻报道的"公正性"（impartiality/ impartialité）要求。但我们在访谈中谈及这一问题时，受访者却更多使用的是"公平"（fairness）这个字眼。尽管没有人对这两种表述方式做出严格的区分，但从访谈中，还是可以感觉到两者之间的显著差异。

例如，一位 WRS 的受访者在论及自己对这个问题的看法时，指出"公平就是要让不同的族群的声音得到平等的呈现，而不是仅仅放大商人、政客和教授的声音"，因此在进行本地（包括瑞士国内和日内瓦州）时政新闻报道的时候，WRS 特别注重收集普通市民的看法，并给他们在广播节目中讲话的机会。而向来公开强调"本地价值"的 RCG 的从业者，在这个问题上的看法更加直接，例如一位年轻的编辑说："公正这件事……并不是一种标准化的规范，而是一种个人的判断……判断的依据是对本地情况的了解程度和熟悉程度。"对于受访者来说，无论是"公正"还是"公平"，其实都没有什么本质的区别，因为两者服务于同一个目标，那就是新闻的公共性——这实际上也是广播新闻的专业理念与主流新闻专业理念之间最重要的契合点。

与"公平/公正"相比，"客观"这个提法并没有引发受访者太多的争论。事实上，大多数受访者似乎并不认为这是一个值得讨论的问题。一位 RCG 的编辑称，客观很重要，但百分之百的客观在操作中是不可能的，而且这也不是听众最喜欢的形式。一位 WRS 的记者发表了类似的观点，即节目质量的评判权其实最终还是在听众手中，操作规范的存在是为了"避免犯错"，而不是事无巨细地告诉记者们应当怎样做。这位记者甚至反思了与 BBC 之间的密切关系其实给 WRS 带来了一些不好的影响，集中体现在"很多本地广播记者开始模仿 BBC 的风格去做报道……陷入了一种僵化，听众越来越不喜欢听"。从这样的话语中，可以看出作为弱势媒体的"生存优先权"意识，始终贯穿着广播新闻从业者的实践过程。用一位受访者的话来说，就是"人民的需求"（needs of the people）才是最重要的操作标准。

此外，对于客观性问题的不确定性的态度，或许与这两家电台新闻部门并不对人员进行过于细致的分工有关，几乎所有受访者都在或多或少地同时从事新闻采集、新闻编辑、节目制作和节目播报的工作。这实际上也是欧洲国家很多地方电台的常态。这种分工方式，促使新闻从业者更多地从"节目"的总体角度，而不是"新闻"的具体操作角度去看待传播的效果和文化效应。

不过，有两位受访者提到了媒介融合的过程对于原有的新闻操作规范可能产生的影响。一位 WRS 的编辑表示，在电台的 App 于2011年上线以后，决策层曾经数次强调对位于日内瓦的各种国际机构的新闻的挖掘和报道，以提升电台的国际影响力，这实际上还是或多或少地改变了原有的新闻制作风格；但这位受访者同时也说，以国际化为目标的融媒体报道项目实际上在 WRS 并没有产生根本性的影响，电台针对网站和移动 App 端制作的内容，仍然主要是原有新闻的音频文件和文字稿。在这里，我们再一次看到广播的强媒介属性文化对于其内容生产策略的强大影响。

四、作为"强媒介"和"强文化"的广播

通过对现有文献的检视，以及结合在瑞士两家电台新闻部门展开的深度访谈，我们不难对"媒介融合时代的广播新闻专业理念"这个问题得出一些探索性的结论。

首先，电台广播的"强媒介属性"文化对主流广播新闻专业理念的影响是强大而深远的，这一点并未因媒介融合进程的加剧而发生根本的改变。在融媒体、跨媒体传播已成为全球新闻业的通行模式的当下，尽管不同媒介的技术差异已经逐渐消弭于无远弗届的数字平台，但广播新闻从业者仍普遍对于所谓的"融合"持有一种工具论的态度。传统的、基于广播自身媒介属性与听众日常需求的生产方式，仍然在整个行业内占据主导性的地位。这或许是过去半个多世纪里广播的强媒介属性文化留给广播新闻业的最重要的观念遗产和文化基因。

其次，广播新闻从业者所普遍秉持的新闻专业理念，是以广播的"本地性"为话语基础的，这也就意味着，在对（以 BBC 为代表的）正统、主流的新闻专业理念进行吸纳、协商与改造的过程中，只有那些能够放大新闻中的本土价值的元素，才会被纳入考量，比如被改造为"公平"的"公正"原则。因此，

广播新闻的专业理念对主流新闻专业理念的认同主要体现为一种价值认同，即在媒介机构所能覆盖的空间范围内提升信息服务的公共性程度，而不是具体实践或操作手段的认同。媒介融合的新技术格局，并未对此产生显著的影响。

最后，还是要看到，尽管"强属性"特征使得广播新闻实践在媒介融合的时代仍然保持着鲜明的"本真"色彩，但新技术给总体传播环境带来的改变仍然在客观上强化了广播新闻从业者（至少是话语层面上）的专业认同。从事一线广播新闻内容生产的人比他们的前辈更加积极和深入地思考广播新闻如何在融媒体时代持续生存的问题，哪怕这种思考更多是出于一种"向后看"的怀旧情绪。事实上，通过跟以往的类似研究结论做比较，我们仍然可以或多或少感受到广播新闻从业者在当下的一种集体焦虑，一种既抗拒新技术对广播媒介"本真性"的破坏，又希望"广播性"能够借助数字平台参与主流新闻专业理念塑造的矛盾状态，或许将是我们判断这种长期不受研究者重视的新闻媒介未来发展方向的起点。

通过对融媒体时代的广播新闻的考察，我们看到了作为文化的媒介融合的复杂性。技术的发展并非简单的进化过程。从广播在媒介史的演进过程中形成的独特的强属性文化、持续的生存危机意识和坚定地以受众需求为核心的评判标准之中，以及广播比其他媒介更加拒斥融合却又始终保持商业和文化增长的事实中，我们或许可以归纳出一些对于媒介融合的本质的理解：真正的融合或许只会发生在每一种媒介的本质属性发挥出最大效能的那一瞬间。一如法国理论家 Pierre Levy 所说的："没有人无所不知，每个人都略有所知，一切知识都存在于人性之中。"[1]

---

[1] LEVY P. Collective Intelligence [M]. Cambridge, UK: Perseus, 1997: 13.

第八章　策略化逃避：门户网站在人工智能时代的生产理念转型

本章提要

本章以门户（传统）新闻网站为研究对象，从其技术-文化偏向及这种偏向导致的新闻实践理念出发，结合对两个代表性网站新闻编辑的深度访谈，尝试从从业者的心态和观念的角度理解门户新闻网站在智能化时代可能经历的理念和操作模式变迁。经研究发现，对于门户新闻网站的从业者来说，人工智能最大的问题在于其破坏了第一代网络新闻所营造、维系和培育出的民主气质和协商性空间。门户新闻网站从业者对人工智能浪潮所持有的策略化逃避的立场，体现了第一代互联网新闻从业者源于新旧交替时代的一种高度成熟的行业心态。本章进而提出，第一代门户网站为整个互联网新闻行业定下的文化基调，将是我们在可预见的将来准确理解这个行业进路的关键线索。

一、处在新旧交合地带的门户网站

在人工智能被广泛应用于新闻生产，并不断催生新的新闻内容及产品形态的当下，再回过头来探讨门户新闻网站（news portal/news website）的生产模式，似乎有点不合时宜。一方面，从全世界范围来看，传统新闻网站的衰落都是一个不争的事实，而且这种衰落体现在内容多样性、商业收益、舆论影响力等多个方面；[1] 另一方面，即使在传统新闻网站内部，生产方式和功能设计的分化也在不断发生，介于用户内容生产（UGC）和专业内容生产（PGC）之间的新闻博客网站渐渐占据更加主流的地位，而与更加古老的单向传导媒体，尤其是报纸的传播模式十分接近的第一代门户新闻网站则几乎被划入了"传统媒体"

---

[1] THURMAN N, SCHIFFERES S. The future of personalization at news websites: lessons from a longitudinal study [J]. Journalism Studies, 2012, 13 (5-6): 775-790.

之列，不再是案例研究和学理考察的对象，甚至成为网络新闻史撰写者进行观念考古的场所。

但这种多少带有技术达尔文主义色彩的思考方式，显然是有着严重的问题的。之所以这样说，主要基于三方面的考虑。

首先，从20世纪90年代中期起在人类知识生产与信息流通领域影响力巨大的数字乌托邦主义（digital utopianism），实际上是在第一代新闻网站的成功实践中变为现实的。一如 Saskia Sassen 所指出的，早期新闻网站在文化上的重大价值，体现于其成功塑造了一种关于新闻的"普适性的认知"，新闻第一次"部分地从民族国家的框架中解绑……实现了一种去地域化"。[1] 我们甚至可以这样认为：无论新闻从业者还是新闻受众，其数字化身份和数字时代的共同记忆是在门户网站的新闻实践中形成的，门户网站开启了"虚拟世界主义"（virtual cosmopolitanism）的新时代[2]，而这个时代仍然处在深化发展之中。

其次，正是门户网站及其主流内容生产模式的成熟，在新闻业内明确了新闻受众（用户）参与新闻意义塑造的合法性，为数字新闻业（或网络新闻业）设定了一种全新的文化气质，引导着一种新的新闻文化向纵深发展。一如 Mark Poster 所说的，新闻网站"为从前被排斥在外的群体带来了赋权"[3]，从而全面启动了数字时代新闻生产的民主化进程。一个很有代表性的现象是，在关于门户新闻网站内容生产实践的研究中，有很多是针对用户评论行为和观念表达的，而且这一议题已经成为数字新闻研究的一个新的传统，在近年来甚至促进一些经典传播理论，如"沉默的螺旋"理论的新发展。[4]

最后，即使是在媒介融合日益深化、智能科技不断塑造新闻生产实践的当下，以基于专业判断的编排为外在形式的传统新闻网站不但始终未曾被新闻行业抛弃，而且反而在某些特定的语境下，成为新闻的专业主义精神在互联网时代的继承者，代表着新闻业在"变动"中的"不变"。例如，有两位学者即在

---

[1] SASSEN S. The Global City [M]. Princeton, NJ: Princeton University Press, 2002: 13.

[2] MCEWAN B, SOBRE-DENTON M. Virtual cosmopolitanism: constructing third cultures and transmitting social and cultural capital through social media [J]. Journal of International and Intercultural Communication, 2011, 4 (4): 252-258.

[3] POSTER M. What's the Matter with Internet? [M]. Minneapolis, MN: University of Minnesota Press, 2001: 175.

[4] SOFFER O, GORDONI G. Opinion expression via user comments on news websites: analysis through the perspective of the spiral of silence [J]. Information, Communication and Society, 2018, 21 (3): 388-403.

对100个新闻网站进行深入考察的基础上，指出新闻网站在两个方面传承并加强了新闻的专业主义权威：传播者与受众的关系，以及基于特定媒介形态的实践模式。[1]而苏黎世大学的一个研究团队对6个国家、48个新闻网站的最新调研成果显示，传统新闻网站正在通过提供更加丰富的超链接资源、呈现更加深入的事件背景信息，以及通过各种机制抑制非理性用户评论等方式，不断获得来自新闻用户的信赖和尊敬，体现了这种介于"新旧之间"的新闻机构对前沿技术环境强大的适应能力。[2]

总而言之，在我们对影响新闻业发展路径、不断塑造新闻专业主义文化的传播技术进行考察时，仅将注意力集中在"传统"和"前沿"两极，而忽视处于"新"与"旧"的交合地带的门户新闻网站，是有失偏颇的，因为这样做有可能让我们下意识地形成一种不言自明的技术进化论观念，将文化的绵延不绝和有机传承理解为一个断裂式的跳跃过程，从而在进行数字时代的新闻理论建构时，脱离新闻业文化传统的根基，陷入为"新"而"新"的逻辑谬误。也正是出于这个原因，本章将传统新闻网站归入包括报纸、电视和广播的传统媒体"阵营"，期望通过一项深入的质化研究，探讨其一线从业者在日常新闻生产实践中，如何去调和传统的专业理念与新的技术环境，尤其是人工智能主导的技术环境之间的关系，进而从文化而非技术的路径上，实现对于数字新闻行业生态更加准确的理解。

本章主要探讨三个问题。首先，笔者将从"技术－文化"的分析框架出发，对即将讨论的对象"新闻网站"在媒介分析视域内的基本面向加以讨论，并以之作为后续的质化研究的观念基础。其次，笔者将呈现自己于2017年对美国在线新闻频道和Slate两个新闻网站的16位一线新闻编辑的深度访谈的成果，通过对一手经验资料的分析，探析新闻网站从业者日常内容生产实践背后的观念基础，以及这种观念基础在智能化技术环境下发生的变化。最后，本章将结合此前的论述，探讨新闻网站在人工智能的时代里通过对传统的坚守和更新，融入乃至塑造新的全球新闻生产与流通版图的路径。

---

[1] HIMELBOIM I, MCCREERY S. New technology, old practices: examining news websites from a professional perspective [J]. Convergence: The International Journal of Research into New Media Technologies, 2012, 18 (4): 427-444.

[2] HUMPRECHT E, ESSER F. Mapping digital journalism: comparing 48 news websites from six countries [J]. Journalism, 2018, 19 (4): 500-518.

二、门户网站的技术－文化偏向

所谓"技术－文化偏向",是指特定的媒介依据自身的技术特性,而将社会文化导向某个方向、令某种叙事获得排他性的主流地位、为某种统治提供具体的技术手段的属性。[1] 这种主要源于多伦多学派和媒介环境学派的分析框架,如今正越来越多地被运用在数字新闻研究中。在新闻媒体内部,特定的专业文化,或新闻室文化会依这种媒介的技术－文化偏向所设定(或暗示)的路径得以形成,整个新闻行业所普遍认同的新闻常规(journalistic routine)会在基于不同媒介形式的新闻机构的专业主义文化之间的协商之中得以固化。[2] 在新闻媒体外部,特定新闻媒介自身的文化也会跟整个社会文化发生广泛而深刻的互动,以自身固有的技术－文化偏向去塑造公共文化的走向和人们对公共事务的理解,进而在特定的历史时期介入主导性文明形态的形成。[3]

本章所要讨论的门户新闻网站,自然也可以在这一分析框架中被我们理解和把握。而且,也只有经过了这一视角下的分析,我们才能真正厘清新闻网站与其他类型的互联网新闻平台的区别。在 Karlsson 和 Stromback 看来,新闻网站的基本技术特征主要体现在三个方面:超链接(hyperlinking)、即时性(immediacy)和交互性(interactivity)。这三个基本技术特征,其实也构成了后来几乎所有网络新闻平台(产品)的底层架构。[4]

首先来看超链接。本章所关注的新闻网站,特指第一代新闻网站,也就是中文语境下的"门户网站"。"门户"(portal)一词,在很大程度上揭示了这类网站的本质技术特征:比起专门的新闻内容服务,它更像是用户深入新闻事件、探索新闻意义的一个入口;而深入探索的路径,则是新闻网站最主要的技术构成要素——超链接。通过不间断的点击操作,用户的新闻阅读行为演化成了一条绵延不断的阐释链,用户对新闻内容的理解和解释,都成了高度语境化的过

---

[1] POSTMAN N. Technolopy: The Surrender of Culture to Technology [M]. New York: Vintage, 1993.

[2] ZELIZER B. Journalists as interpretive communities [C]// Berkowitz D. Social Meaning of News: A Text Reader. Thousand Oaks, CA: Sage Publications, 1997: 401-419.

[3] MCNAIR B. Cultural Chaos: Journalism, News and Power in a Globalized World [M]. London: Routledge, 2006.

[4] KARLSSON M, STROMBACK J. Freezing the flow of online news: exploring approaches to the study of the liquidity of online news [J]. Journalism Studies, 2010, 11 (1): 2-19.

程。由于超链接在理论上的无穷尽性，因此用户对自己所阅读的任何一条新闻的意义的判断，都是在全世界所有的新闻网站提供的相关（有时甚至是不相关）信息资源的基础上完成的。正因新闻网站的存在，新闻才成为詹金斯所推崇的"参与式文化"，不但让大众可以更加容易地参与到专业话语生态之中，而且也强有力地提升了人们对于社会联结（social connection）的意识。[1]

接下来，我们看即时性。尽管我们一般认为新闻业对时效的追求是一条从未间断的专业路径，但真正在实践中而非理念意义上对"即时"的实现，是从第一代新闻网站开始的。由于网站彻底摆脱了印刷流程和播出时间的限制，新闻的即时呈现真正成为新闻业不言自明的基本规律，而不仅仅是各大新闻机构为构建理想化的行业图景而奉行的激励性话语。对于新闻网站的从业者来说，不能在第一时间呈现最基础的新闻事实已不再是一个专业判断的问题，而几乎等于宣判了一个新闻机构的"不称职""不合法"。[2] 在某种程度上，"即时"业已侵占传统新闻操作理念中的"客观""准确""中立"等标准，成为互联网新闻业不容动摇的根基。而这一点，自然也极其强有力地塑造了第一代网络新闻从业者的专业理念。

如果说超链接的存在为新闻意义的公共参与预留了充分的话语空间，即时性至高无上的地位改写了传统新闻生产的基础理念，那么交互性就是新闻网站及其内容产品最重要的外在形式。就第一代新闻网站来说，交互性的内容生产实践主要是通过评论的功能实现的，这是今日互联网新闻行业各种 UGC 生产形式（包括博客、众筹、推特等）的雏形。[3] 几乎所有的第一代新闻网站，都将用户评论视为自身最为核心的产品特性，进行精细的打造和维护；而在新闻内容日趋同质化的当下，用户评论的深度和质量，也已经成为新闻网站相互竞争的主要领域。[4] 评论功能在新闻网站技术设计中所占据的重要位置，使新闻的生产在很大程度上成为一个协商的过程，传统新闻受众的形象和定位开始变

---

[1] JENKINS H, et al. Confronting the Challenges of Participatory Culture: Media Education for the 21st Century [M]. Cambridge, MA: MIT Press, 2009.

[2] BOCZKOWSKI P. The processes of adopting multimedia and interactivity in three online newsrooms [J]. Journal of Communication, 2004, 54 (2): 197-213.

[3] NETZER Y, TENENBOIM-WEINBLATT K, SHIFMAN L. The construction of participation in news websites: a five-dimensional model [J]. Journalism Studies, 2014, 15 (5): 619-631.

[4] KSIAZEK T. Commenting on the news: explaining the degree and quality of user comments on news websites [J]. Journalism Studies, 2018, 19 (5): 650-673.

得复杂,在新闻生产者的观念中,新闻受众开始呈现出两面性:既是会被转化为点击量和评论数的同质化的新闻消费群体,同时也是不断进行创造性文化生产的"同僚"。[1]

本章依照 Karlsson 和 Stromback 的观点和分析框架,从超链接、即时性和交互性三个维度上理解第一代新闻网站的技术-文化偏向,主要是为后续的质化研究做好观念上的准备。既然我们在逻辑上认可特定媒介的技术-文化偏向对基于这种媒介的内容生产实践有显著而巨大的影响,那么我们对于新闻网站从业者的专业理念的考察就必须要遵循这一框架。正是在上述理解的基础上,笔者展开了一项针对门户新闻网站一线从业者的小型质化研究,尝试探讨其日常新闻生产实践背后的专业理念是如何在新的技术环境下得以传承和重构的。

三、门户网站新闻生产的文化转型

为探索门户新闻网站一线从业者日常生产实践背后的专业理念究竟在人工智能的时代发生了怎样的变化,笔者于2017年1~10月,通过电子邮件对位于美国的两个"传统"新闻网站的共计16位新闻编辑展开了深度访谈,期望通过对一手经验资料的分析,准确描摹新闻网站的实践文化在智能化时代的处境与嬗变。本章选择的两个具体的研究对象分别是美国在线新闻频道(AOL News,网址为 https://www.aol.com/news/)和 Slate(网址为 https://slate.com/)。

选择美国在线的主要原因,在于它是美国乃至全世界范围内最著名的老牌新闻网站,同时也是第一代门户新闻网站的代表。美国在线成立于1983年,不但是互联网内容和服务供应领域的先驱,而且在20世纪90年代中期引领了第一代互联网信息革命的浪潮。美国在线在其影响力的巅峰时期,曾一度收购传媒巨头时代华纳,造就美国历史上最大规模的并购案。从2005年前后起,在新技术的冲击下,美国在线进入衰落期,先是在2009年与时代华纳剥离,后又于2015年被通信巨头 Verizon 收购。在新闻生产领域,美国在线实行"原创+内容合作"的模式(这是第一代新闻网站最常用的生产模式),即一部分新闻由美国在线的记者自行采编生产(主要为国内新闻),其余的新闻则通过购买电讯服务(如美联社的电讯)和内容合作的方式获得。其中,与美国在线同属于 Verizon 旗下子公司 Oath Inc. 的其他数字新闻与博客机构,如赫芬顿邮报、

---

[1] ANDERSON C W. Between creative and quantified audience: web metrics and changing patterns of newswork in local US newsrooms [J]. Journalism, 2011, 12 (5): 550-556.

Engadget、TechCrunch、雅虎等，为美国在线贡献了大量时政、科技和言论类的内容。美国在线新闻频道的新闻内容多为短消息。

而创立于1996年的杂志类新闻网站 Slate 则更专注于刊登深度内容。该网站最初由微软公司拥有，2004年被《华盛顿邮报》公司（后更名为"格雷厄姆控股"）收购。由于受其母体《华盛顿邮报》影响，Slate 始终呈现为第一代新闻网站的形态，但在内容形式上与美国在线有较大的不同，其主导性的新闻产品是定期或半定期刊登的各类专栏，而且单篇报道的篇幅和深度也大大超过美国在线。Slate 鼓励自己的编辑和记者每年至少有4～6星期的时间脱离日常工作，去独立展开大型的、"有野心的"报道项目。正因如此，Slate 尽管是一个新闻网站，却在不同领域培养出为数甚众的优秀记者与编辑。用其总编辑朱莉娅·特纳（Julia Turner）的话来说，Slate 并不想成为"突发新闻的源头"，而更期望能够"帮助读者分析、理解和阐释这个世界"。[1] 目前，Slate 网站总共包括五个板块，分别是：新闻与时政、文化、技术、商业、社会。其刊载的新闻绝大多数为平台自己的记者采写完成。

本章选择美国在线和 Slate 为研究对象，正是基于两者在"传统"新闻网站中的代表性：前者是典型的门户新闻网站，以聚合网络信息、提供丰富的背景链接、对突发新闻做出快速反应为实践特色；而后者则主打深度与解释，带有传统新闻杂志的"风范"，同时坚持新闻的原创性。

本项研究的16位访谈对象，均系上述两个网站的新闻编辑。由于美国在线的新闻从业者以编辑为主，为确保资料的内在一致性，在 Slate 选择访谈对象时，笔者也仅关注了编辑群体。16位访谈对象主要通过熟人介绍和直接联系的方式征得，其中来自美国在线的有9人，来自 Slate 的有7人。所有受访者的年龄介于25到40岁之间，男性和女性均为8人。所有访谈均通过电子邮件完成，与每位受访者的通信平均数量在6～7封。访谈用英语进行。

在提纲设计方面，主要采用半结构的方式。即笔者从上文所归纳的新闻网站的三个基本技术－文化偏向出发，询问受访者在人工智能渐趋主流的网络新闻环境下，对于传统新闻网站实践模式的描述和理解，以及传统新闻网站应当向什么方向发展的问题。紧接着，再根据受访者的回答，通过2～3轮的邮件进行追问，以期获取更有深度的信息。

---

[1] LEVY N. Long-serbing deputy Julia Turner takes the reins at Slate [EB/OL]. [2014-09-30]. https://www.politico.com/media/story/2014/09/long-serving-deputy-julia-turner-takes-the-reins-at-slate-002912.

1. 算法破坏超链接营造的用户自主性

传统新闻网站的文化在本质上是一种超链接的文化。对于网站新闻编辑来说，针对具体新闻内容的编辑是工作中相对简单的部分，而通过设置超链接的方式将新闻在时间、空间、话题等维度上语境化，才是新闻编辑工作最重要的内容。正如一位美国在线的受访者所言："新闻编辑必须要有强大的信息搜集与整合能力，他们不应当只是盯着某一篇具体的报道，而应当将被报道的事实放置在社会的总体叙事之中。"

而"超链接文化"对新闻业所具有的意义，在大多数受访者看来也是至关重要的，那就是借由对新闻受众的自主性的尊重和鼓励，实现新闻内容与用户思考的深度契合，进而让新闻发挥比以往更大的效能。这一判断是由两个方面构成的。一方面，超链接的设置机制在编辑的专业权限和受众的自主权之间制造了一种稳定的平衡。尽管受众可以通过丰富的超链接，在无穷尽的新闻阐释链上尽情地"探索"并寻找、锚定自己所认可的意义，但毕竟编辑能够通过自己的生产实践为这种"探索"设定大致的方向，让用户的判断尽可能与自己的专业判断相符合。另一方面，从最实际的效果看，超链接机制的存在也的确能够延长受众用于思考新闻意义的时间，加深受众在理性和情感上对于新闻的卷入度，从而建立起新闻及其受众之间更加亲密的关系。在访谈中，不少受访者十分看重第一代新闻网站所代表的这种协商型、平衡性的共同生产机制，有人甚至将其视为新闻业在数字技术的辅助下提升民主化程度的象征。如一位来自 Slate 的受访者说："我们并不告诉读者你应该相信什么，但是我们提供了丰富的可供选择的事实和素材，真相是在编辑和读者共同的探讨中被确立的，解释也是如此。"

不过，在人工智能时代到来之后，算法在越来越大的程度上破坏了新闻网站原有的"超链接文化"，这集中体现在完全基于新闻用户行为反馈数据的个性化推送机制，剥夺了用户在超链接构造的广袤的阐释空间里自由探索的欲望。或用一位 Slate 的受访者的话来说，成了"算法的囚徒"（prisoner of algorithm）。这一观念冲突，其实就源于算法对 Castells、Held 等学者所提出的"互联网的承诺"的背叛，"互联网技术将为自由的文化赋予实体"[1]，通过新的信息交流模式构建"多重公民身份"（multilevel citizenship）[2]。

---

[1] CASTELLS M. Networks of Outrage and Hope [M]. Cambridge, MA: Polity, 2012: 218.

[2] HELD D. Global Covenant [M]. Cambridge, MA: Polity, 2004.

关于算法对超链接文化的破坏，受访者的观点大致分为两派。一部分受访者对算法持有尖锐的批判态度，认为数字新闻业对算法不加反思地接受会导致新闻彻底失去智识功能，甚至将导致"新闻的消亡"。例如，一位美国在线的受访者表示："读者会越来越习惯于被算法喂养，算法也比我们更加清楚地知道读者想要什么……这是一场没有悬念的战争，新闻编辑的判断永远不会像算法那样让人心情愉悦。更加可能出现的情况是，读者不再区分新闻和其他信息的区别，因为他们感兴趣的东西，无论什么，早已被预制（prepackaged）好了。"而另一类观点则相对温和。一些受访者既认可算法为新闻读者提供了更加便利的服务，大大提升了新闻流通的效率，同时也认为网络新闻机构应当对算法的发展有更加明确的专业乃至伦理考量，避免让算法破坏第一代数字新闻的民主化传统。例如，一位 Slate 的受访者指出："算法是大势所趋，但如何应用算法其实是新闻业自己的选择。数字新闻在平台和读者之间建立了更加平等的关系，这一点不应该被改变。读者有权利知道自己究竟有哪些选择，至于如何选择，则是他们自己的事。"

当然，并非每一位受访者都明确意识到自己所秉承的民主化的新闻生产理念首要是通过超链接这一技术元素实现的，但毫无疑问所有受访者均对这种理念十分认同。在全部16位受访者中，有13位并未从事过报纸、电视台等传统媒体领域的工作，他们的新闻从业经历从一开始就落脚在门户网站，因此超链接及其"信息链条丰富、受众自由探索、阐释框架多元"的文化，从一开始就成为他们所认同的基本的实践理念。这在某种程度上显示了门户新闻网站业已形成自己牢固的实践模式和观念传统。在智能时代的业务转型乃至观念转型之中，"超链接文化"强有力的存在感将是冲突的一个重要来源。

2. 被人工智能异化的新闻即时性

在门户新闻网站的日常实践中，即时性无疑是外显性最强的一种操作性理念。几乎所有的受访者都不假思索地认为，"快"是互联网新闻的生命线，也是整个互联网新闻业最重要的时代特征。这种带有绝对性色彩的操作守则，对门户网站新闻编辑的日常工作模式有强大的塑造力。一位美国在线受访者即表示，工作中压力最大的部分，源于"第一时间掌握最新发生的事"，并"迅速做出反应"。由于独立采编能力较弱，美国在线很多品类的新闻内容需要依赖美联社与内容合作方，因此以最快的速度对这些机构的报道实践做出反应，也就成了绝大多数网络新闻编辑重要的日常工作。

相较之下，Slate 因自定义为"网络新闻杂志"，更加注重原创深度报道和系列报道，因此在即时性问题上不若美国在线有那样强烈的紧迫感。但尽管如此，在访谈过程中还是可以清晰地感受到 Slate 的新闻编辑群体始终存在着关于自己的报道有可能"不够即时"的焦虑。如一位受访者所言:"尽管 Slate 的编辑方针是鼓励更有深度的解释性内容,但在新闻竞争中这显然是不利的。事实上,真正有影响力的解释报道还是由《纽约时报》和《华盛顿邮报》出品,那么网络新闻杂志的优势在哪里呢?可能还是在于反应速度快。"在日常工作中,Slate 的新闻编辑与他们在美国在线的同行的状态是很相似的:对最新发生的事件保持敏感与追踪,并努力在最短时间里组织符合平台风格的报道。

  人工智能被数字新闻行业的全面应用,显然进一步强化了全行业关于即时性问题的紧迫感和焦虑感。例如,我所关注的两个网站审慎地尝试过自动化新闻,这在记者和编辑群体中引发了很大的震动。由自然语言和算法生成的报道,尽管目前只能在很少的领域内得以应用,而且完全不可能替代解释性报道,但其几乎完全消弭了从"发现新闻"到"新闻制作完成"之间的时间差,从而让任何人工的努力都变得没有意义。如一位美国在线的编辑所说的:"人工智能让我感到恐慌,因为它有可能让我们在未来的竞争中变得一无是处。我们通过一切努力所获、所知的,永远不可能企及大数据的精准性。新闻的确变得比以往更快了,但代价是什么?没有人知道。"

  对于这种强烈的焦虑感,受访者群体主要通过两种话语策略进行应对。最主要的一种话语策略,就是强调"人"的因素在新闻业中不可或缺的核心地位,认为无论在任何时候都应当立足于人的价值去对抗机器的理性。例如,Slate 的一位受访者称:"新闻天然就是有价值偏向性的,这是因为在社会中,始终存在着正义和非正义的事实。如果把人从新闻的采集和制作中剥离出去,新闻就成了没有子弹的弹匣,可以快速发出刺耳响亮的声音,但内里空无一物。"而一位美国在线的受访者也提出了相似的看法:"快是好事,但太快了未必是好事。人的态度和情感是复杂的,第一时间满足他们的信息需求很重要,但给他们预留充分的空间去消化和反思这些信息同样重要。"这些观点与人工智能和算法自我宣称的"道德中立"针锋相对,一如有学者曾经指出的,一切"对于信息的细化过程都不是道德中立的"[1]。

  而另一种话语策略,则更近似一种逃避主义(escapism),那就是,在表达和观念层面上否认人工智能对互联网新闻业的影响是全面的、根本性的,而强调传统(门户)新闻网站与人工智能驱动的新型新闻服务可以各安其事地并

---

  [1] TURILLI M, FLORIDI L. The ethics of information transparency [J]. Ethics and Information Technology, 2009, 11 (2): 109.

存。例如，一位 Slate 的受访者说："我相信数字新闻是一个巨大而内涵丰富的空间，每个人想要的东西都不一样。气象报道原本就不需要太多人的参与，机器人完全可以做到百分之百的精确。与此同时，读者也永远需要那些有人情味的内容、个性化的写作，以及设计精美的页面。"当然，一些受访者做出这样看似"盲目乐观"的反应，也与一个现实的因素有关，那就是无论美国在线还是 Slate，均在被大型传媒和科技企业收购后，有机地融入了更加宏观的行业生态，营运状况普遍较好。

总而言之，如何界定"即时性"，以及如何评判何为"快"、何为"过快"，在受访者群体中是因人而异的。但无论如何看待这个问题，受访者均普遍认为即时性是互联网新闻业的核心属性和基本文化面向，既需要依据技术环境的变化做出准确的"再界定"，进而巩固互联网新闻的根基，也是不容"异化"的价值底线。

3. 信息流导致交互性的丧失

门户新闻网站主要通过用户评论功能实现交互性。这种交互的理念和实践路径在其他新型新闻产品的设计中得到巩固和强化，成为互联网新闻的一组重要的文化基因。对于本项研究的绝大多数受访者来说，交互性是数字新闻产品不可或缺的属性，也是数字新闻有别于传统新闻最重要的标志之一。例如，一位 Slate 的受访者表示："来自读者的评论始终受到编辑团队的高度重视，事实上，一些评论者后来成了我们的博客博主，Slate 的新闻博客服务主要就是建立在评论的交互精神的基础上，我们的博客作者中有很多是非常有影响力的学者、记者甚至政治家。"相比之下，尽管美国在线只是提供了最基本的读者评论功能，但受访编辑也表示阅读评论是自己十分重要的工作内容，而且在过去二十余年的发展中，新闻读者的评论"越来越有价值，也越来越理性"。不难看出，受访者普遍认为，在从20世纪90年代中期至今的发展中，门户网站的新闻评论功能并不只是丰富了新闻产品的纹理，更"培育"了新闻读者的理性精神和公共参与意识，构成了互联网新闻业的一项核心的价值功能。

但基于人工智能的各种新型新闻平台的崛起，显然给这一充满理性精神的"培育"机制带来了破坏，甚至有中断的危险。其中，尤其受到网络新闻编辑群体批评的，是各类新型新闻客户端的信息流编排方式。用一位 Slate 的编辑的话来说："信息流把编辑的艺术变成了对信息饥渴的粗鲁的满足。"这种编排方式将传统网络新闻编排与报纸版面相近的空间思维，"改造"成了一种单向度的线性思维，它"让读者通过麻木地滑动手指，就能陷入绵延不断的信息流里……但这样做有什么意义？这些新闻之间究竟有什么内在的联系？我很怀疑，但是大家似乎觉得这是理所当然的"。

尽管受访者对信息流的批评方式各种各样、莫衷一是，但从总体上看，这些批评最终无不指向了一个价值层面的观念，那就是人工智能通过压缩新闻读者与新闻的内容和语境之间的交互空间，有可能使新闻重新陷入传统媒体时代那种单向的、傲慢的传导方式，将第一代新闻网站在读者群体中艰难培育出的理性、参与性的精神破坏殆尽。信息流给新闻用户带来了一种信息丰裕的假象，同时也让用户产生了一种永远无法获得足够充分的信息的恐慌。一如一位来自 Slate 的受访者所说的："没有人知道什么时候才是停止刷动的合适时机，看得越多，读者心中的不安就越强烈，他们完全顾不上发表自己的感想——他们甚至已经没有了想法，只想知道更多的东西。"

不过，还是有一些受访者提出了建设性的观点。比如，一位美国在线的受访者表示，在移动互联网的时代，信息流显然是新闻编辑未来的基本方向，所以关键在于"如何在信息流设计中融入更多的编辑元素，比如能够以更加突出的方式显示用户的评论，包括在各个社交平台上的评论，这项工作显然需要有人去完成"。

四、从话语桥接到新旧调和

本章以门户（传统）新闻网站为研究对象，从其技术-文化偏向及这种偏向导致的新闻生产实践的理念出发，结合对美国在线和 Slate 两个网站新闻编辑的深度访谈，尝试从从业者的心态和观念的角度理解门户新闻网站在智能化时代可能经历的理念和操作模式变迁。在本章看来，门户新闻网站其实为整个互联网新闻行业的发展设定了基本的方向，以超链接、即时性和交互性为核心的实践文化以各种新的形态长期存在于智能化的新型新闻生产机制中；对于门户新闻网站的深入考察也能帮助我们在一个关键的转捩点上，把握主流新闻实践理念从"传统"到"数字"的准确变化轨迹。

门户新闻网站在当时的技术条件下，成功建立起了平台、新闻内容和新闻读者之间的良性沟通和意义协商关系，这种关系并不仅仅体现在网站各种交互性功能的设计上，更深刻折射在网站新闻从业者群体的实践行为和专业理念里，成为这种介于"传统"和"当代"之间的、多少带有过渡性色彩的新闻媒介文化的重要体现。而经研究发现，对于门户新闻网站的从业者来说，人工智能技术最大的问题在于其破坏了第一代网络新闻所营造、维系和培育出的民主气质和协商性空间。

尽管从访谈中不难发现，门户网站新闻从业者多对方兴未艾的人工智能技术及其主导的新的新闻生产（及产品）类型持有逃避的态度，但这种逃避其实带有鲜明的策略化色彩。一方面，他们虽然从门户网站的基本文化偏向出发，对算法、机器人写作、信息流等智能化生产机制在文化上存在的"严重问题"始终有清醒的认识，却并不从根本上否定智能化浪潮的价值和意义，这种辩证的思维方式体现了第一代互联网新闻从业者源于新旧交替时代的一种高度成熟的行业心态——既对新的技术环境持有开放的态度，同时又愿意坚守自己的专业理念中最基本的价值基石。另一方面，他们实际上已经开始了对于"传统数字新闻"和"智能化数字新闻"两种实践体系、观念体系和文化体系之间关系的系统性思考；有一些人甚至正站在整个行业发展高度，探索门户新闻网站在人工智能浪潮中生存的技术及文化条件。这其实也就预示着门户新闻网站作为最"新"的"传统媒体"，势必要在传统新闻理念和前沿新闻理念之间扮演调停人而非决斗裁判的角色。

长期以来，我们对于全球新闻业发展变迁规律的研究，要么将注意力集中在传统媒体的新媒体化，要么执迷于对最新的技术、形态和操作手段展开探索，却往往忽视了那些位于中间地带的实践和观念及其联结"新"与"旧"的话语桥接潜能。在这个意义上，门户新闻网站不但远未具备成为考古对象的"资质"，而且恰恰相反，它为整个互联网新闻行业定下的文化基调，将是我们在可预见的将来准确理解这个行业进路的关键线索。

第三编
数字新闻生产理论想象

第九章　身份重塑：数字时代的新闻从业者职业认同

本章提要

本章采用社会身份理论（SIT），基于对美国、英国和瑞士三个国家共106位一线新闻从业者和新闻用户的深度访谈，尝试在数字技术语境下理解新闻从业者的身份重塑机制。研究发现，传统新闻职业认同以"客观/专业主义"和"自由/自主性"为核心概念的话语体系，正逐渐被一种新的以"责任/公共服务使命"和"克制/道德标准"为核心概念的话语体系所取代。而新闻从业者通过怀旧的方式应对行业变化的传统策略，则在数字技术的冲击下不断弱化。本章进而提出，准确理解当下新闻从业者的职业身份认同的"责任转向"或"伦理转向"是进行数字新闻生产理论建构的一项重要工作。

一、作为话语资源的新闻职业认同

数字技术的发展给当代新闻业带来的变化体现在新闻的生产、流通、接受等多个层面。其中，技术环境的变化加诸作为"人"的新闻从业者的影响，始终是我们进行数字新闻生产理论建构工作的一个重要环节。[1]简而言之，数字化浪潮不但使新闻从业者、新闻源和新闻受众等传统行业概念的边界都变得模糊不清，令新闻生产过程逐渐由单向传导转变为"平等的对话"，[2]而且还通过对新的新闻叙事类型和新闻呈现方式的培育不断对从业者提出新的知识或技能要求，从而使得"我是谁"这个问题在新闻从业者群体中，拥有了前所未有

---

[1] HEMMINGWAY E. Into the Newsroom: Exploring the Digital Production of Regional Television News [M]. London: Routledge, 2007.

[2] STARKMAN D. Confidence game: the limited vision of the news gurus [EB/OL]. Columbia Journalism Review [2011-11]. https://archives.cjr.org/essay/confidence_game.php?page=all.

的紧迫性和尖锐性。[1]

　　学者们在对数字技术环境下新闻从业者的职业身份认同情况进行考察时，往往对其性质做出不尽相同的判断。有人认为，对于这一问题的理解是解决传统新闻业所面临的种种危机的关键所在，亦即，只有新闻从业者普遍形成了新的集体身份认同，新闻业才能顺利完成所谓的"数字化"转型，获得新生。[2]也有学者指出，"职业身份"（professional identity）主要是作为一种话语资源存在于新闻从业者的认知之中的，他们通过对这种资源的调用、阐释和协商，来应对行业变化带来的不确定性。[3]还有学者研究发现，新闻从业者的身份认同主要是由报纸、电视等不同类型的"老牌媒介形式"（legacy media outlets）塑造出来的，因此影响这一身份的最重要的因素，是基于不同媒介的新闻行业内的劳动力状况[4]，以及从业者对于自己所在领域的发展状况的感知[5]。但无论如何看待这一问题，研究者均普遍认为应当同时从两个不同的角度来理解新闻从业者的身份转型：一是应用性或实践性的角度，即新闻从业者如何在认知、态度或行为层面，认同或接受自己"属于"这个群体，并在日常工作中自觉遵从该群体的内部准则和价值目标；[6]二是文化或意识形态的维度，即新闻从业者如何在一个相对较长的时间和相对较广的社会语境下，理解自己的职业与公共利益、社会进步、信息自由等宏大旨趣之间的关系，以及如何在对这些关系的共同理解的基础上，形成抽象的职业理念。[7]

　　本章主要使用波兰心理学家 Henri Tajfel 提出的社会身份理论（SIT），对

---

[1] HUESCA R. Reinventing journalism curricula for the electronic environment [J]. Journalism and Mass Communication Educator, 2000, 55 (2): 4-15.

[2] CREECH B, MENDELSON A L. Imagining the journalist of the future: technological visions of journalism education and newswork [J]. The Communication Review, 2015, 18 (2): 142-165.

[3] GRUBENMANN S, MECKEL M. Journalists' professional identity: a resource to cope with change in the industry? [J]. Journalism Studies, 2017, 18 (6): 732-748.

[4] SHERWOOD M, O'DONNELL P. Once a journalist, always a journalist? Industry restructure, job loss and professional identity [J]. Journalism Studies, 2018, 19 (7): 1021-1038.

[5] FERRUCCI P. Are you experienced? How years in field affects digital journalists' perceptions of a changing industry [J]. Journalism Studies, 2018, 19 (16): 2417-2432.

[6] HUJANEN J. Informing, entertaining, empowering: Finnish press journalists' (re) negotiation of their tasks [J]. Journalism Practice, 2009, 3 (1): 30-45.

[7] DEUZE M. The professional identity of journalists in the context of convergence culture [J]. Observatorio, 2008, 2 (4): 103-117.

数字时代的新闻从业者在职业认同方面的变化进行考察。该理论认为，社会身份（social identity）是"个体对特定社会群体的归属感，以及对该群体成员普遍拥有的情感或价值理念的认同"；[1] 而这种身份加诸个体的影响则集中体现在个体在情感和价值两个维度上对"自己人"（in-group）和"局外人"（out-group）的区隔。[2] 因此，在社会学或社会心理学层面上对特定个体或群体的身份认同进行考察，必须兼顾情感和价值两方面的因素。具体到新闻业这个特定的职业范畴，已有学者提出，正是由于"新闻从业者这一职业身份的边界自始至终都是不清晰的"，所以对于这个问题的研究才"变成了一个十分有价值的领域"。[3] 或者，用 Witschge 和 Nygren 的话来说，新闻业其实是一个"压力之下的职业"（profession under pressure），在新闻业内部，"职业化"和"去职业化"的话语是相伴而行的。[4] 新闻从业者的职业身份的含混性部分来自于欧美主流的新闻专业主义理念缺乏足够坚实的哲学和逻辑根基，此外也与新闻行业由于技术的发展而变动频繁有密切的关系。[5] 而无论现有的新闻学教科书还是新闻研究成果在对新闻从业者进行考察的时候"往往遵从固化的身份认同视角，忽视新闻业变动不居的特性"[6]。技术作为推动新闻业发展、重构新闻业格局的重要力量，是我们理解新闻从业者职业身份认同的一个不可或缺的因素。这也正是本章主旨的由来：在数字技术的背景下，使用社会身份理论的基本框架，从情感（emotion）和价值（value）两个维度，深入考察新闻从业者的职业认同的变化，并以此作为数字新闻生产理论体系建构的一项工作。

本章的理论化工作主要基于笔者在2016年2月至2017年12月之间对美国、英国和瑞士三个国家共106位一线新闻从业者和新闻用户进行的深度访谈。这

---

[1] TAJFEL H. La Categorisation Sociale [C]// Moscovici S. Introduction à la Psychologie Sociale 1. Paris: Larouse, 1972: 292.

[2] HASLAM A. Psychology in Organizations: The Social Identity Approach [M]. London: Sage Publications, 2004: 21.

[3] REVERS M. Journalistic professionalism as performance and boundary work: source relations at the State House [J]. Journalism, 2014, 15 (1): 39.

[4] WITSCHGE T, NYGREN G. Journalistic work: a profession under pressure? [J]. Journal of Media Business Studies, 2009, 6 (1): 37-59.

[5] SINGER J. The political j-blogger: normalizing a new media form to fit old norms and practices [J]. Journalism, 2005, 6 (2): 173-198.

[6] BRENNEN B. What the hacks say: the ideological prism of US journalism texts [J]. Journalism, 2000, 1 (1): 106.

些访谈虽然旨在回答不同的具体问题，但从这一章开始，笔者将尝试通过一手的质化经验资料，在总体上勾勒出数字时代的"新闻生态系统"（news ecosystem）[1]。本章即从上述质化的经验资料出发，从新闻从业者的职业身份认同这个角度深入挖掘，尝试提出数字时代的新闻职业认同理论。

具体而言，本章分别从传播技能、媒介形态和专业理念三个方面，对相关的访谈资料进行结构化处理。在结论部分，本章将在情感和价值两个维度上，对数字时代新闻从业者的职业认同方式的转变进行归纳和理论化。

二、数字传播技能要求与新闻职业认同

数字技术的发展对新闻从业者产生的最直接的影响，莫过于其对后者提出了更新、更高的传播技能的要求。这种技能要求，既体现在对新的生产技术（如编程、可视化等）的掌握上，也体现在对新的传播终端（如社交平台、智能手机）的使用上，这无疑给处在转型期的新闻从业者群体带来了巨大的压力，包括新闻生产速率的激升、传播强度的增大、对时效性的无节制的追求，以及比以往更加显著的职位不确定性（job uncertainty）。[2] 一如一位瑞士的受访者所说："学习如何使用计算机程序来讲故事，以及如何用编码的方式来呈现新闻内容，已经成为每一个记者所要面对的巨大的技能压力，同时也是记者们日常工作中的不安全感的重要来源。"可以说，在作为意识形态的"新闻职业"和技术发展带来的变动频繁的新闻业的物质现实（material realities）之间，存在着长期而持续的矛盾，[3] 而数字技术的发展只是令这一矛盾在短时间内更加尖锐化了而已。

在访谈中，不难发现数字新闻行业提出的新的技能要求在从业者群体中制造的持续焦虑感。比如，前文已指出，由于大量新闻聚合平台（news aggregator）的存在，地方新闻网站的编辑每日需要处理的信息量陡然增大，且新闻编辑往往需要同时监控不同的新闻平台或终端，从而给这一群体带来了前所未有的工作压力；再如，在算法新闻（algorithmic journalism）的冲击下，

---

[1] ANDERSON C W. News ecosystem [C]// Witschge T, et al. The SAGE Handbook of Digital Journalism. Thousand Oaks, CA: Sage Publications, 2016: 410.

[2] COMOR E, COMPTON J. Journalistic labour and technological fetishism [J]. Political Economy of Communication, 2015, 3 (2): 74-87.

[3] COHEN N. At work in the digital newsroom [J]. Digital Journalism, epub before print, 2018, DOI: 10.1080/21670811.2017.1419821.

笔者访谈过的五家美国新闻机构的记者和编辑大多表示自己背负着较为沉重的精神负担，并不断通过强调"自动化无法取代人"的观点，来进行某种程度上的心理补偿。此外，还有相当数量的受访者通过否定"多技能"（multiskilled）要求的合法性，来纾解数字传播技能要求带来的精神压力。比如，一位英国的受访者即强调："数字技术的发展应该促使新闻业实现更加细致的分工，而不是一味让现有的人员掌握更多的技术……记者的天然使命就是发现事实、搜集信息，这与编程、数据挖掘之类的'技能'没有任何关系。"

行业发展对新闻从业者的传播技能要求，在不同类型的新闻室造成了"质量优先"和"速度优先"两种新闻生产思路之间的矛盾，这一矛盾直接影响到新闻从业者的职业认同机制。例如，一位来自瑞士的受访者即表示："互联网对新闻产生了一个负面影响，那就是过分追求速度，简单来说，就是要尽可能快地给读者提供一些信息。为了达到这个目标，记者和编辑只能让自己变成多面手，通过各种手段和方法搜集信息，只求比同行快一点。"而另一位来自美国某新闻网站的受访者也提出了类似的观点："好的新闻人，无论在传统媒体还是数字媒体工作，都应当尊重新闻的本质，那就是高质量、有价值、有深度的信息。而现在的各种多任务、多线程的制作要求，是背离了这一初衷的，只会让记者失去自己最擅长的技能。"不难发现，受访者对于"技能要求"这个问题的理解，并没有停留在最直接的"接受与否"这个层面，而是往往将其上升到"好的新闻从业者应当做些什么"的身份界定上。

此外，在访谈中还有一个耐人寻味的发现，那就是：一些受访者会在某种程度上刻意"破坏"新闻专业的客观性理念，用一种似乎是推崇"主观性"的话语去对抗数字技术的影响。例如，在进行有关自动化新闻的讨论时，有受访者指出："作为记者，应该有属于自己的风格，在新闻作品中保持自己的存在感。很多时候，人们会阅读一则新闻，是出于对撰写了这则新闻的那个人的信任。机器人写作无疑可以在很大程度上避免个人偏见的产生，但千篇一律的新闻真的有很大的价值吗？"此外，还有一位表示自己正在学习可视化技术的新闻编辑也称："掌握新技术是为新闻从业者的根本性角色服务的，那就是在新闻的采集和制作中更加有力地彰显'人'的存在、人的价值。如果学习多元化技能最终导致了'人'在新闻中的消失，那是得不偿失的……记者与其他内容生产者（content producer）的区别就在于，他们会通过自己的判断去发表别人不愿意发表的东西。"这在某种程度上证明了"职业身份作为话语资源"的观点。

需要指出的是，尽管本项研究并未将国别差异视为一个影响新闻从业者职业认同的重要因素，但在访谈中还是发现，相比瑞士和英国的本地媒体，经济实力更加雄厚、从业者所受训练也更加专业化的美国新闻机构往往能够给其记者和编辑更宽的发展空间和更多的培训机会，因而来自美国的受访者也普遍对"技能要求"体现出更加温和、宽容的态度。这印证了 Meyen 和 Riesmeyer 的观点：新闻从业者对自身职业角色的认知与其所拥有的行业资本和文化资本有关，一个国家的新闻市场越大、传播技术发展越充分、新闻教育结构越完整，其新闻从业者就越容易形成相对稳定的身份认同。[1] 不过，这一结论还需要更多的经验研究去验证。

三、基于媒介形态的新闻职业认同

新闻机构的媒介形态，与新闻从业者的职业认同有着密切的关系。一般而言，在欧美的社会语境下，印刷媒体的从业者在面对数字技术的冲击时，会尤其关注新闻的公共服务底色和自己作为新闻人的独立性是否被破坏，[2] 而电视媒体则通过一种相当强势的机构文化对新技术的入侵进行不断的"改造"和"消解"，从而使得整个电视新闻行业的数字转型更加缓慢，也更加审慎。[3] 前文也曾指出，即便是一直被视为弱势媒体的广播，也依照自身的"强媒介属性"形成了一种务实的、带有工具论色彩的技术观，而且广播记者的新闻职业身份认同要弱于其广播从业者的职业身份认同。这些研究表明，新闻机构的媒介形态及属性，是影响其从业者对自身职业身份进行认知和认同的一个重要的因素。

由于本项研究的访谈对象涵盖了报纸、电视、广播和互联网四类新闻媒介的一线从业者，因此本章可以较为全面地分析媒介形态对新闻从业者的职业身份认同的影响。

首先，从横向比较来看，电视新闻从业者显然比其他媒体的新闻从业者拥有更强烈、更稳定的集体职业身份，或者说，传统电视新闻从业者的职业身份

---

[1] MEYEN M, RIESMEYER C. Service providers, sentinels, and traders [J]. Journalism Studies, 2012, 13 (3): 386-401.

[2] SIEGELBAUM S, THOMAS R J. Putting the work (back) into newswork [J]. Journalism Practice, 2015, 10 (3): 387-404.

[3] MATTHEWS J, COTTLE S. Television news ecology in the United Kingdom: a study of communicative architecture, its production and meanings [J]. Television & New Media, 2012: 103-123.

认同受到数字技术的冲击是相对有限的。一方面，电视拥有有别于任何其他媒介类型的基于视听符号和蒙太奇语言的内容生产体系，而即使是完全基于互联网的数字新闻机构，其主流的新闻内容仍然是以文字为主的，这种内容生产方式上的独特性有助于统一职业身份认同的形成。另一方面，在经济或产业的层面，数字内容生产迄今尚未成为欧美主流电视机构的主要收入来源，原有收入结构的稳定性显然巩固了从业者职业身份认同的稳定性。例如，一位来自英国天空电视台（Sky）的受访者即称："英国电视记者的日常工作内容、收入水平和社会影响，其实并没有因为社交媒体的出现而发生变化……在英国，电视记者和新闻主播始终是被羡慕的职业。"而相比之下，报纸记者与编辑的焦虑感则普遍很强，不少受访者都谈到了"报纸新闻消亡"的话题，而无纸化出版在本项研究所涉及的三个国家里，均已是非常显而易见的趋势。第一代新闻网站的从业者，则普遍对更前沿的生产技术（比如算法）持有尖锐的批评态度，认为数字技术真正对新闻行业构成破坏，体现在它对"人"的替代。如一位来自美国新闻网站 Slate 的受访者所言："比起'作者'（writer）和'内容生产者'来，我还是更喜欢'记者'这个称谓，只有当一个人被称为记者，他才是一个真正意义上的'新闻人'（newsman）。一个擅长发推特的人永远不会拥有记者的可信度，机器人也永远无法取代记者对新闻价值做出基于人性的判断。"

其次，来自不同媒介的新闻从业者对于自身职业身份究竟包括哪些核心价值或核心理念的描述，也有较为显著的不同。总体而言，报纸新闻从业者和门户新闻网站从业者更强调这一职业在价值判断上的不可替代性，并以此来表达对于自动化新闻（automated journalism）及其话语的抗拒。例如，一位英国地方报纸的编辑称："我们不能仅去投递（deliver）信息……我们必须要比这做得更多，因为很显然现在任何人都可以在网络上投递信息了。"而一位受访的 Slate 网站的编辑也称："你要明白，无论什么新闻，无论你推出得多么早，人们都已经在它发生的那一刻从社交平台上看到了，所以，我们应该提供的东西要比单纯的事实更多……简单来说，我们应该告诉人们这件事会对他们产生什么样的影响，以及，更重要的是，问题应当如何得以解决。"相比之下，广播电视新闻从业者更倾向于将新闻工作的公共性视为职业身份认同的核心概念，进而对数字技术影响下的新闻报道做出"丧失公共性"的批评。比如，一位受访的英国电视记者即尖锐地抨击美国的电视新闻频道过于重视特朗普在 Twitter 上发了什么，表面上看是在监督政府和政客，实际上则是将公共议题娱乐化。而另一位来自瑞士的广播记者则称："广播是一种本地媒体，为其所在城市的公共利益服务……网络电台不假思索地追求超越地域的效应，甚至是全球性的效应，最终导致的结果一定是严肃性的丧失。"不过，也必须指出，接受访谈的新闻从业者均来自奉行公营广播体制的欧洲国家，公共性是广播电视行业长期以来的深厚传统，这不可避免会对其从业者的职业认同产生影响。

最后，需要强调的是，无论供职于报纸、电视、广播还是门户网站的新闻从业者，绝大多数都对传统的新闻职业规范及价值体系有深刻的认同，这种认同在很多时候甚至是以情感的形式存在的。这实际上表明，作为一个总体认知对象的"传统媒体"，与作为一个总体认知对象的"数字媒体"或"新媒体"，仍然在从业者的集体身份认同机制中制造了某种对立。正如一位供职于英国某报纸的受访者所说的："尽管报纸记者这个职业这些年给我带来了很多挑战和压力，但它已经在我对自己的认识中留下了长久的烙印，如果有一天，我不得不变成一个所谓的'互联网内容生产者'，那对我来说一定是一件很痛苦的事。"实际上，有相当一部分受访者始终未用"记者"或"编辑"这样的字眼来界定数字新闻机构的从业者——他们显然赋予了这两个词汇较多的情感涵义。值得一提的是，尽管"传统媒体"的新闻从业者对其职业身份体现出了强烈的情感依赖，但颇有一些受访者是以一种悲观的态度来看待所谓的"数字化转型"的。一位瑞士的受访者即称："我想我会渐渐接受一个事实，那就是总有一天我将停止用'记者'作为自己的身份……我知道对我来说，这将是一个很困难的过程，毕竟这个职业已经在我的生命里留下了深刻的痕迹。在互联网的世界里，我不知道自己究竟在从事什么职业，对我来说要想清晰地界定这一点，太困难了。"

四、作为意识形态的新闻职业认同

在这一部分，笔者尝试超脱于技能要求和媒介形式两个较为表浅的层次，从相对抽象的"理念"层次来考察数字时代新闻从业者的职业身份认同问题。一如 Deuze 指出的，新闻的职业化（the professionalization of journalism）和作为职业的新闻从业者（journalist as profession）在现代新闻业的发展过程中，是作为一种意识形态存在的。[1] 这意味着尽管新闻业依国别、文化、媒介的不同而呈现出高度的内在差异性，但绝大多数新闻从业者都或多或少奉行着同

---

[1] DEUZE M. What is journalism? Professional identity and ideology of journalists reconsidered [J]. Journalism, 2005, 6 (4): 442-464.

样的"理想型价值体系"(ideal-typical value system)。[1] 或用 Zelizer 的话来说，新闻从业者依照其共同掌握的"集体性知识"(collective knowledge)而作为一个完整的职业身份存在。[2] 一项涵盖了21个国家的新闻从业者访谈研究显示，尽管社会制度和文化传统各异，但全世界范围内的新闻从业者仍然显示出了较高的相似性。[3] 正是出于这个原因，我们才能够将新闻职业认同作为一种意识形态加以理解，以及将供职于不同类型新闻机构的从业者作为一个统一的对象加以考察。

参考 Kovach 和 Rosenstiel 的观点，本章将作为意识形态的新闻职业认同划分为五个"理想型价值"，分别是公共性、客观性、自主性、即时性和道德性[4]，并以此作为基本框架展开对新闻从业者的深度访谈。在访谈中，着重考察和分析的是新闻从业者在数字技术的影响和冲击下体现出来的职业理念的变化过程。

首先，在进行新闻职业认同的过程中，受访者对上述五种"理想型价值"的"处理方式"并不相同，具体体现在：大多数受访者会在数字化转型的过程中更加强调公共性、自主性和道德性三种价值的重要性，而较少提及甚至有意回避客观性和即时性的问题。这或许在一定程度上显示了新闻从业者在进行职业身份认同的过程中，始终保持着对数字技术的警惕和戒备，因为数字技术的发展显然会强化而不是削弱"客观"和"即时"两个指标。反而有一些受访者会在强调"人"在新闻业中的核心作用时，对自动化和聚合技术给新闻带来的"迅速""中立"等特征持温和的批判态度。若干位受访者明确指出，无论技术怎么发展，新闻业都不能将即时和客观置于公共服务的使命之上。而对新闻道德状况的忧虑，也体现在不少受访者的言谈之中。比如，瑞士的两位受访者谈到了 VR 新闻可能导致的内容失真、情绪诱导等问题。此外，还有多位受访者严肃地指出了算法的不透明给数字新闻业带来了巨大的伦理风险。如一位供职

---

[1] VAN ZOONEN L. A professional, unreliable, heroic Marionette (M/F): structure, agency and subjectivity in contemporary journalisms [J]. European Journal of Cultural Studies, 1998, 1 (1): 123-143.

[2] ZELIZER B. When facts, truth and reality are God-terms: on journalism's uneasy place in cultural studies [J]. Communication and Critical/Cultural Studies, 2004, 1 (1): 101.

[3] WEAVER D H. The Global Journalist: News People around the World [C]. New Jersey: Hampton Press, 1998.

[4] KOVACH B, ROSENSTIEL T. The Elements of Journalism [M]. New York: Crown Publishers, 2001.

于美联社的新闻编辑即指出:"对于读者来说,知道新闻来源于什么地方是一个底线……新闻机构无论在任何时候都不应该只是说'这篇报道是由计算机程序完成的'。"

其次,受访者在谈论其对上述五种"理想型价值"的理解时,于总体上体现出了一种灵活而务实的态度。也就是说,甚少受访者会对它们进行教条式的遵从,他们对于构成新闻职业身份的各种价值理念,往往会依据自身的认知需求或情感需求而做语境化的理解,体现出了较高程度的能动性(agency)。正是出于这个原因,一些受访者的言论往往会存在自相矛盾之处,比如一位来自美国的受访者称,客观中立的态度是新闻从业者基本的专业精神,但她同时也表示,作为"人"的新闻从业者超越机器和算法的地方,就在于其可以做出判断和预测,而非仅仅呈现冷冰冰的事实。此外,还有一位英国的受访者提出,自主性(autonomy)对于新闻从业者来说是至关重要的、决不能放弃的价值追求,但他同时也认为,人类记者优于算法和计算机程序的地方就体现在前者的行为是时刻受到约束和限制的,这种约束和限制(而非自主性)是新闻职业不可替代性的来源。这一状况,让我们看到数字技术还是在基本观念层面导致了传统新闻职业认同机制的松动。新的新闻职业意识形态更加灵活、更加液态,正处于价值重构(re-structuring)的过程之中。

最后,在访谈中发现,很多受访者在对其职业认同理念进行阐述和反思的时候,最终往往会落脚于对伦理道德问题的考量。也就是说,不少受访者会倾向于认为,在数字时代进行对新闻职业的身份认同,归根结底是一个"道德重申"(ethical reaffirmation)的过程。很多受访者都不约而同地谈论到新闻从业者的公共文化使命问题,以及理性在新闻工作中的重要性;还有一些受访者甚至直接声称自己以后可能不会继续认同新闻职业的根本原因在于整个行业的道德水准的滑坡。大部分受访者都是在"责任"而非"自由""客观"的概念框架下去理解新的新闻职业身份的,这在根本上动摇了传统的新闻的专业主义在新闻职业认同机制中的奠基性作用。或者说,一种新的、首要基于伦理话语的专业主义正在数字技术的冲击和"刺激"下不断成形。正如一位供职于《纽约时报》的受访者所说:"新闻学院里教的内容,已经在很大程度上与新闻业的现实脱节,越来越数字化的当代新闻机构所需要的人不光要有新的技能,也要符合新的道德标准,这将是新闻业不可或缺的内核。"

五、新闻职业身份认同的责任转向

本章在社会身份理论（SIT）框架下，采用深度访谈的方法，对新闻从业者在新闻业数字化转型过程中的职业认同情况进行深入考察，尝试理解一线新闻从业者的职业认同在技术因素的影响下呈现出来的变化，并通过对这种变化的归纳和理论化，厘清数字时代的新闻从业者身份认同机制的种种特征，并以此作为数字新闻生产理论建构工作的一部分。研究发现，正在经历数字化转型的新闻从业者在价值和情感两个维度上，均建立起与过去不同的职业身份认同机制。

在价值维度上，传统新闻职业认同以"客观/专业主义"和"自由/自主性"为核心概念的话语体系，正逐渐被一种新的以"责任/公共服务使命"和"克制/道德标准"为核心概念的话语体系所取代。尽管这并不意味着后者对前者的完全覆盖，但显然新闻从业者群体长久以来所信奉的专业主义和自由主义价值体系，正在经历更加严格的审视，面对更加尖锐的质疑。新闻从业者因察觉这一价值体系对数字技术扩散的辅助乃至"纵容"而正在对自己原有的职业身份进行自发的重新理解和重新建构。这表明，至少在当前的阶段，对数字技术的集体戒慎态度成了新闻职业身份重构的一个重要驱动力；人和技术之间的张力，会在相当长的时间里持续塑造新闻生产的理念和机制。在可预见的未来，新闻从业者的职业身份认同会在更大程度上汲取社会责任论和伦理学的话语资源，完成对新的"新闻从业者身份"的重构。

在情感维度上，我们可以清晰地察觉到新闻从业者群体在职业身份认同过程中所普遍呈现出来的"怀旧"倾向。事实上，情感上的怀旧（nostalgia）长期以来都是新闻从业者面对行业变化与挑战时所采取的策略[1]，这在某种程度上印证了传统新闻业在职业话语（professional discourse）建构方面的成功：正是因为传统新闻业将职业化作为维系自身存在与发展的一个重要策略，因此在新闻业出现剧烈变动（如我们所关注的数字化转型）时，从业者的职业认同才不会出现骤然的断裂，而更多体现出一种兼顾旧传统与新状况的连续性状态。不过，在访谈中也不难发现，新闻从业者的这种情感倾向实际上是在不断弱化的，数字技术的存在则持续在新闻从业者群体中制造压力和焦虑，这也表明新闻业的数字化转型的确是该行业前所未有之大变局，而情感机制的弱化也预示

---

[1] FRITH S, PETER M. Becoming a journalist: journalism education and journalism culture [J]. Journalism, 2007, 8 (2): 137-164.

着新闻从业者的职业身份认同将必然形成新的"理想型价值体系",新闻专业主义的内涵也将被改写。

而对于数字新闻生产理论的建构工作来说,认清新闻从业者的职业身份的这种"责任转向"或"伦理转向",是至关重要的,因为只有这样,研究者才能跳出传统新闻研究的种种"成规"和"常识"的束缚,以一种更符合真实生态的视角,准确把握这个正在被数字技术不断重塑的行业。

第十章 规范重组：数字媒体环境下的新闻伦理探析

本章提要

本章分别从道义论、功利主义和美德伦理三个层面，基于对美国、英国、瑞士共106位新闻从业者和新闻用户的深度访谈，对数字媒介环境下的新闻伦理体系进行了探索，提出将社会责任、人本主义和美德原则作为数字新闻伦理体系的三个核心观念支柱。通过对来自一线新闻从业者的伦理认知、认同状况的归纳，本章认为，在宏观层面上，数字新闻伦理仍需紧扣"社会责任"这一价值内核，以追求民主作为新闻伦理道义论的基础；在中观层面上，以人本主义遏制功利主义的蔓延，针对各类数字技术的具体特征探索建立可为全行业普遍遵守的新生产规范，是数字新闻伦理体系建构的核心任务；在微观层面上，调和新闻行业社会责任和新闻从业者的美德标准两者之间的关系，也是数字新闻伦理体系建构的重要工作。

一、伦理：数字新闻业最紧迫的议题

作为哲学的一个分支，伦理学主要探讨人类行为的道德问题，特定的伦理体系通常包含"一套指引人类行为的规则体系，以及评估上述规则的各种原则"[1]。随着数字媒体时代的到来，传统新闻职业的边界、新闻流通的机制，以及新闻生产与新闻消费之间的界限都变得比以往更加模糊，这对既有的新闻伦理体系提出了前所未有的挑战。目前，对新闻伦理问题的考察已经变得相当紧迫，不仅需要我们采纳一种更加激进的思维方式，而且也要竭力通过理论研究

---

[1] TAVANI H H. Ethics and Technology: Controversies, Questions, and Strategies for Ethical Computing [M]. New Jersey: Wiley, 2011: 36.

工作去促进"媒介伦理行动主义"（media ethics activism）的发生和发展。[1] 作为一种规范体系，新闻伦理同时在个体和社会的层面发挥作用，它既关乎新闻从业者如何在日常工作中做出各种决策，而且也有力地塑造着新闻从业者群体与既定社会规则之间的关系。[2] 简而言之，"新闻伦理不但指引着新闻从业者做出个人选择，而且也界定着新闻职业的身份……它设定边界，区分新闻业的局内人和局外人，并鼓励新闻从业者与非专业人士和实践保持距离"[3]。

目前，已有一些学者针对数字技术的冲击对传统新闻伦理产生的影响，以及新闻从业者对这一过程做出的反应展开了探索性的研究。早在1998年，Cooper 就提出了新媒体给新闻业带来的40个伦理问题，尽管这些问题较多集中在比较表浅的层面（如文字剽窃和图片篡改现象），却第一次令学界意识到数字时代新闻伦理问题的尖锐性。[4] 在2000年展开的一项调查中，两位学者严肃审视了媒介融合可能导致的"机构利益冲突"，以及这种冲突会对新闻生产的道德标准产生的影响。[5] 在比较的维度上，有研究者认为，传统新闻伦理体系对新闻的公正性以及新闻源核查的强调，正在转化为对用户协作、生产过程透明性以及出版后纠错（postpublication correction）机制的强调，因此数字技术的发展对传统新闻伦理体系提出了几乎是颠覆性的修正要求。[6] 在认知或行为层面，有研究指出，数字环境下的新闻从业者普遍对这一变化体现出了抵制（resist）或抗拒（reject）的情绪，"他们以前会将伦理作为一种合法性考量的基本原则，却只会将今天的伦理当作一种（适应技术环境的）工具"[7]。在新伦理体系建构方面，有多位学者展开过深入的讨论。如 Ward 和 Wasserman 曾提出建立互联网媒体的"开放伦理"（open ethics），即在全球话语体系下，允许

---

[1] WARD S. Radical media ethics: ethics for a global digital world [J]. Digital Journalism, 2014, 2 (4): 469.

[2] WARD S. Global Journalism Ethics [M]. Montreal: McGill-Queen's University Press, 2010.

[3] LEWIS S C, WESTLUND O. Big data and journalism: epistemology, expertise, economics, and ethics [J]. Digital Journalism, 2015, 3 (3): 459.

[4] COOPER T W. New technology effects inventory: forty leading ethical issues [J]. Journal of Mass Media Ethics, 1998, 13 (2): 71-92.

[5] DAVIS C, CRAFT S. New media synergy: emergence of institutional conflicts of interest [J]. Journal of Mass Media Ethics, 2000, 15 (4): 219-231.

[6] ESS C. Digital Media Ethics [M]. Cambridge, UK: Polity Press, 2009.

[7] SINGER J. Getting past the future: journalism ethics, innovation, and a call for "flexible first" [J]. Communicação e Sociedade, 2014, 25: 67.

不同的文化与专业思维参与新新闻伦理的建构；[1]Singer更加细致地设计了这一新体系的建构路径，包括"对公共服务的强调，对信息准确性的承诺，对煽情主义（sensationalism）的抵制，以及独立于经济压力的业务体系"；[2]Fourie则提出应当超越新闻伦理或媒介伦理的概念界限，而致力于建立"合乎伦理的传播系统"（ethical communication）这一价值体系，进而为数字媒体时代设定新的规范理论。[3]

然而，现有的研究并未就"数字新闻伦理"（digital journalism ethics）这一概念的内涵达成共识，这在某种程度上是由主导新闻业发展转型的数字技术进化速度太快导致的，这一现状使大部分相关研究都"不得不"紧扣某一种特定的技术在新闻业内制造的伦理困境，如大数据的检索和来源问题[4]、算法的客观性和透明性问题[5][6]等。但在一个问题上，几乎所有研究者都表达了相似的观点，那就是：数字技术的发展凸显出探索建立新的伦理体系，乃至新的新闻规范理论（normative theory）的紧迫性，研究者必须在数字新闻研究中重视对新的伦理道德体系的探索，从而不断明确和锚定新闻从业者在社会中的角色和位置，确保未来新闻生产过程和新闻业的发展朝着有益于社会民主的方向进行。[7]

本章主要采用Ananny提出的分析框架，回归经典伦理学的基本概念，分别从道义论（deontology）、功利主义（utilitarianism）和美德伦理（virtue ethics）三个维度，对数字媒体环境下的新闻伦理体系进行探索性的建构；而

---

[1] WARD S, WASSERMAN H. Towards an open ethics: implications of new media platforms for global ethics discourse [J]. Journal of Mass Media Ethics, 2010, 25 (4): 275-292.

[2] SINGER J. Partnerships and public service: normative issues for journalists in converged newsrooms [J]. Journal of Mass Media Ethics, 2006, 21 (1): 30.

[3] FOURIE P J. Normative media theory in the digital media landscape: from media ethics to ethical communication [J]. Communicatio, 2017, 43 (2): 109-127.

[4] BRADSHAW P. Data journalism [C]// Zion L, Craig D. Ethics for Digital Journalists: Emerging Bet Practices. New York: Routledge, 2014: 202-219.

[5] GILLESPIE T. The relevance of algorithms [C]// Gillespie T, et al. Media Technologies: Paths Forward in Social Research. London: MIT Press, 2014: 167-194.

[6] MCBRIDE K, ROSENTIEL T. New guiding principles for a new era of journalism [C]// McBride K, Rosentiel T. The New Ethics of Journalism. Thousand Oaks, CA: CQ Press, 2014: 1-6.

[7] CULVER K B. Disengaged ethics: code development and journalism's relationship with "the public" [J]. Journalism Practice, 2017, 11 (4): 477-492.

在分析中，这三个维度分别对应着我们理解新闻伦理问题的三个层面：宏观的新闻媒体的社会责任、中观的新闻机构及日常新闻生产机制，以及微观的新闻从业者对自身的约束。[1] 这一框架有两个显著的优势：第一，它使研究者得以超脱于具体的技术形式，将"数字化"视为当代新闻业所拥有的一种总体性生态加以理解，以形成稳定的、规律性的认识；第二，它兼顾伦理分析的基本框架和新闻业所拥有的独特的结构，使得我们对规范理论的探讨得以更加紧密地与新闻业自身的特征及发展需求相结合。

本章的理论化工作同样是在笔者2016年2月至2017年12月之间对美国、英国和瑞士三个国家共106位一线新闻从业者和新闻用户进行的深度访谈所获得的资料的基础上完成的。简单来说，本章从上述质化的经验资料出发，对一线新闻从业者对数字时代的伦理问题的认知和反思进行呈现和挖掘，尝试想象或建构数字新闻的伦理体系。笔者认为，一线新闻从业者在数字化转型时期的日常生产实践中对伦理问题形成的种种思考，可以为我们勾勒出一幅清晰的认知地图，帮助我们更好地进行数字新闻伦理体系的建构。

具体而言，本章分别从道义论（新闻媒体的社会责任）、功利主义（新闻机构及其日常生产），以及美德伦理（新闻从业者的自我约束）三个方面，对访谈资料进行结构性整理。在结论中，也将紧扣这三个方面完成理论化工作。

二、数字新闻的道义论

道义论缘起于康德的哲学思想，强调"道德的基础是人类交流行为中的职责和义务"[2]。在新闻伦理范畴，道义论的话语常见于对新闻业的社会责任的讨论之中。在传统新闻伦理体系中，新闻媒体的社会责任居于核心地位，因为一个负责任的新闻界被视为个体自由和制度民主的重要保障，一如哈钦斯委员会（Hutchins Commission）在报告《一个自由而负责任的新闻界》（*A Free and Responsible Press*）中所强调的：如果人民要想在拥有自由的同时为社会做出贡献，就必须确保他们拥有接近真实信息的权利，而且这些信息必须能够公正

---

[1] ANANNY M. Toward an ethics of algorithms: convening, observation, probability, and timeliness [J]. Science, Technology and Human Values, 2015, 41 (1): 93-117.

[2] DÖRR K N, HOLLNBUCHNER K. Ethical challenges of algorithmic journalism [J]. Digital Journalism, 2017, 5 (4): 404-419.

呈现每天发生的重要事务，以及这些事务对普通人的影响。"[1]

对于传统新闻伦理为新闻业设定的这一"宏大"的责任，受访的新闻从业者呈现出了观点的分化。其中，大部分受访者坚持新闻业在传统时代被赋予的这种社会责任，并通过对数字技术的某些偏向的批评，来强调新的伦理体系绝不可放弃对社会责任的坚守。例如，一位来自美国某新闻网站的编辑称："我其实从来都对算法所声称的'中立性'不以为然。对于某一条报道来说，大数据是有用的，也是高效的，但在总体的图景上，算法只会利用已有的数据，而这些数据对于我们理解整个社会永远是有限的。新闻要想发挥自己应有的作用，就必须克服这种'绝对客观'的话语，要看到数据并不是万能的。"还有一位来自英国的受访者则干脆认为，大数据往往是被操纵的，她反问："究竟人类生活的哪些领域的数据能够被收纳进所谓的'大数据'？又是哪些机构和人有资格对这些数据的质量和用处进行分类、分级？如果整个行业都把选择和判断的权力交给大数据和机器人，那么这个行业还能称自己为新闻业吗？我们还有资格称自己为新闻从业者吗？"从这些言论中可以看出，新闻的"社会责任论"不但在数字时代的新闻从业者群体中有着深厚的认知基础，而且在某种程度上成为其理解和探讨其他层面（比如机构层面、个体层面）的伦理问题的前提。很多新闻从业者用社会责任，以及与之相关的其他话语（如公共服务），来抵御或至少延缓数字技术给自己造成的心理冲击。

不过，也有一些受访者认为，数字技术本身其实并不存在破坏新闻业社会责任的偏向，恰恰相反，对于数字技术的正确使用也许可以令新闻业更好地履行其社会责任。例如，一位瑞士的受访者称："我们不得不承认，算法的确在某种程度上让我们关注到了以往不会去关注的东西，为我们看待某些事务打开了眼界，让我们能够理解一些社会现象的潜在意义，从而给读者提供更好的指引。"但持有这样观点的受访者往往也会同时强调"人"的因素不可或缺，即人对于技术的全面掌控是技术的发展能够服务于新闻业的"终极伦理"的保障。一如一位来自美国某报纸的受访者所说的："比起威胁来，我更愿意将数字技术的潮流看作是新闻业所面临的一个机遇，只要从业者对技术保持清醒，坚持新闻业的公共服务精神，那么整个行业有比过去更大的可能去克服责任和市场之间的矛盾，从而使整个社会的构成更加符合民主的精神。"当然，也不难发现，持有这一观点的受访者大多来自"数字化"成色更重的新闻机构，比

---

[1] HUTCHINS COMMISSION. A Free and Responsible Press [M]. Chicago, IL: The University of Chicago Press, 1947.

如新闻网站。在这些机构，新闻生产的技术和新闻分发的渠道已完全是数字化的，其从业者对技术的态度也更加温和，这在一定程度上印证了 Willnat 等人在2013～2014年展开的一项调查的结果：传统新闻媒体（电视和报纸）的从业者比其他新闻媒体从业者更重视新闻业的传播者（disseminator）角色，进而也拥有更加强烈的公共性理念。[1]

当然，也有少数受访者对"社会责任"这一概念本身提出了质疑，认为人们对这一概念的理解从始至终都是权力结构操纵的结果。如一位英国的受访者所言："在新闻业的社会责任中，很少包括对边缘群体和弱势群体的关注；追求'多数人'的利益其实是一种更加基础的、本质性的偏见，而数字时代到来以后这一点并没有根本性的改变。"不过，持这样观点的受访者很少，对支配欧美新闻业的权力结构（power structure）的分析，也超出了本章所要讨论的话题范畴。

总体而言，无论如何看待传播技术在新闻业的社会责任中扮演的角色，受访者皆普遍认同"社会责任"是新闻业在现代社会中存在、立足和发展的基本道义，这一点并未因为数字时代的到来而出现显著的变化。这也表明，至少从宏观层面来看，"社会责任论"在数字新闻伦理体系中仍然占有不可替代的位置，它既被新闻从业者用来规划自己在行业中的长远价值目标，也被运用于遏制数字化的新闻业可能出现的反民主倾向。不过，在数字技术环境下，新闻业的社会责任的内涵究竟是什么，还需要从业者和学界展开全面的反思和探讨。正像 Glasser 所指出的那样：新闻业不能在高扬民主大旗的同时，又以一种独断专行的立场去理解伦理问题……这样的新闻业不过是"披着民主外衣的独裁机构"而已。[2]

三、功利主义视角下的数字新闻伦理

功利主义的新闻伦理观主要源于边沁（Jeremy Bentham）的古典功利主义理论，这种伦理观的核心在于探索和追求如何在最大限度上令最大数量的人受益。[3] 在某种程度上，数字技术在新闻业内的迅猛发展与功利主义伦理观的盛

---

[1] WILLNAT L, WEAVER D H, WILHOIT C. The American journalist in the digital age: how journalists and the public think about journalism in the United States [J]. Journalism Studies, 2019, 20 (3): 423-441.

[2] GLASSER T. The privatization of press ethics [J]. Journalism Studies, 2014, 15 (6): 699.

[3] BENTHAM J. The Rationale of Reward [M]. London: Forgotten Books, 2015.

行有直接的关系：正是由于对数字技术的引入和使用能够在最大限度上提升行业效率，以更低的成本完成新闻的流通并令更大范围的用户"受益"，因此即使在传统新闻伦理体系内，也往往存在着支持和鼓励技术的倾向。在新闻从业者的日常生产实践中，追求"效率"和"受益"的功利主义伦理观一直有着强大的影响力，是新闻从业者采纳、理解和反思数字新闻生产技术的重要的认知依据。

然而，在访谈中发现，大多数受访者对于功利主义的伦理观持有较为强烈的批判态度，并将对这一观点的批评作为其反思数字技术的话语基础。其中，数字技术给新闻业带来的前所未有的"时效性"需求，成为其批判的重点。比如，一位来自瑞士的受访者称："当下新闻业的道德问题，几乎就是由新闻机构过分追求时效造成的，每一个新闻机构都想抢在同行之前提供信息以获得最大的收益，这不可避免导致新闻中存在比以往更多的错误，这种错误正在一点一点将新闻变成一个可笑的东西。"另一位来自美国的受访者也表示："对速度的追求，迫使记者和编辑不得不与用户合作以获得一手信息，也迫使新闻机构不得不投入大量的精力去解决纠错的问题。如果为了速度连基本的准确性都不要了，那么还有什么理由让公众相信新闻是为他们的利益服务的呢？"当然，甚少受访者会明确将日常新闻生产中这种为竞争而牺牲准确性的现象与一般意义上的"数字技术环境"联系起来，他们更多是在批评新闻机构和新闻从业者的具体选择。在某种程度上，这也体现出了新闻从业者对于自己"在新闻生产中的垄断地位"受到的威胁做出的反应——他们感觉自己是在"被迫"做出过于功利主义的选择。

在具体的技术应用层面上，受访者的批评和反思主要集中在大数据和算法两个领域。

针对大数据，受访者大多强调其可能导致的两类伦理问题：一是隐私权问题，二是数据操纵问题。例如，一位来自英国的受访者指出："记者被要求使用数据来完成报道，但却无法决定数据的来源，比如，这些数据是不是用非法的手段收集来的？拥有这些数据的公司在多大程度上可以保证数据的合法和透明？更重要的是，这些数据在被记者和编辑使用之前，是不是存在被篡改的可能？对于这些问题，新闻机构或许还能知悉一些，但记者完全是一头雾水的。"而一位来自美国的受访者也称："必须要警惕数据对私人空间的侵袭，尤其是……当这些数据被用于新闻报道，它所产生的破坏力将是我们难以想象的。"很多受访者认为，尽管与数据来源相关的很多问题都是法律问题，但新闻机构在使用这些数据的时候却不得不在道德和效率之间做出选择。一些受访者失望地表示，在这种情况下新闻机构往往会选择后者，做出这一选择多半是迫于生存压力。

至于算法，受访者的意见较为集中：多针对算法的透明性问题。很多受访者表示自己的专业技能不足以对自动化报道生成的整个过程进行必要的干预，因而产生了一种失控感。一位来自英国的受访者表示："在过去，保护新闻源是全行业的一个不言自明的准则。但是，当算法代替记者和编辑做了绝大部分工作，我认为新闻源也相应地不应该继续是一个秘密。"还有一些受访者表示，算法的不透明有可能导致很多实际的问题，比如信息的准确性。一位美国受访者提到，美联社曾在一篇商业报道中，因算法的编码过程出了问题而生成了错误的内容，将某公司过去一年的经营情况完全弄反了。用这位受访者的话来说："如果算法的编码过程没做好，那么软件完全有可能自动生成错误的报道。更糟糕的是，对于编辑来说，这个过程是完全无法介入的，我们只能在报道发布之后，再去纠错。我想，这严重地损害了新闻的公共价值。"此外，还有受访者提出，基于算法的自动化报道或许不应该被视为严格意义上的"新闻"，而应该有专门的生产规范和伦理规则。

总体而言，在较为中观的层面，受访者普遍表示了对数字技术冲击下的新闻机构过分追求效率、收益和影响力的功利主义态度的批判。大多数人认为，应当强化"人性"在新闻生产机制中的重要性以制衡日趋失控的功利主义倾向。至于如何在日常生产实践中体现"人性"的存在和影响，大多数受访者并未达成共识。但无论如何，受访者均在如下问题上持有高度相似的观点，那就是新闻机构应当对数据的来源、编码的质量以及经算法生成的报道可能具有的潜在法律及道德风险进行更加严格的审核，同时也应当在盈利和新闻报道质量之间做好平衡。在数字媒体时代，显然新闻从业者对新闻机构的操守提出了更高的要求。对于数字时代的新闻机构而言，平衡功利主义和人本主义（humanitarianism）之间的关系或许将是一个持续存在的伦理难题。

四、新闻从业者对自身的美德要求

在伦理学体系中，美德主要关注的是个体对自身的道德要求。简而言之，就是个体对于"我应该做一个什么样的人"的思考和回答。对于新闻从业者来说，对美德问题的认识不可避免要受到新闻业的行业规范和从业者的主流身份认同的影响。因此，新闻从业者的美德是人性美德与职业美德相融合的产物。传统新闻伦理体系下的美德标准较为多元，但这些标准可被大致归结为三方面的要求：性质（character）先于结果（consequences）、"善"（good）先于"对"（right），以及主体相涉（agent-relative）价值与主体中立（agent-neutral）价值并重。[1] 在新闻从业者的个体认知中，上述三方面的要求往往具体化为一系列行为原则，包括关切（care）公众及弱势群体的利益，避免对无辜的人构成冒犯或伤害，尽量以客观的方式呈现与自身所在社区或群体利益相关的冲突，努力追求报道过程的程序合法及正义，等等。[2] 这些行为原则对于新闻从业者的职业身份认同，以及他们对自身与行业、自身与社会之间关系的思考，发挥着至关重要的作用。

总体而言，对于传统新闻伦理的各项美德原则，受访者均保持着较为强烈的认同。绝大多数受访者认为，新闻从业者应当具有一种源于公共服务精神的"善"，尽管在日常工作中要遵从理性和客观的要求，但"善"应当是理性和客观的基础。正如一位瑞士的受访者所说："要想成为一名好新闻记者，你首先要是一个好人……当然，这不是指你要同情心泛滥，或者时时刻刻想要做拯救地球的英雄。善良是贯串在日常新闻工作中的，如同一种世界观，它的存在确保你的新闻报道并不仅仅是冷冰冰的事实和不关己事的冷漠。"还有一位美国的受访者提出，"善良与否"主要体现在新闻从业者对待公权力和对待公民个体的态度的差异上——在很多时候，对公权力的审视越是严苛和冷酷，反而表明了从业者的行为越是合乎善的法则。几乎所有的受访者都认为，对个人美德层面的"善"的追求，并没有因新闻生产的技术环境的变化而发生根本性的改变。

但尽管如此，受访者还是对于数字技术可能对从业者的总体美德水平构成的侵蚀表示担忧。相当一部分受访者认为，数字技术给记者和编辑群体带来了太多的"诱惑"，而新闻从业者要想抵御这些"诱惑"，就必须对技术的负面效应有更加清醒的认识。比如，一位英国的受访者认为，数字技术在某种程度上"诱使"从业者将自己变成业务上的多面手，这诱发了新闻生产的结果导向的问题。他说："我认为应该将那种需要时时刻刻盯着最新的信息流、留意其他媒体报道的标题、关注社交媒体上的讨论的职位，和那种需要人潜下心来寻找有价值的选题、撰写有深度的文章、追求专精于某一领域的职位区分开来。将

---

[1] QUINN A. Moral virtues for journalists [J]. Journal of Mass Media Ethics, 2007, 22 (2-3): 168-186.

[2] STEINER L, OKRUSCH C M. Care as a virtue for journalists [J]. Journal of Mass Media Ethics, 2007, 21 (2-3): 102-122.

生产调查性报道的人和只知道在推特及 Facebook 上发帖子的人混为一谈，是十分可笑的。"而在另一位瑞士的受访者看来，数字技术对时效性的过分强调仍然是最值得警惕的伦理危机："在数字化之前，编辑部门已经是24小时不间断运转的了。数字化完成后，情况变得更加荒唐可笑，很多编辑甚至会因为偶尔离开了自己的办公桌而产生愧疚感，因为他们觉得自己浪费了太多时间……我们常说假新闻越来越多，这实际上是新闻从业者在时间的压力下不可避免会犯的错误。"

很多受访者认为，新闻从业者的美德在很大程度上体现在他们生产的新闻不止揭示事实本身，而且也能够让新闻符合某种程度上的正义性。例如，一位美国的受访者即表示，算法在新闻生产中的推广在很大程度上印证了人的价值判断的重要性。他说："算法只会执行程序的命令，而不会对选题和表述做出合乎人情的判断。我很担心一种情况发生，那就是当越来越多的新闻报道是由程序自动生成的，记者们会渐渐习惯于这种过于冷静，甚至过于'客观'的新闻。这样一来，新闻最重要的一项使命就被忽视了，那就是让读者能够知道自己究竟如何在当下的社会环境下做出正确的选择。"也有受访者指出，数字技术其实并不必然带来负面的影响，它对"协同性生产"（participatory production）的强调或许会令新闻从业者更多地理解和吸纳普通用户的观点，从而使其观念和行为更加符合"善"的标准。当然，持这一观点的受访者大多供职于数字化程度较高的新闻机构。如美国某新闻网站的一位受访者称："数字新闻记者其实已经拥有了属于自己的（伦理）标准，而这套标准其实是在从业者的公众的协同关系中被制定出来的。由于读者在规则制定的过程中有越来越大的话语权，因此记者的行为也就要受到更多力量的制衡。"

但无论持有何种观点，绝大多数受访者都对新闻从业者的美德给予很高的重视。一些受访者甚至认为个体的美德水准的重要性要高于整个行业所设定的共同的价值标准，正像一位瑞士的受访者所说："当行业的规则与自己内心的选择发生冲突时，应当坚定不移地选择后者。"这实际上体现出了传统新闻伦理体系在从业者个体认知和情感层面的稳定性。这一结论在某种程度上印证了 García-Avilés 的观点：新闻从业者对自身的美德要求并未因新闻机构的类型（传统或数字）差异而有本质的变化，作为"实践共同体"（community of practice）的新闻从业者"有能力很好地应对当下的种种伦理挑战"。[1]

---

[1] GARCÍA-AVILÉS J A. Online newsrooms as communities of practice: exploring digital journalists' applied ethics [J]. Journal of Mass Media Ethics, 2014, 29 (4): 269.

五、数字新闻伦理体系的挑战与目标

本章采用成熟的分析框架,分别在道义论、功利主义和美德伦理三个层面,以深度访谈的方法,对数字媒介环境下的新闻伦理体系进行了探索。通过对来自一线新闻从业者的伦理认知、认同状况的归纳,本章认为,对于数字新闻伦理体系的建构工作在宏观、中观和微观三个层面,面临着不同的任务和挑战,也有不同的目标。

在宏观(新闻行业)层面上,传统的社会责任话语始终在一线新闻从业者的认知中占据核心地位。尽管人们对于数字技术和新闻业的社会责任之间的关系形成了不尽相同的理解,但这并未动摇"社会责任"本身作为现代新闻业的道义基石这一事实。新闻业以民主为价值宗旨,通过生产和传播基于事实的信息的方式推动社会进步,这一点并未因数字时代的到来而有所改变。在我们对数字新闻伦理体系进行建构时,仍需紧扣"社会责任"这一价值内核,以追求民主作为新闻伦理道义论的基础。

在中观(新闻机构)层面上,本章发现,数字技术的介入无节制地放大了传统新闻伦理中的功利主义面向,从而在日常生产实践中制造了功利导向的伦理危机。数字新闻机构存在盲目追求效率、价值虚无以及技术崇拜的倾向,"人"的存在和价值则受到不同程度的轻视,这凸显出了在我们"将计算机伦理移植到新闻场域时"[1],积极而有效地引入人本主义观念的重要性。因此,在日常生产和机构运作层面,以人本主义遏制功利主义的蔓延,强调人相对于数据和算法的价值主体地位,并针对各类数字技术的具体特征探索建立可为全行业普遍遵守的新生产规范,是数字新闻伦理体系建构的核心任务。

在微观(新闻从业者个体)层面上,不难发现在数字技术的影响下,美德原则的重要性大大提升,其"权重"甚至在很多情况下超越了整个新闻业的社会责任。数字技术的普及显然在从业者和行业、机构之间制造了矛盾,记者和编辑不再充分信赖行业和机构能够"代表"自身,在面对伦理挑战的时候做出"善"的选择。因此,与传统新闻伦理体系不同,数字新闻伦理中的个体美德和全行业的社会责任不再基于逻辑上的一致性。恰恰相反,越来越多的新闻从业者会以一种更加自我、更加个人化的标准,在遭遇伦理困境时做出符合美德

---

[1] SPINELLO R A. Cyberethics: Morality and Law in Cyberspace [M]. Sudbury: Jones & Barlett, 2011: 11.

标准的选择。如何在技术哲学的框架内，调和新闻行业社会责任和新闻从业者的美德标准两者之间的关系，透过两者表面的冲突，建立起一种具有内在连续性的观念体系，也是数字新闻伦理体系建构的重要工作。

因此，我们不妨将社会责任、人本主义和美德原则作为数字新闻伦理体系的三个核心观念支柱。而对于未来的新闻伦理研究来说，如何弥补抽象而宏大的"社会责任"与人本主义、美德原则等嵌入具体新闻生产实践和个人选择的伦理原则之间的逻辑裂缝，是一项重要而紧迫的任务。

第十一章 体系重构：走向数字化未来的新闻教育

本章提要

本章基于对美国、英国和瑞士三个国家共106位一线新闻从业者和新闻用户的深度访谈，通过挖掘和分析来自欧美主流新闻机构的一手质化资料，尝试就数字时代新闻教育体系的变革模式展开探索性的研究。本章认为数字时代的新闻教育应当首要是一种价值教育，这种教育必须要立足于批判性思维培养，淡化传统新闻教育的职业化和标准化色彩，并协调好新闻技能训练和技术操作训练两者之间的关系。本章进而提出新闻教育不应过于迎合行业的短期操作性需求，而应当为未来的新闻人提供有助于他们更好地理解新闻业所处的社会语境的知识体系。

一、新闻教育是不是一种职业教育

我们的数字新闻生产理论建构工作，始终要落脚于对现有新闻教育体系的反思和再造，这是因为无论前沿的生产实践还是前沿的教育理念，其出发点是完全一致的，那就是为新闻业的未来塑造合格的从业者，实现新闻教育界与业界的良性互动和协调发展。詹姆斯·凯瑞（James Carey）曾指出，新闻教育的诞生与"新闻从业者时代的到来"是同步发生的，尽管随着时代的发展，社会对既有的新闻教育体系不断提出新的需求，但新闻教育的基本理念长期保持着稳定性，[1]那就是"以新闻从业者为中心，立足于新闻业的基本功能，即信息的搜集、评估、生产和分发"。[2]在整个社会科学领域，像新闻学这样将对

---

[1] CAREY J. Some personal notes on US journalism education [J]. Journalism, 2000, 1 (1): 12-23.

[2] MENSING D. Rethinking [again] the future of journalism education [J]. Journalism Studies, 2010, 11 (4): 511.

某一特定职业的从业者的培养置于发展的核心地位的学科并不多见。当然，新闻教育的这种鲜明的职业导向和行业导向，也不可避免带来了新闻学研究与教学之间持续的张力：学界时常希望为业界提供支持和引导，而业界却往往认为这不过是学界的一厢情愿。[1]

数字技术对前沿新闻生产实践的"入侵"并未在根本上改变新闻教育的这一特征，却反而强化、丰富了学界和业界对"理想的新闻从业者"的想象和期盼。在数字时代，"理想的记者"这一概念的内涵被赋予了技术化的色彩，符合行业"标准"的记者尽管仍被要求具有专业的信息生产和分发能力，但这种能力显然已经跟对前沿传播技术的掌握分不开。技术素养的重要性被置于传统新闻专业能力之上，是主流新闻教育体系早在数字技术方兴未艾之时就不断形成的"新传统"，一如 Salcetti 在1995年时指出的："新闻从业者的劳动的边界和价值，是由他们于新闻生产的过程中所处的技术地位所决定的。"[2]

与理想化的新闻从业者（进而也就延伸到这些从业者所构成的新闻机构和新闻行业）之间的紧密关系，迫使新闻教育必须不断对前沿新闻业的技术环境做出回应，以比其他学科快得多的速度进行理念和教学体系的迭代。因此，有两位学者生动地以"忧心忡忡的天性"（the fraught nature）来形容新闻教育。[3] 简而言之，新闻教育必须调和传统的技能训练体系与日新月异的技术条件之间的关系，既要确保维系自身在理念和价值目标上的稳定性以巩固新闻学院在大学建制中的合法地位，也要确保能够向新闻业源源不断地输入合格的"准从业者"以证明自身在社会发展中的存在价值，几乎无法同时令双方满意。用 Lynch 的话来说，新闻教育始终处于"不断要求学界为业界的利益服务"的重压之下，而这一重压在当下所体现出来的最显著的特征，就是"数字优先"（digital first）。[4]

---

[1] DEUZE M. Global journalism education: a conceptual approach [J]. Journalism Studies, 2006, 7 (1): 19-34.

[2] SALCETTI M. The emergence of the reporter: mechanization and the devaluation of editorial workers [C]// Hardt H, Brennen B. Newsworkers: Toward a History of the Rank and File. Minneapolis, MN: University of Minnesota Press, 1995: 49.

[3] CREECH B, MENDELSON A. Imagining the journalist of the future: technological visions of journalism education and newswork [J]. The Communication Review, 2015, 18 (2): 145.

[4] LYNCH D. Above and beyond: looking at the future of journalism education [EB/OL]. Knight Foundation [2015-02-19]. https://knightfoundation.org/reports/above-and-beyond-looking-future-journalism-educati.

本章的论述就是在上述经验基础上展开的：一方面，在"技术优先"的现实条件和传统新闻教育理念和体系之间存在着持续不断的张力，迫使新闻学院和新闻教育者做出选择以应对危机；另一方面，随着"理想的从业者"的想象图景在数字技术的冲击下发生改变，在新闻行业内部也会对既有的新闻教育体系形成某种共同的期望，以追求当下历史条件下的新闻学理价值和行业利益的协调一致。因此，为了探索数字时代的新闻教育应当朝着什么方向发展，我们必须厘清两个问题：第一，在主流新闻教育体系下，技术话语究竟扮演了什么角色、处在怎样的位置上；第二，正处于数字化转型过程中的新闻行业究竟对"理想的从业者"有着怎样的期望，进而对既有新闻教育模式的改变提出了什么要求。

具体而言，本章将首先通过对相关文献的梳理，回顾、评述技术话语在新闻教育体系中的存在方式；再通过对美国、英国、瑞士三个欧美国家一线新闻从业者的深度访谈，探索符合数字新闻行业诉求、能够在数字化未来实现长足发展的新闻教育模式。

二、新闻教育中的技术话语

在现代新闻教育发展的历程中，传播技术的迭代始终扮演着重要的角色；技术训练应当在多大程度上被纳入新闻教育，也是主流新闻学院长期面临的挑战。[1] 早在20世纪80年代，尽管计算机科技尚未被全面引入新闻生产机制，但已有学者不无担忧地指出，如果传媒教育不能够给学生提供充分而必要的技术训练，那么它只能培养出整整一代"僵尸"式的"人才"，完全无法适应时代的飞速变化。[2] 类似的话语，跟电视完成普及时新闻业对新闻教育的忧虑如出一辙。[3]

关于技术在新闻教育体系中究竟应当占据什么样的位置，长期存在着三种基本观点。

---

[1] PAVLIK J. A version for transformative leadership: rethinking journalism and mass communication education for the twenty-first century [J]. Journalism & Mass Communication Educator, 2013, 68 (3): 211-221.

[2] ALDER K, VANDEN BERGH B. Advertising graduates need to prepare for new technologies [J]. Journalism & Mass Communication Educator, 1984, 39 (1): 27.

[3] PAVLIK J. The impact of technology on journalism [J]. Journalism Studies, 2000, 1 (2): 229-237.

第一种观点认为，应当在立足于基本报道能力（即信息的搜集、制作与分发）训练的基础上，有限度、有节制地纳入对技术的训练，关键在于不能让技术训练凌驾于新闻技能训练之上。[1] 也就是说，技术类的课程在新闻学院的教学体系中，应当更接近于一种思维方式和素养的培训；新闻教育的重点仍应立足于对新闻内容的遴选和判断，而不是将新闻制作出来的具体技术。[2] 如果我们对持有这一观点的人的陈述话语进行分析，会发现：这种观点尽管将"能力""技能"等作为新闻教育的主要内容，但其在本质上仍然强调新闻教育是一种价值教育；"理想的从业者"也应当与新闻行业那些最直接也最易变的需求保持距离。正如 Hyde 在20世纪30年代时就强调的：新闻教育应当"把那些无法在报纸编辑室里学到的东西教给学生"，让新闻学院的毕业生成为某种意义上的"理论家"。[3]

第二种观点则针锋相对，认为技术应当在新闻教育中处于核心位置，并主张对原有的新闻技能训练体系进行颠覆性的改革，以匹配"技术优先"的行业利益需要。[4] 在近几年，由于数字技术以极大的力度不断重塑新闻业的版图，因此这一种观点显得日趋强势，形成了本章开头所说的"新传统"。究其本质，这种观点兼具技术决定论和实用主义色彩，将新闻行业的现实利益作为指引新闻教育发展的核心指标，其话语依据则主要来源于传统观念里新闻教育和新闻行业之间天然的密不可分的关系；这种关系要求新闻教育必须有能力培养出"上手快"（work-ready）的准新闻人，而对各种新式传播技术和制作程式的熟练掌握，则被普遍视为新闻专业毕业生最主要的竞争力。[5] 相比之下，"老式"的新闻技能训练则退居次要位置，甚至在一些情况下被视为必将被算法淘汰的技能。

---

[1] BEARD F K. Implementing PC technology with organizational change: some obstruct potential of computers in courses [J]. Journalism Educator, 1991, 46 (1): 70-73.

[2] BLOM R, DAVENPORT L D. Searching for the core of journalism education: program directors disagree on curriculum priorities [J]. Journalism & Mass Communication Educator, 2012, 67 (1): 70-86.

[3] HYDE G M. The next steps in schools of journalism [J]. Journalism Quarterly, 1937, 14 (1): 35-41.

[4] SHIRKY C. The political power of social media: technology, the public sphere, and political change [J]. Foreign Affairs, 2011, 90 (1): 28-41.

[5] WENGER D L, OWENS L, THOMPSON P. Help wanted: mobile journalism skills required by top US news companies [J]. Electronic News, 2014, 8 (2): 138-149.

第三种观点则较为温和，这种观点主要从新闻业所处的综合性社会语境出发，提出新闻教育应当努力追求新闻思维和技术思维、报道训练与技术训练之间的平衡。例如，Anderson 指出，关于数字时代的新闻教育的讨论必须落脚在具体的制度设计上，理念之争没有太大意义，新闻教育界需反复不断地思考"平衡点在什么地方"这样的问题，而且这个平衡点也是随着语境的变化而变化的。[1] 在这一观念前提下，不少学者展开了更有针对性的实证研究，比如新闻学院教师究竟应当具备什么样的素养以确保其有能力给学生提供"平衡的训练"，[2] 以及在日常教学体系中增设技术训练带来的教育成本提高的问题。[3] 值得注意的是，强调"平衡"的观点在对数字时代的新闻教育体系进行设计时，最终往往落脚在对"教育者"这个角色的重塑上——他们既是课程的教授者，也是教学体系的设计者和执行者。一方面，选择新闻学院教师这个职业就必然意味着要根据从业环境的需求不断在"技术技能"和"传统新闻技能"之间做出灵活的取舍，但这几乎是不可能完成的任务；[4] 另一方面，新闻学院教师作为知识分子，有着与业界利益保持距离的道德要求，但这种距离在日常教学实践中又不可避免会导致学生技能训练欠缺、与行业前沿实践脱节的问题。[5] 总体而言，持有"平衡"观点的人普遍对于新闻教育的发展呈现出悲观的态度，[6] 认为传统新闻教育"绑定"行业利益的"基因"难以改变，因此新闻教育也就

---

[1] ANDERSON C W. The sociology of the professions and the problem of journalism education [J]. Radical Teacher, 2014, 99: 62-68.

[2] SINGER J. Who are the guys? The online challenge to the notion of journalistic professionalism [J]. Journalism, 2003, 4: 139-163.

[3] VOAKES P S, BEAM R A, OGAN C. The impact of technological change on journalism education: a survey of faculty and administrators [J]. Journalism & Mass Communication Educator, 2002, 57 (4): 318-334.

[4] MAHARIDGE D. These journalists dedicated their lives to telling other people's stories: what happens when no one wants to print their words anymore? [EB/OL]. Nation [2016-03-02]. https://www.thenation.com/article/these-journalists-dedicated-their-lives-to-telling-other-peoples-stories/.

[5] CHUNG D S, KIM E, TRAMMELL K D, PORTER L V. Uses and perceptions of blogs: a report on professional journalists and journalism educators [J]. Journalism & Mass Communication Educator, 2007, 62 (3): 305-322.

[6] MCDEVITT M, SINDORF S. How to kill a journalism school: the digital sublime in the discourse of discontinuance [J]. Journalism & Mass Communication Educator, 2012, 67 (2): 109-118.

无法在真正意义上实现自足的变革。

通过上述归纳分析，我们不难发现：关于技术究竟在新闻教育中扮演何种角色的讨论，表面上看是关于技术训练和传统新闻训练之间究竟是什么关系的问题，但实质上仍然是"新闻教育的本质到底是价值教育还是技能教育"的问题——对于这个问题的争论，从世界上第一个新闻学院诞生之日起，就从未停止过。而数字技术的出现和发展，不过是为这个老生常谈的争论提供了新的语料而已。新闻教育若要持续存在，就必须要对这种"路线之争"有清醒的认识。接下来，本章将通过深度访谈的方法，从一线新闻从业者处获得一手的质化资料，并在此基础上展开对数字时代新闻教育发展方向的推断。

三、数字时代的"理想的新闻从业者"

本章的理论化工作，同样基于笔者对美国、英国和瑞士三个国家共106位一线新闻从业者和新闻用户的深度访谈。在这一章中，笔者尝试通过勾勒一线新闻从业者想象中的"理想的从业者"的形象，来探讨数字时代新闻教育的内在规律和变革方向。在整理和分析质化资料的过程中，本章主要在 Ferrucci 设计的理论框架[1]的基础上进行拓展和深化，将技术采纳（technological adoption）、批判性思维（critical thinking）和专业主义（professionalism）作为衡量"理想的从业者"的三个维度。在对资料进行呈现和分析的过程中，本章将着重考虑技术因素对受访者的认知和态度产生的影响。

1. 新闻教育中的技术训练

技术采纳维度，主要指的是受访者对于主流新闻学院课程对学生的技术训练程度与深度的评价。如前文所述，技术训练究竟应该在新闻学院提供的技能训练中占据多大比例、多重分量，一直是学界和业界争论不下的问题，但这又是我们思考新闻教育未来发展方向时无法回避的焦点议题。

在访谈中发现，尽管绝大多数受访者都同意新闻学院必须提供充分而必要的技术类课程以确保即将入行的新人能够更快地适应行业环境，但他们也普遍认为，新闻学院提供的传统报道技能训练不足是更加严重的问题。比如，一位来自美国的受访者指出，新闻学院的毕业生越来越不会讲故事，尤其是不会使用他们所熟练掌握的技术手段（如摄像机）讲故事。这位受访者说："技术要

---

[1] FERRUCCI P. "We've lost the basics": perceptions of journalism education from veterans in the field [J]. Journalism & Mass Communication Educator, 2018, 73 (4): 410-420.

想有用，前提是它真的能被用于工作之中。如果一个新人不具备做新闻的基本能力，那么他就算学习了再多的技术，也只能是浪费。"一位来自英国的受访者也发表了类似的观点，他认为新闻学院的首要任务是培养"新闻"从业者，这样的从业者必须要能够熟练使用基本的技术工具，但技术只是制作新闻的手段而不是目的，"除非新闻学院改变自己的定位，不但培养记者，也培养技术操作人员，否则讲故事——以最佳的方式讲故事——永远有最高的优先级"。此外，也有一些受访者认为，新闻教育近年来过分倾向于技术训练是一种"矫枉过正"。一位瑞士的资深编辑说："我感觉新闻学院被行业如此巨大的变化吓坏了，而整个行业也弥漫着夸大技术的影响力的空气，这极大地误导了新闻教育界。"

还有一些受访者认为，新闻学院现有的技术类课程更多的只是教会了学生使用技术的具体方式，却没能令学生掌握"技术的思维"或"技术的精髓"，这种思维能够帮助新闻专业毕业生使用各种类型的媒体——印刷、广电、网站、移动媒体等。一位来自美国的受访者指出："技术的思维……是新闻从业者在数字环境下理解新闻读者的新视角。在老式的新闻教科书里，受众其实是一个模糊的存在。但是在拥有了数字技术的思维后，记者和编辑会更加明确自己面对的究竟是什么人。"当然，对于究竟什么是"技术的思维"，受访者给出的答案各不相同。但无论如何理解这个问题，我们都可以判断：至少就目前的行业生态来说，强化技术训练并不能弥补传统新闻技能训练的不足，对某一种或某一些技术的熟练掌握也并不必然可以令新闻学院的毕业生在职场上具有更大的竞争力。

当然，也有少数受访者对技术持有较为狂热的态度，认为新闻学院应当加大对技术类课程，尤其是编程类课程的开发和投入，并使所有毕业生都能够成为"内容生产＋产品设计"的全面型人才。如一位美国的受访者所说："目前来看，对于想从事新闻行业的人来说，最重要的技能就是用软件来讲故事，用代码来做新闻，尽管这样不能确保你成为一个好记者，但却能够使你比别人更容易被各种类型的新闻媒体雇用。"不过，一位瑞士的受访者也指出，新闻机构对擅长技术的从业者的青睐，其实在很大程度上是出于一个很现实的考虑——节约成本。她说："媒体机构之所以期待记者懂技术，是因为在编辑室内还没有形成正确的劳动分工，经营的压力迫使媒体抬高行业的准入门槛……但这绝非长久之计。"Creech 和 Mendelson 也在研究中发现，新闻机构迫于生存压力，有意无意地将"懂技术的记者树立为新闻专业学生的榜样"，从而将自身的生存压力"转嫁"给新闻学院，但这绝非行业良性发展的长久之计。[1]

总体上，受访者对于技术采纳究竟应当在新闻教育中占据什么地位这个问题，普遍持有一种既调和又怀疑的态度。不少受访者曾长期供职于报纸、电视、广播等传统媒体，经历过新闻业的数字化转型带来的阵痛，因此在潜意识里排斥将技术堂而皇之地纳入新闻技能的核心范畴。但与此同时，他们又无法否认不充分的技术训练已经成为当下新闻教育脱节于行业实践的一个重要的表征，"非数字"的新闻教育将极大地损害新闻教育之于新闻业发展的重要性和影响力。

2. 批判性思维的不可替代性

批判性思维是当代新闻教育核心理念的重要组成部分，进行这种思维训练的目的在于约束新闻技能训练可能带来的过度实用主义和利益导向的趋势，令学生在对信息进行收集、呈现和分发时，能够对自己行为的性质和后果做出必要的评估，使新闻生产活动在总体上指向全社会的民主和公正。[2] 不少关于数字时代新闻教育的行业调查结果都显示，批判性思维训练的缺失始终是需要关注的焦点；数字化新闻生产重效率、去深度的潮流进一步凸显出年轻的从业者缺乏批判性思维能力可能导致的问题。

绝大多数受访者都表示，新闻学院在培养学生的批判性思维方面长期存在着不足，这种不足在数字时代到来之后变得更加尖锐，因为对技术的"拥抱"在一定程度上进一步加剧了新闻教育的去价值化。例如，一位美国的受访者称："新闻学院从头到尾都过于强调工作技能（job skills），但我认为这不应该是我们送孩子去读大学的原因，也不应该是新闻行业对新闻教育界的基本要求。我已经做了十几年的记者，经验告诉我，技能是谁都可以在很短的时间内掌握的东西，但如何理解和解释一个新闻故事，如何判断这个故事会给公众带来的影响，则是很多人从始至终都搞不清楚的。"一位瑞士的受访者也说："学院不是电视台，学院需要让学生能够真正地理解受众是怎么想的……太多新闻学院的毕业生根本不知道为什么语境（context）有那么重要。"

相应地，几乎所有的受访者都认为，新闻学院在对自己的课程体系进行改进的时候，必须要对批判性思维能力的提升给予足够的重视。一位英国的受访

---

[1] CREECH B, MENDELSON A. Imagining the journalist of the future: technological visions of journalism education and newswork [J]. The Communication Review, 2015, 18: 143.

[2] DU Y R, THORNBURG R. The gap between online journalism education and practice: the twin surveys [J]. Journalism & Mass Communication Educator, 2011, 66 (3): 217-230.

者认为，必须要强化对新闻业的历史的讲授，因为"今天的很多经验都存在于我们对历史的理解之中"。这一观点得到了几位美国受访者的支持，他们也认为现有新闻教育体系对新闻史的轻视在很大程度上导致了毕业生批判性思维能力的缺乏。还有一位瑞士的受访者提出，在教授技术类课程的时候，必须用较多的精力去教会学生"技术的哲学"，也就是支配现代技术发展的社会动力和基本逻辑。几位受访者不约而同地提出，设立在研究型、综合性大学的新闻学院将比其他类型的新闻学院更有能力培养出优秀的新闻从业者，因为这样的新闻学院往往有更丰富的学术和课程资源为新闻专业的学生提供批判性思维方面的充分训练。

甚少受访者会将技术训练和批判性思维培养对立起来，但还是有一些受访者认为，新闻业的数字化转型并不必然意味着新闻教育的数字化转型。恰恰相反，教育的基本目标在于"给学生以全面的、清楚的认识"，而不仅仅是"教会学生怎么写新闻稿"。一位资深的美国新闻编辑有些无奈地说："现在涌入网站的新闻专业毕业生……通常都不会思考，他们在学校里学会的只是怎么制作（make）新闻，而不是怎么讲（tell）真正意义上的故事……更糟糕的是，当我试图向这些会写代码的学生解释思考的重要性时，他们大多露出十分诧异的表情，好像我说的是天方夜谭。"这些资料或许表明，在数字技术的冲击下，新闻行业真正的人才需求和新闻学院想象中的人才培养方案之间，存在着巨大的裂痕。在很多数字新闻行业的资深从业者看来，"技术训练欠缺"自始至终都不是新闻教育最主要的问题。

从批判性思维的维度上，我们看到了当下新闻教育体系的设计者在观念上与真正的行业需求的脱节，这种需求不是应激反应式的，而是文化意义上的。上述脱节或许自新闻教育诞生之日起就一直存在，但数字技术的普及令其以一种更加突出的形式"上升"到了新闻相关行业讨论教育问题的话语体系之中。尤其值得我们注意的是，大多数受访者在谈及批判性思维在新闻教育中的缺失时，都不认为"技术"于其中扮演了什么重要的角色，这表明他们对于"新闻教育应当首要是一种价值教育"的共识其实一直存在。当然，由于本书的受访者大多是拥有一定行业经验的从业者，他们或许无法体会"入行"的技术门槛对于新闻专业毕业生的重要性。但尽管如此，我们仍可以做出判断：数字技术在新闻行业的普及，并未撼动行业关于"新闻教育是一种价值教育"的基本定位。

3. 被质疑的新闻专业主义

一般认为，新闻专业主义（journalistic professionalism）是欧美新闻教育的观念支柱。对于新闻教育来说,专业主义既是各种技能训练的总法则,也是为新闻职业和其他职业划定边界的意识形态,它为理性化的新闻实践设定标准,确保新闻业的核心价值体系不会被社会结构的变动侵蚀,进而实现"新闻职业的标准化"。[1] 在具体的教育方针中,专业主义扮演了双重角色:一方面,它是各种新闻操作的道德指南,确保新闻生产过程符合新闻行业的主流价值体系;另一方面,它也是一种权力的来源,在社会的信息生产和流通领域,令未来的新闻从业者掌握必要的话语武器(如客观、中立、责任)和法律依据(如美国宪法第一修正案)。[2]

然而,对于原有专业主义理念及其在现代新闻教育中所扮演的角色,不少受访者提出了质疑,这种质疑或许可以被我们理解为数字技术冲击下新闻从业者的专业/职业理念的动摇。一些受访者认为,专业主义墨守成规,无论在指导操作层面还是在价值追求方面,都不足以维系其在数字时代的地位,新闻教育界需要和业界共同思考专业主义自身的变革问题。例如,一位美国受访者指出,随着数字技术的发展,越来越多的短新闻的生产将逐渐由算法完成,"客观报道"在新闻行业的基础性地位将不复存在,相应地,新闻教育界也应当逐渐舍弃对客观主义的专业理念的执迷。她说:"未来的新闻业应当是真诚的新闻业,客观报道仍然存在,但人的价值需要转移到另一个方向上去,那就是对社区和群体的共同情感的维系。"持有这样观点的人虽然不多,但显然他们对这个问题的思考比其他人更加深入。正像一位瑞士的受访者所说的:"我们必须要面对一个残酷的现实,那就是我们以往在大学里学到的东西,可能很快就会被这个行业所淘汰……正确的处理方法就是向前看,去勇敢地做出改变。"

此外,还有一些受访者提出,新闻教育应当严肃地思考如何将技术的思维融入专业主义话语体系的问题,这是因为专业主义理念随着新闻职业化的发展而形成的时候,技术对行业的冲击和改变仍然是缓慢而隐性的,而今天我们面对的局面要激烈和复杂得多。一位英国的受访者认为,现有的专业主义理念是处于"把技术因素摒除在外的真空之中"的,新闻教育要想实现变革,就必须"从原有的框架里跳出来,意识到新闻业追求事实的方法并非只有'客观'和'调查',新闻和读者之间的关系也比想象中要复杂得多"。一位瑞士的受访者

---

[1] BECKER L B, FRUIT J, CAUDILL S. The Training and Hiring of Journalists [M]. Norwood, NJ: Ablex Publishing, 1987: 19.

[2] BORDEN S. Journalism as Practice: MacIntyre, Virtue Ethics and the Press [M]. Burlington, VT: Ashgate Publishing, 2007.

甚至提出："也许数字时代不需要专业主义，新闻职业的边界也没有必要过于分明，只要整个行业在追求更大范围的社会民主，它的存在就永远有价值。"

值得注意的是，尽管上述观点都旨在消解以"客观性"为核心的专业主义在新闻教育中的影响力，但数字时代的新闻从业者显然并不认为新的专业主义应当是价值无涉的。在话语之中，他们更多是表达了对专业主义的僵化属性的不满，并认为应当借新闻业此时此刻正在经历的"技术突破"实现新闻教育与旧式专业主义的"解绑"。尽管很少有受访者提出新的专业主义应当具有什么内涵，但至少我们可以清晰地判断：既然数字时代的专业主义应当有更加多元的价值追求，那么新闻教育也应当将自身从"实现新闻职业的标准化"的固有框架中解脱出来，去探索一条"非职业"的发展路径。因此，至少从一线从业者的观念来看，并不是数字技术本身改变了新闻行业对新闻教育的预期，而是整个数字化过程带来的"技术思维"，让这个行业中的人们得以一点一点跳出标准化的框架，从一个站位更高的角度去理解"新闻业究竟需要什么样的人才"的问题。因此，数字技术环境下的新闻教育的变革，或许将以"消解专业主义"或"建构多元话语构成的专业主义"为主要形式。

四、未来的新闻教育和新闻人才

我们对数字新闻生产理论的建构，无法回避新闻教育和新闻人才的问题，这是由新闻学与新闻行业、新闻职业天然而牢不可破的关联性决定的。这一逻辑既源于"作为职业教育的新闻教育"这一传统观念框架的束缚，也有其在历史和社会变迁过程中不断强化的合理性。基于对过往三年间在欧美主流新闻从业者处获得的大量一手质化资料的分析，我们需要在这一部分对如下两个问题做出回答。

首先，数字时代的新闻教育的本质到底是什么？这其实又回到了我们对于新闻教育的那个最初的讨论：它到底是一种价值教育，还是一种技能教育？尽管我们没有理由将"价值"和"技能"对立起来，但在设计具体的课程方案和人才培养目标时，这仍是一个无法回避的问题。经过对欧美经验的挖掘和分析，本章认为，数字时代的新闻教育应当首要是一种价值教育，这种教育必须承担三方面的职能：第一，在为学生提供必要的技术训练的同时，强化对不同技术的文化偏向的讲授，并培养学生形成用于反思技术的批判性思维；第二，不再以传统的专业主义思路组织新闻教育，淡化新闻教育的职业化、标准化色彩，通过提供品种丰富的课程并充分利用大学的跨学科优势，实现新闻教育的"去标准化",令新闻学成为一个有价值底线和道德底色的"创意学科",培养适应性更强、口径更宽的"数字新闻人";第三,在明确新闻教育立足于批判性思维和多元创意的导向的基础上,努力协调新闻技能训练与技术操作训练两者之间的关系,使"跨媒体/融媒体叙事"成为所有新闻专业学生普遍拥有的专业素养,以应对数字新闻行业提出的挑战。

其次,新闻教育的变革应当以什么方式展开和完成?这个问题实际指向了新闻业界与新闻教育界两者之间到底应该保持什么样的关系,因为这种关系决定了新闻教育究竟如何回应新闻行业的需求。通过对一手经验资料的分析,本章认为新闻教育不应该过于迎合行业的短期操作性需求,而应当关注新闻行业实现良性发展的长期的、深层的文化需求。新闻学院应当为未来的新闻人提供那种有助于他们更好地理解新闻业所处的社会语境的知识体系,包括历史、技术哲学、伦理学等维度的思辨能力。数字技术的"入侵"令新闻业看到了传统的技能训练标准在社会变迁中的脆弱,仅仅依靠静止的专业主义话语体系无法让新闻教育长期保持自身在高等教育体系中的合法性,新闻教育必须要超越"新闻从业者"的职业身份,超越新闻业的内部生态,进而着眼于新闻与历史、社会和主流价值体系的关系。

如果说媒体机构代表着新闻业的现状,那么新闻学院则承载着新闻业的未来。只有新闻教育不再将自己束缚在单一的"职业"话语体系内,超越与行业之间简单的"供需关系",将对"素养"的培养作为技能训练的基础,这种并不古老却已经拥有严格传统的教育体系才能真正融入数字化的未来。

第十二章 价值重建：新闻业的结构转型与数字新闻生产理论建构

本章提要

本章基于对美国、英国和瑞士三个国家共106位一线新闻从业者和新闻用户的深度访谈，以扎根理论方法提出包括文本、机构、生产者和文化四个维度的分析框架，对新闻业在数字时代的结构转型进行归纳和分析。本章认为上述转型过程导致了新闻业的三重危机：新闻内容因液态趋向而逐渐难以凝结社会共识，人文话语在新闻实践中衰落并带来潜在的伦理风险，以及新闻业的民主化角色受到价值极化的侵蚀。本章进而提出数字时代的新闻生产理论建构应当以"重建价值"为核心理念。

一、引言

随着数字时代的到来，全球新闻业经历着持续的结构转型。一方面，各种数字化、智能化技术不断冲击并改造着既有的新闻理念和新闻生产机制，催生出新的行业逻辑和专业准则；另一方面，报纸、广播、电视和门户网站等"传统"媒体也在适应新的技术环境的过程中持续重估自身的媒介特征和传播优势，以各异的姿态对内容和传播体系进行着改造，努力融入数字新闻业的新版图。这些变化，表明过去的主流新闻观念和新闻研究范式均面临着"对象的本质变化"，[1]即今天的"新闻""新闻业"和"新闻学"与此前的巨大不同。

数字新闻和传统新闻之间的差异，不仅仅是外在形态或生产方式上的差别，更是概念框架与逻辑范式的分裂，对此已有很多学者做出过探索性的阐释。

---

[1] BROERSMA M J, PETERS C. Rethinking journalism: the structural transformation of a public good [C]// Peters C, Broersma M J. Rethinking Journalism: Trust and Participation in a Transformed News Landscape. Oxon: Routledge, 2013: 2.

例如，有人认为，数字新闻（digital journalism）的勃兴是人们对新闻业进行重新理解和阐释的"第四次浪潮"（the fourth wave），是继"规范"（normative）、"经验"（empirical）和"建构主义"（constructivist）之后对新闻业进行概念化的全新范式。[1] 还有学者指出，数字新闻业与传统新闻业的差异是"生态学意义上的"，因而研究者所面对的实际上是一种人类历史上前所未有的新的信息环境，需要以新的理论和方法对其加以考察。[2] 这些讨论和判断，无不凸显出对数字时代的新闻生产理论展开深入探讨的紧迫性。

新闻生产的数字化是全球性的趋势，这在很大程度上是与数字技术标准（相对于传统媒介技术标准）的统一性密切相关的。因此，在对数字时代的新闻生产进行理论建构时，能否拥有一种面向全球经验的视角，在保有不同文化传统的社会语境下提炼新的新闻生产实践在理念和逻辑上的共性，就显得尤为重要。[3] 本书尝试进行"新闻生产理论"而非更加抽象的"新闻理论"的建构，目的即在于从全球数字新闻生产实务的共通性出发，探索不同制度和文化中的人理解数字新闻业的一般性概念框架。这种从实务层面切入、基于研究者在全球视角下获取的一手经验资料的理论化工作，将以自身揭示出的规律性知识，反哺数字新闻业的发展，实现理论与实践的良性互动。

正是出于这个目的，笔者在2016年2月至2017年12月之间，围绕着不同的研究主题，对美国、英国和瑞士三个国家共106位一线新闻从业者和新闻用户进行了深度访谈，尝试通过一手的质化经验资料，勾勒出数字时代的"新闻生态系统"（news ecosystem）。这些受访者分别来自17家新闻机构，其中既有ProPublica、Slate、美国在线等数字新闻机构，也有《华盛顿邮报》《纽约时报》、BBC、瑞士法语广播电视公司（RTS）等正在进行数字转型的传统新闻机构。在这些访谈中，笔者逐渐进行着"数字时代的新闻生产"的理论化工作，并在先期研究的基础上，形成了较为清晰的理论框架。本章即从上述质化的经验资料出发，对这一理论框架进行描述和阐释。

作为一项探索性研究，本章建构数字新闻生产理论框架的过程具有强

---

[1] DOMINGO D. Inventing online journalism: a constructivist approach to the development of online news [C]// Paterson C, Domingo D. The Ethnography of New Media Produce. New York: Peter Lang, 2008: 15-28.

[2] ANDERSON C W. Journalistic networks and the diffusion of local news [J]. Political Communication, 2010, 27 (3): 289-309.

[3] STEENSEN S, AHVA L. Theories of journalism in a digital age: an exploration and introduction [J]. Digital Journalism, 2015, 3 (1): 1-18.

烈的扎根理论色彩，即研究者尝试由对经验资料的解读而自主地、本土地建构理论。在这一过程中，尤其避免了传统新闻研究范式可能对新的理论化工作产生的影响。但尽管如此，仍有一些研究者的思路对本项研究具有启发意义，包括 C. W. Anderson 的"新闻生态系统"理论[1]、Hermida 的"环围新闻"（ambient journalism）概念[2]，以及 Russell 提出的"网络化新闻"（networked journalism）[3]等。此外，一些立足于技术视角的社会变迁分析方法，如 Cottle 的传播架构（communicative architecture）分析[4]、Bijker 的技术框架（technological frame）分析[5]等，也为本项理论建构工作所参考。

在此基础上，本书认为，对数字时代的新闻业结构转型的归纳以及新闻生产理论的建构，应当回答如下四个关键的问题：（1）文本层面：传播技术与新闻叙事之间的关系。（2）机构层面：媒体在新闻业中扮演的角色。（3）从业者层面：新闻生产者的身份认同。（4）文化层面：数字新闻业的专业文化。

二、传播技术与新闻叙事

传播技术的发展对新闻内容的影响体现在方方面面，但其中最为本质性的部分在于技术改变了传统新闻文体讲故事的方式，确立了新的新闻叙事范式，从而令新闻以一种与传统环境下截然不同的方式介入了日常生活。对此，学者们从不同方面做出了自己的观察和解释。如 Pavlik 将技术对新闻叙事的改变作为"技术与新闻内容的关系"的一个子课题进行研究；[6]Thurman 和 Lupton 从分发的视角出发，归纳和分析"多媒体叙事"（multimedia storytelling）在新

---

[1] ANDERSON C W. News ecosystem [C]// Witschge T, et al. The SAGE Handbook of Digital Journalism. Thousand Oaks, CA: Sage Publications, 2016: 410.

[2] HERMIDA A. Twittering the news: the emergence of ambient journalism [J]. Journalism Practice, 2010, 4 (3): 297-208.

[3] RUSSELL A. Networked: A Contemporary History of News in Transition [M]. Cambridge, MA: Polity Press, 2011.

[4] COTTLE S. TV News, Urban Conflict and the Inner City [M]. Leicester: Leicester University Press, 1993.

[5] BIJKER W E. Of Bicycle, Bakelites, and Bulbs: Toward a Theory of Sociotechnical Change [M]. Cambridge: MIT Press, 1995.

[6] PAVLIK J. The impact of technology on journalism [J]. Journalism Studies, 2000, 1 (2): 229-237.

媒体平台上的表现形式；[1]Papacharissi 和 Oliveira 则关注更加碎片化的推特平台，认为"节奏"（rhythms）是数字技术赋予新闻叙事的结构性特征。[2] 在笔者的田野研究和深度访谈中，也能清晰地看到技术对主流新闻叙事产生影响的方式，以及这种影响对传统的新闻行业生态的潜在破坏性。例如，在瑞士展开的针对浸入式新闻（VR 新闻）的生产和接受的访谈研究显示，在 VR 新闻的主流生产程式下，深度的情绪卷入成为辅佐甚至强化新闻叙事力量的新手段，新闻编辑实际上获得了一种类似电影导演的身份，新闻最终的形态在很大程度上取决于新闻导演个人的政治、文化乃至美学选择。

在上述经验研究中，本项研究发现，比起新闻的形态（formats）来，新闻的叙事在技术作用下发生的变化是一种更加本质性的结构转型。一如 Bird 和 Dardenne 所指出的："事实、人名和细节总在变化，但将这些东西组织起来的框架，也就是新闻的符号系统，则是持久存在的……正是因为叙事结构的这种持久性，新闻在总体上向受众传递的东西得以超越其各个'零部件'传递的东西的总和。"[3] 在 Johnson-Cartee 看来，作为最具影响力的公共产品之一，新闻以其独有的叙事方式极为有力地塑造着重要的公共议题和集体共识，包括国家认同、主流政治价值、文化信仰等方方面面。[4]

可以说，数字技术对新闻叙事最主要的影响体现在两个方面：一方面，数字技术通过建立起基于人际关系的传播网络，使得新闻的生产和消费都更加依赖情感认同而非对客观信息的需求，从而令新闻故事中的主观性表达有了更加广阔的话语空间；另一方面，在数字技术带来的海量新闻内容的挤压下，在传统新闻文化中并不主流的主观性叙事文体（如新闻特写、非虚构写作等）反而拥有了更大的利基市场，从而实现了更加自足的发展。数字时代的新闻叙事较之传统新闻叙事，出现了三方面的转型：叙事视角由客观转向主观，叙事落点由全知转向个体，叙事线程由连续转向碎片。

---

[1] THURMAN N, LUPTON B. Convergence calls: multimedia storytelling at British news websites [J]. Convergence: The International Journal of Research into New Media Technologies, 2008, 14 (4): 439-455.

[2] PAPACHARISSI Z, OLIVEIRA M. Affective news and networked publics: the rhythms of news storytelling on #Egypt [J]. Journal of Communication, 2012, 62 (2): 266-282.

[3] BIRD S, DARDENNE L. Myth, chronicle and story [C]// Carey J W. Media, Myth and Narratives: Television and Press. Newbury Park, CA: Sage, 1988: 69.

[4] JOHNSON-CARTEE K S. News Narratives and News Framing: Constructing Political Reality [M]. Lanham, MD: Rowman & Littlefield, 2005.

所谓叙事视角由客观转向主观，指的是传统新闻生产条件下的客观性话语渐渐失去影响力，新闻叙事不再被认为"必须"是一种超越个体经验的客观的叙事。新闻叙事的主观化作为一种趋势，曾以不同的形式出现在学术文献之中，只不过技术于其中扮演的角色并不总是被研究者所挑明。比如，在一项针对1995~2011年普利策新闻奖获奖作品的叙事研究中，可以清晰地看到在数字技术日趋介入新闻生产的时代背景下，主导叙事视角由客观向主观演化的过程，研究者据此提出"客观性"和"主观性"的二元对立话语存在过分简单化的问题，模糊了新闻叙事的复杂性。[1] 即使是在主流的、精英化的新闻机构中，客观性作为一条基本叙事准则，以及与之配套的"倒金字塔"等文体结构，也已经被很多从业者抛弃。例如，在2014~2015年，《纽约时报》《卫报》等代表性传统新闻机构刊登了大量与此相关的言论和行业调查报告，结论往往是"客观新闻是一种幻想""客观只不过是讲故事和揭示真理的多种方法中的一种"，等等。[2][3] 在"主观"作为新闻叙事视角的合法性得以全面确立的情况下，如何为其设定规则，将是数字新闻生产理论的一个重要的发展方向。

所谓叙事落点由全知转向个体，其实在逻辑上与叙事视角的主观化转型是一致的：叙事视角的主观化，必然会导致叙事落点的个体化。新闻从业者不再需要（或不再有资格）以全知者的身份讲故事，因为数字技术使得与新闻故事相关的所有人，都在理论上获得了平等的话语权。因此，对于数字新闻用户来说，任何一个自己所能阅读或观看到的新闻故事，都不过是事实的一个版本而已；而他们也完全有能力（或意愿）从自己既有的知识和经验出发，去生产另一个版本的新闻故事。在 Polleta 和 Callahan 看来，新闻机构总是想方设法让自己的故事版本看上去更像是反映了大众的生活经验，但以用户共享（user-sharing）为核心特征的数字技术让这种多少带有蒙蔽色彩的精英化策略不再有效，这也是所谓"后真相"（post-truth）和"假新闻"（fake news）话语在近年

---

[1] WAHL-JORGENSEN K. Subjectivity and story-telling in journalism: examining expressions of affect, judgement and appreciation in Pulitzer Prize-winning stories [J]. Journalism Studies, 2013, 14 (3): 305-320.

[2] TAIBBI M. "Objective journalism" is an illusion [EB/OL]. The New York Times [2015-08-06]. https://www.nytimes.com/roomfordebate/2015/08/06/did-jon-stewart-have-a-serious-lesson-for-journalists/objective-journalism-is-an-illusion.

[3] SAMBROOK R. Objectivity and impartiality in digital news coverage [EB/OL]. The Guardian [2014-06-12]. https://www.theguardian.com/media/media-blog/2014/jun/12/objectivity-and-impartiality-in-digital-news-coverage.

得以流行的一个重要原因。[1]

而叙事线程由连续转向碎片,则主要指向数字技术为新闻生产带来的多媒体（multimedia）或跨媒体（transmedia）特征。"跨媒体叙事"这一概念最早由亨利·詹金斯系统阐述,指的是故事在不同媒介平台被讲述和转述时,这些平台会依据自身的媒介属性"为故事世界的整体体验增添一些重要的元素,而读者则必须积极地追踪和重组这些分散的内容以获得完整的体验和意义"。[2]这也就意味着,新闻故事的意义是在人们不断变动的数字技术体验中被持续重塑的；相应地,人们借由消费新闻这一公共文化产品而获得的自我认同和社会认知,也随之变得更加语境化和碎片化。

总体而言,数字技术环境下的新的新闻叙事模式,指向了一种较以往更加私人化的文化生态。在这种文化生态里,新闻首要是作为一种"阐释的中介"存在的,也就是说,人们透过对不同版本的、主观化且碎片化的新闻故事的消费,来获取对变动不居的社会环境的暂时性的解释。新闻的信息性和权威感在这种生态下大大削弱,因为人们不再期望它提供（相对意义上）唯一的、不可辩驳的事实信息。而数字时代的新闻生产理论,也必须要建立在新闻叙事的这种结构性转型的基础之上。

三、新闻生产的去媒体化

传统新闻生产理论在很大程度上是围绕着新闻媒体这一专业化的新闻生产机构构建起来的。新闻媒体的组织结构、运作流程以及价值倾向,被认为对新闻产品的形态和新闻业的生态有至关重要的影响。[3]但在新的数字技术环境下,主流新闻生产机制经历了鲜明的"去媒体化"过程。一方面,新闻机构在将自身的内容生产权限不断让渡给非专业机构乃至用户的同时,开始了对自身的角色定位的中介化转型,即新闻机构日益演变为整个新闻社交网络上的一个个带有信息和观点聚焦功能的节点；另一方面,传统媒体机构的新闻生产机制也出

---

[1] POLLETA F, CALLAHAN J. Deep stories, nostalgia narratives, and fake news: storytelling in the trump era [C]// Mast J, Alexander J. Politics of Meaning/Meaning of Politics. New York: Palgrave Macmillan, 2019: 55-73.

[2] 常江,徐帅.亨利·詹金斯:社会的发展最终落脚于人民的选择——数字时代的叙事、文化与社会变革 [J]. 新闻界, 2018 (12): 6.

[3] SHOEMAKER P, REESE S. Mediating the Message in the 21st Century: A Media Sociology Perspective [M]. New York: Routledge, 2013.

现了本质性的嬗变，对既有信息进行分类、遴选和包装的能力逐渐取代原创内容的生产能力，成为数字新闻机构最主要的竞争力。[1] 这两方面的变化，无不预示着媒体机构正在丧失传统意义上的新闻生产的主导权，媒体机构的主要功能定位转变为"创造连接"，而新闻生产也全面进入了"去媒体化"的时代。笔者在英国和瑞士两个国家的三家电视机构展开的访谈研究清晰地揭示了"去媒体化"过程在电视新闻从业者心理层面上发挥作用的方式：尽管数字技术对电视新闻生产的介入并不能彻底颠覆电视新闻极具平等主义色彩的生态，但却毋庸置疑地带来了"电视人认同"和"新闻人认同"之间的矛盾；作为新闻媒体的电视台更多是被抽象为一种公共文化精神，维系着自身在主流新闻生产机制中的存在；但其作为机构的实体性存在，与 Facebook 等社交平台一样，不过是为新闻和观众提供了一种联结方式而已。

去媒体化的趋势，使得我们需要一种新的思路去理解新闻生产，因为以媒体组织和新闻产品（news products）为立足点的研究范式已经不能准确揭示新闻在数字环境下的生成、流通和接受情况。数字新闻经交互性的协同叙事和多媒体、跨媒体的复杂传播路径，成为一种高度语境化的话语构型（discursive formation），因此对新闻生产的研究必须深入到新闻的话语和语境层面，以新闻的意义如何在网络空间中被塑造、被协商为分析的落点。正如有学者所提出的，应当尝试建立一种新闻生产的动态学（dynamics），打破"生产"和"消费"之间的壁垒，在流动的数字网络中去描述和解释新闻生产的过程。[2] 而要实现这一理论建构意图，研究者需要超越主导性的媒介社会学框架，去发掘更具后结构色彩的理论资源，比如表演者-网络理论（actor-network theory）[3]、媒介化理论（mediatization theory）[4] 等。这些理论的侧重点各有不同，但在应用于新闻研究时，均强调新闻生产过程的去媒体化、非机构化色彩，即将媒体视为新闻流通中介，而非整个过程的生产性主导。

---

[1] 常江. 新闻生产社交化与新闻理论的重建 [J]. 湖北大学学报（哲学社会科学版），2017，44 (6): 144.

[2] DOMINGO D, MASIP P, MEIJER I C. Tracing digital news networks: towards an integrated framework of dynamics of news production, circulation and use [J]. Digital Journalism, 2015, 3 (1): 53-67.

[3] PRIMO A, ZAGO G. Who and what do journalism? An actor-network perspective [J]. Digital Journalism, 2015, 3 (1): 38-52.

[4] KAMMER A. The mediatization of journalism [J]. MediaKultur: Journal of Media and Communication Research, 2013, 29 (54): 141-158.

当然，去媒体化趋势的存在并不意味着机构化的新闻媒体变得不再重要，毕竟现代新闻业作为一种机构化的文化是在过往近两个世纪的历史中形成的，基于不同媒介的新闻机构将始终依自身的"技术－文化偏向"竭力令某些类型的新闻叙事占据主流地位。[1] 在可预见的未来，老牌精英媒体自身强有力的传统和文化基因仍将是它们不断出产高质量内容的保障。但媒体已经不再是新闻产生社会影响力、参与社会文化塑造的主导性力量。在高度社交化的新闻网络中，媒体机构——无论是老牌权威媒体还是新兴数字媒体——都只不过是机构化的意见领袖而已，其利用自己在历史中积累的信息生产力和权威性努力维系自身作为新闻生产中坚力量的想象，但实际上人们对新闻意义的判断已渐渐不再取决于"生产"它的是《纽约时报》还是特朗普的推特。

去媒体化的过程对于新闻业的影响是颠覆性的，它决定了我们必须要用一种新的方式去观察和理解新闻业。一方面，新闻生产过程不再是一个层级化、差序化的格局，新闻以液态形式存在于无远弗届的数字网络之中，这决定了新闻的意义将取代新闻的内容成为新闻研究的核心概念，而新闻与网络（network）的关系则成为理解新闻本质的基本概念框架。另一方面，对于具体的新闻生产实践来说，有效地建立起一套网络化（networked）的生产机制，令新闻故事能够适应跨平台传播的需要，兼容不同类型的数字社交关系或开创新的数字社交关系，就成为整个新闻业实现行业增长和影响力突破的核心目标。传统媒体机构的历史优势仍在延续，但新的资本和技术无疑将流向那些没有传统束缚的新型生产主体：自媒体、新闻聚合服务、众筹新闻等。

四、新闻从业者的技工化

在传统的技术环境下，新闻从业者的能动性（agency）是至关重要的生产要素。在新闻业内，一线采编人员往往拥有一种相对独立于政府、广告商和受众的"自治权"，在很大程度上决定着哪些新闻或新闻中的哪些元素能够进入流通领域。而数字技术的崛起对新闻从业者的这一角色定位产生的最主要的影响，就是削弱了其作为把关人的角色定位和身份认同。由于新闻成为一种跨媒体、跨平台的语境化叙事，因此一度拥有放诸四海而皆准效力的新闻价值判断体系，和基于单一媒介的内容编排原则，也就变得不再重要——而这些恰恰是

---

[1] HIMELBOIM I, MCCREERY S. New technology, old practices: examining news websites from a professional perspective [J]. Convergence: The International Journal of Research into New Media Technologies, 2012, 18 (4): 427-444.

新闻从业者在学院派的新闻教育中接受专业训练的主要内容。在数字技术环境下，触发新闻的事件以及针对新闻事件的解释来源于信息网络的不同节点，故而新闻生产技术的发展也毫无疑问地侧重于对各种信息进行高效分类、甄别和模式化制作的智能技术。新闻从业者群体逐渐从新闻标准的评判者向生产技术的使用者转型，进而导致新闻从业者这一职业身份中的人文精神的式微和技术思维的崛起。或者说，新闻生产日益成为一种技术性工作，遵循着各种机械的和智能的理性，而新闻从业者群体也不可避免出现了技工化的倾向。

笔者在瑞士五家新闻机构展开的访谈研究揭示了这种身份转型在其进程中对新闻从业者的心态产生的影响：随着可视化（visualization）成为新闻内容的主流呈现形态，新闻编辑室内不可避免地出现了身份认同上的冲突，从事可视化制作的编辑人员对真实性、客观性、即时性等新闻业的核心概念的理解与传统编辑记者有本质的不同，这种矛盾显然会随着新闻生产的进一步自动化而加深。尽管传统新闻从业者仍难以克服这一身份转型带来的认知和文化障碍，但已有不少研究表明，对于新闻用户来说，在由记者以传统"人工"方式撰写的新闻和经算法生成的新闻之间，并不存在明显的高低优劣，两者至少是"各有千秋"的，而算法的进化则正在以人们意想不到的速度"修正"自动化新闻原本的缺点。[1]

新闻从业者的技工化最直接的影响，体现在主流新闻教育在理念上的重大调整。在Creech和Mendelson看来，技术的发展几乎已经成为新闻教育转型的唯一决定力量，而"与时俱进"的新闻教育所培养出来的应当首要是具备技术素养（technologically adept）的从业者。[2] 具备这种素养的新闻从业者不但掌握数字新闻生产所需的各种产品设计和分发的技能，更要有能力以一种"科学的"而非"人文的"思维方式去看待新闻与社会之间的关系。当然，行业对人的要求是基于行业生存的利益需要，新闻从业者身上人文成色的稀释并不意味着新闻职业可以失去价值色彩。新闻教育既是对行业需求的回应，也是对行业现存的结构性问题的指陈和修正。新闻从业者的技工化是数字新闻业的一个结构转型的趋势，同时也是一种需要我们时刻保持警惕的危险动向。若新闻业

---

[1] CLERWALL C. Enter the robot journalist: users' perceptions of automated content [J]. Journalism Practice, 2014, 8 (5): 519-531.

[2] CREECH B, MENDELSON A L. Imagining the journalist of the future: technological visions of journalism education and newswork [J]. The Communication Review, 2015, 18 (2): 142-165.

不能在旧的人文标准衰落的情况下培育出新的价值理性，整个行业将很容易因大资本和极权政治对前沿技术的操纵而沦为牟取私利的工具。如何针对新的技术条件建立可供新闻从业者普遍遵守的新伦理标准（如"透明性"）[1]，确保新闻业在社会变迁中的文化民主成色，是新闻生产理论在发展的过程中必须解决的问题。

五、指向价值极化的数字新闻专业文化

从最宏观的层面出发，我们可以将新闻业理解为一种专业文化（professional culture），这种专业文化既是具备相应专业知识的从业者所共同遵循的职业常规（routine），也是全行业在总体上呈现出的一种价值信仰。[2] 传统的新闻专业文化集中体现在从业者对新闻业的民主化角色的想象和认同之中，而传统新闻所尊奉的专业主义（尤其是对客观、中立的强调）也在价值上指向一种温和的文化民主：通过对新闻生产的流程进行强有力的规训，避免新闻业成为极端思想的温床，从而为理性的公共讨论营造话语空间。

然而，数字技术的崛起改变了这一点。通过以技术理性取代专业主义的方式，新闻话语的政治光谱较以往大大地扩展了，新闻业开始逐渐形成一种价值极化的专业文化。这一生态体现出三方面的特征：第一，新闻叙事的个体化和新闻媒体的式微使得极端观点拥有了合法的形式和广阔的流通空间，这在传播渠道被严格规划的传统媒体环境下是不可想象的；第二，在数字技术的"涵化"下，新闻用户越来越习惯于以自己独特的生活经验为框架去理解和解释新闻的意义，由于人的经验是非逻辑性的，因此围绕着特定新闻内容形成的各种观点也往往体现出情绪化甚至暴力性色彩，新闻日益成为人们用于进行情感宣泄的一种话语资源；第三，由于整个数字新闻业利润和影响力的首要来源是用户的访问和交互行为带来的流量，因此各种类型的平台均通过产品功能设计等方式鼓励甚至刺激观点冲突，这也令原本并不明显极化的价值体系受到人为的撕裂，"操演"出不同的极端意识形态。

值得一提的是，有研究者将数字新闻业的专业文化界定为一种"参与式的文化"，并尝试将其解读为一种微观形态的直接民主（direct democracy），以与

---

[1] DÖRR K N, HOLLNBUCHNER K. Ethical challenges of algorithmic journalism [J]. Digital Journalism, 2017, 5 (4): 404-419.

[2] MCNAIR B. Cultural Chaos: Journalism, News and Power in a Globalized World [M]. London: Routledge, 2006.

更为宏大的、有鲜明代议民主色彩的传统新闻文化相区分。[1]这实际上是在尝试通过某种形式中立的话语策略去对数字技术的价值虚无本质进行合法化处理。笔者对美国在线和Slate两个新闻网站编辑的访谈研究显示,应用于新闻生产的数字技术的发展方向,实际上是破坏而非强化了第一代门户网站通过超链接所营造的用户自主性。在智能技术的影响下,用户其实是在被源源不断的信息流填喂,完全谈不上积极地"参与";而所谓的"参与式文化"在很多情况下不过是一种技术乌托邦主义的幻想,或如Morozov所言,是一种"懒人行动主义"(Slativism)[2]。这种价值极化的专业文化,实际上已经在欧美国家的新闻业导致了不同程度的信任危机,令新闻机构和新闻从业者的声誉受到前所未有的影响。"假新闻"话语的流行,就是这一危机的符号表征。[3]

当然,价值极化的专业文化产生的影响,并不仅仅是导致新闻业声誉受损这样简单,更决定着数字时代的新闻业介入社会变迁的基本方式。新闻从严肃的公共文化产品"堕落"为立场和观点寄生的"宿主",毫无疑问地预示着公共精神在社会中的衰落。由此,新闻业与国家、社会、社群和公民个体之间原有的距离感被破坏,新闻业再也无法让自身独立于流行情绪之外,新闻的民主潜能被庸俗地理解为一种"人人皆可参与"的民粹主义行动,而任何尝试以批判性的态度去矫正极化观点的新闻生产实践都会因不合时宜而被边缘化。这实在是数字技术给新闻业带来的最为本质的危机。

因此,对于理论建构工作而言,正视这种危机的存在并进行制衡机制的设计是十分必要的。如果说传统新闻业由于不同利益集团染指而不可避免存在特定价值偏向的问题,那么数字新闻业则由于缺乏对大众的狂欢式参与的有效制约而天然具有反理性的顽固倾向。数字技术以价值中立的姿态介入并改造新闻生产,但它带来的结果却是价值的极端化。若新闻业在发展过程中不能对此进行有效的制衡,那么我们很有可能在可预见的将来看到人类社会曾经存在过的各种极端思想纷纷以自由之名"合法"地拥有自己的舆论阵地。那将不只是新

---

[1] PETERS C, WITSCHGE T. From grand narratives of democracy to small expectations of participation: audiences, citizenship, and interactive tools in digital journalism [J]. Journalism Practice, 2015, 9 (1): 19-34.

[2] MOROZOV E. The Net Delusion: The Dark Side of Internet Freedom [M]. New York: Public Affairs, 2011.

[3] HUGES T, GINSBERG J. The biggest risk to American journalism isn't posed by Trump [EB/OL]. The Guardian [2018-01-19]. https://www.theguardian.com/commentisfree/2018/jan/19/american-journalism-fake-news-trump.

闻业的灾难，更是现代文明的灾难。

六、结语：新闻生产理论的未来

行文至此，本书即将告一段落。在这一章里，笔者分别从文本、机构、从业者和文化四个维度，归纳并分析了数字时代新闻业正在经历的结构转型，以及这种转型对于新闻生产理论建构的启发。不难发现，新闻业在数字时代的结构转型主要包括如下几个过程：传统新闻叙事范式的瓦解和私人化转型使新闻的首要社会角色由信息和知识的提供者演变为"阐释的中介"；新闻生产的去媒体化令液态的"新闻意义"取代固态的"新闻内容"成为数字新闻业和数字新闻学的核心概念并呼吁建立一种动态的分析框架；新闻从业者的技工化预示着技术思维有可能令整个行业陷入价值虚无的危险；一种指向价值极化的新闻专业文化的形成使新闻作为"温和民主"的社会容器的角色定位被破坏甚至否定。而上述结构转型又相应地导致了数字新闻业在理论建设和教育建设尚未健全的当下所面临的三重危机：新闻内容因液态趋向而逐渐难以凝结社会共识，人文话语在新闻实践中衰落并带来潜在的伦理风险，以及新闻业的民主化角色不再具有不言自明的合法性。由于稳定的、进步的价值体系的缺失，新闻业完全有可能在不受约束的数字技术的驱动下，走向文明和进步的对立面。

正是基于上述原因，本书认为，数字时代的新闻生产理论建构（甚至一般意义上的新闻理论建构），应当以"价值重建"为核心理念和基本宗旨。这里的价值，指的是自便士报以降的大众新闻业自始至终赖以生存的公共的和民主的价值。对于数字新闻的研究者来说，新闻生产理论的建构工作应当从如下两个方面展开：一方面，新的理论体系应当对数字新闻业的种种天然属性给予客观的呈现，认真研究其存在的方式和发展变化的规律，同时对价值元素在不同生产环节的流失及其成因形成理论化的解释；另一方面，数字时代的新闻生产理论应当有更加鲜明的规范性意图，尤其着重于对数字伦理标准的建设和对新闻业的价值极化、民粹主义倾向的批判性考察，并推动新闻教育和新闻政策对新闻生产实践的价值约束。只有这样，新闻业才能真正实现对数字技术的合理使用，使自身免于掉入盲目追求效率的技术乌托邦主义窠臼，持续不断地为社会进步做出贡献。

参考文献

ALDER K, VANDEN BERGH B. Advertising graduates need to prepare for new technologies [J]. Journalism & Mass Communication Educator, 1984, 39 (1): 27-29.

ANANNY M. Toward an ethics of algorithms: convening, observation, probability, and timeliness [J]. Science, Technology and Human Values, 2015, 41 (1): 93-117.

ANANNY M, CRAWFORD K. Designer or journalist: who shapes the news you read in your favorite apps? [EB/OL]. [2014-09-10]. http://www.niemanlab.org/2014/09/designer-or-journalist-who-shapes-the-news-you-read-in-your-favorite-apps/.

ANDERSON B. Imagined Communities: Reflections on the Origin and Spread of Nationalism [M]. London: Verso, 1991.

ANDERSON C W. Journalistic networks and the diffusion of local news [J]. Political Communication, 2010, 27 (3): 289-309.

ANDERSON C W. Between creative and quantified audience: web metrics and changing patterns of newswork in local US newsrooms [J]. Journalism, 2011, 12 (5): 550-556.

ANDERSON C W. What aggregators do: towards a networked concept of journalistic expertise in the digital age [J]. Journalism, 2013, 14 (8): 1008-1023.

ANDERSON C W. Towards a sociology of computational and algorithmic journalism [J]. New Media & Society, 2013, 15 (7): 1005-1021.

ANDERSON C W. The sociology of the professions and the problem of journalism education [J]. Radical Teacher, 2014, 99: 62-68.

ANDERSON C W. News ecosystem [C]// Witschge T, et al. The SAGE Handbook of Digital Journalism. Thousand Oaks, CA: Sage Publications, 2016: 410-

423.

ANDERSSON L. Where technology goes to die: representations of electronic waste in global television news [J]. Environmental Communication, 2017, 11 (2): 263-275.

APARICIO M, COSTA J C. Data visualization [J]. Communication Design Quarterly Review, 2014, 3 (1): 7-11.

APPELGREN E, NYGREN G. Data journalism in Sweden: introducing new methods and genres of journalism into "old" organizations [J]. Digital Journalism, 2015, 2 (3).

ASHURI T, FRENKEL A. Online/offscreen: on changing technology and practices in television journalism [J]. Convergence: The International Journal of Research into New Media Technologies, 2017, 23 (2): 148-165.

AVILÉS J, et al. Journalists at digital television newsrooms in Britain and Spain: workflow and multi-skilling in a competitive environment [J]. Journalism Studies, 2004, 5 (1): 87-100.

BAILENSON J, et al. Equilibrium theory revisited: mutual gaze and personal space in virtual environments [J]. Presence: Teleoperators and Virtual Environments, 2001, 10 (6): 583-598.

BAKKER P. Aggregation, content farms and Huffinization: the rise of low-pay and no-pay journalism [J]. Journalism Practice, 2012, 6 (5-6): 627-637.

BARNHURST K G. The problem of modern time in American journalism [J]. KronoScope, 2011, 11 (1-2): 98-123.

BEARD F K. Implementing PC technology with organizational change: some obstruct potential of computers in courses [J]. Journalism Educator, 1991, 46 (1): 70-73.

BECKER L B, FRUIT J, CAUDILL S. The Training and Hiring of Journalists [M]. Norwood, NJ: Ablex Publishing, 1987.

BECKER K. Photojournalism and the tabloid press [C]//Wells L.The Photography Reader. London: Routledge, 2003: 291-308.

BEDNREK M, CAPLE H. The Discourse of News Values: How News Organizations Create "Newsworthiness" [M]. New York: Oxford University Press, 2017.

BENSON R. News media as a journalistic field: what Bourdieu adds to New

Institutionalism and vice versa [J]. Political Communication, 2006, 23: 187-202.

BENTHAM J. The Rationale of Reward [M]. London: Forgotten Books, 2015.

BHANDAR G. The ties that bind: multiculturalism and secularism reconsidered [J]. Journal of Law and Society, 2009, 36 (3): 301-326.

BIJKER W E. Of Bicycle, Bakelites, and Bulbs: Toward a Theory of Sociotechnical Change [M]. Cambridge: MIT Press, 1995.

BIRD S. The journalist as ethnographer? [C]//Rothenbuhler E W, Coman M. Media Anthropology. New York: SAGE Publications, 2005: 301-308.

BIRD S, DARDENNE L. Myth, chronicle and story [C]//Carey J W. Media, Myth and Narratives: Television and Press. Newbury Park, CA: Sage, 1988: 67-86.

BLANK-LIBRA J. Pursuing an Ethic of Empathy in Journalism [M]. New York: Routledge, 2017.

BLOM R, DAVENPORT L D. Searching for the core of journalism education: program directors disagree on curriculum priorities [J]. Journalism & Mass Communication Educator, 2012, 67 (1): 70-86.

BOCK M. Newspaper journalism and video: motion, sound, and new narratives [J]. New Media and Society, 2011, 14 (4): 600-616.

BOCZKOWSKI P. Digitizing the News: Imitation in an Age of Information Abundance [M]. Chicago, IL: University of Chicago Press, 2004.

BOCZKOWSKI P. The processes of adopting multimedia and interactivity in three online newsrooms [J]. Journal of Communication, 2004, 54 (2): 197-213.

BORDEN S. Journalism as Practice: MacIntyre, Virtue Ethics and the Press [M]. Burlington, VT: Ashgate Publishing, 2007.

BOURDIEU P. The Field of Cultural Production [M]. New York: Columbia University Press, 1993.

BOURDIEU P. On Television [M]. New York: The New Press, 1998.

BOYER D. Digital expertise in online journalism (and anthropology) [J]. Anthropological Quarterly, 2010, 83 (1): 73-96.

BRADSHAW P. Data journalism survey: a mixed picture [EB/OL]. Data Driven Journalism[2011-09-22]. http://datadrivenjournalism.net/news_and_analysis/data_journalism_survey_analysis.

BRADSHAW P. Data journalism [C]//Zion L,Craig D. Ethics for Digital Journalists: Emerging Bet Practices. New York: Routledge, 2014: 202-219.

BRAUN J. Going over the top: online television distribution as sociotechnical system [J]. Communication, Culture and Critique, 2013, 6 (3): 432-458.

BRENNEN B. What the hacks say: the ideological prism of US journalism texts [J]. Journalism, 2000, 1 (1): 106-113.

BROERSMA M, GRAHAM T. Social media as beat: tweets as a news source during the 2010 British and Dutch elections [J]. Journalism Practice, 2012, 6 (3): 403-419.

BROERSMA M J, PETERS C. Rethinking journalism: the structural transformation of a public good [C]// Peters C, Broersma M J. Rethinking Journalism: Trust and Participation in a Transformed News Landscape. Oxon: Routledge, 2013: 1-12.

BULLARD S. Editors use social media mostly to post story links [J]. Newspapers Research Journal, 2015, 36 (2): 170-183.

BUNZ M. The Silent Revolution: How Digitalization Transforms Knowledge, Work, Journalism and Politics without Too Much Noise [M]. Basingstoke: Palgrave Pivot, 2013.

CANTER L. The interactive spectrum: the use of social media in UK regional newspapers [J]. Convergence, 2013, 19 (4): 472-495.

CAREY J. Communication as Culture: Essays on Media and Society [M]. Boston, MA: Unwin Hyman, 1989.

CAREY J. The communications revolution and the rise of the professional communicator [J]. Sociological Review Monographs, 1969, 13 (1): 23-38.

CAREY J. Some personal notes on US journalism education [J]. Journalism, 2000, 1 (1): 12-23.

CARLSON M. Order versus access: news search engines and the challenge to traditional journalistic roles [J]. Media, Culture & Society, 2007, 29 (6): 1014-1030.

CARLSON M. The robot reporter: automated journalism and the redefinition of labor, compositional forms, and journalistic authority [J]. Digital Journalism, 2015, 3 (3): 416-431.

CARLSON M, LEWIS S. Boundaries of Journalism [M]. New York: Routledge, 2015.

CASTELLO E, MONTAGUT M. Journalists, reframing and Party public relations consultants: strategies in morning talk radio [J]. Journalism Studies, 2011,

12 (4): 506-521.

CASTELLS M. Networks of Outrage and Hope [M]. Cambridge, MA: Polity, 2012.

CHAMBERS D. The material form of the television set: a cultural theory [J]. Media History, 2011, 17 (4): 359-375.

CHEN C, HARDLE W, UNWIN A. Handbook of Data Visualization [M]. Leipzig: Springer, 2008.

CHOI S, KIM J. Online news flow: temporal/spatial exploitation and credibility [J]. Journalism, 2017, 18 (9): 1184-1205.

CHUNG D S, KIM E, TRAMMELL K D, PORTER L V. Uses and perceptions of blogs: a report on professional journalists and journalism educators [J]. Journalism & Mass Communication Educator, 2007, 62 (3): 305-322.

CLAUSEN L. Global News Production [M]. Copenhagen: Copenhagen Business School Press, 2003.

CLERWALL C. Enter the robot journalist: users' perceptions of automated content [J]. Journalism Practice, 2014, 8 (5): 519-531.

CODDINGTON M. Clarifying Journalism's quantitative turn: a typology for evaluating data journalism, computational journalism, and computer-assisted reporting [J]. Digital Journalism, 2015, 3 (3): 331-348.

COHEN N. From pink slips to pink slime: transforming media labor in a digital age [J]. The Communication Review, 2015, 18 (2): 98-122.

COHEN N. At work in the digital newsroom [J]. Digital Journalism, epub before print, 2018, DOI: 10.1080/21670811.2017.1419821.

COMOR E, COMPTON J. Journalistic labour and technological fetishism [J]. Political Economy of Communication, 2015, 3 (2): 74-87.

CONSTINE J. Virtual reality, the empathy machine [EB/OL]. Techcrunch[2015-02-01]. https://techcrunch.com/2015/02/01/what-it-feels-like/.

COOPER T W. New technology effects inventory: forty leading ethical issues [J]. Journal of Mass Media Ethics, 1998, 13 (2): 71-92.

COTTLE S, RAI M. Between display and deliberation: analyzing TV news as communicative architecture [J]. Media, Culture & Society, 2006, 28 (2): 163-189.

COTTLE S. TV News, Urban Conflict and the Inner City [M]. Leicester: Leicester University Press, 1993.

CREECH B, MENDELSON A. Imagining the journalist of the future: technological visions of journalism education and newswork [J]. The Communication Review, 2015, 18 (2): 142-165.

CRISELL A. Understanding Radio [M]. London: Methuen, 1986.

CULVER K B. Disengaged ethics: code development and journalism's relationship with "the public" [J]. Journalism Practice, 2017, 11 (4): 477-492.

CUMMINGS D. The DNA of a television news story: technological influences on TV news production [J]. Electronic News, 2014, 8 (3):198-215.

D'HEER E, COURTOIS C. The changing dynamics of television consumption in the multi-media living room [J]. Convergence: The International Journal of Research into New Media Technologies, 2016, 22 (1): 3-17.

DALEN A. The algorithms behind the headlines: how machine-written news redefines the core skills of human journalists [J]. Journalism Practice, 2012, 6 (5-6): 648-658.

DAVIS C, CRAFT S. New media synergy: emergence of institutional conflicts of interest [J]. Journal of Mass Media Ethics, 2000, 15 (4): 219-231.

DAYAN D, KATZ E. Media Events: The Live Broadcasting of History [M]. Cambridge: Harvard University Press, 1992.

DELOITTE. Technology, Media & Telecommunications Predictions 2016 [EB/OL]. Deloitte.com [2015-12-09]. https://www2.deloitte.com/content/dam/Deloitte/global/Documents/Technology-Media-Telecommunications/gx-tmt-prediction-2016-full-report.pdf.

DEUZE M. Global journalism education: a conceptual approach [J]. Journalism Studies, 2006, 7 (1): 19-34.

DEUZE M. What is journalism? Professional identity and ideology of journalists reconsidered [J]. Journalism, 2005, 6 (4): 442-464.

DEUZE M. The professional identity of journalists in the context of convergence culture [J]. Observatorio, 2008, 2 (4): 103-117.

DEUZE M. Media Work [M]. Cambridge, UK: Polity Press, 2007.

LEE-WRIGHT P. Culture shock: new media and organization change in the BBC [C]// Fenton N. New Media, Old News: Journalism and Democracy in the Digital Age. London: Sage, 2010: 71-86.

DIAKOPOOULOS N. Algorithmic accountability reporting: on the investigation of black boxes [EB/OL]. Tow Center for Digital Journalism [2014-02-12]. http://towcenter.org/wp-content/uploads/2014/02/78524_Tow-Center-Report-WEB-1.pdf.

DICK M. Interactive infographics and news values [J]. Digital Journalism, 2014, 2 (4): 490-506.

DILLMAN CARPENTIER F R. Innovating radio news: effects of background music complexity on processing and enjoyment [J]. Journal of Radio and Audio Media, 2010, 17 (1): 63-81.

DOLAN D, PARETS M. Redefining the axiom of story: the VR and 360 video complex [EB/OL]. Techcrunch [2016-01-14]. https://techcrunch.com/2016/01/14/redefining-the-axiom-of-story-the-vr-and-360-video-complex/.

DOMINGO D. Interactivity in the daily routines of online newsrooms: dealing with an uncomfortable myth [J]. Journal of Computer-Mediated Communication, 2008, 13 (3): 680-704.

DOMINGO D. Inventing online journalism: a constructivist approach to the development of online news [C]// Paterson C, Domingo D. The Ethnography of New Media Produce. New York: Peter Lang, 2008: 15-28.

DOMINGO D, MASIP P, MEIJER I C. Tracing digital news networks: towards an integrated framework of dynamics of news production, circulation and use [J]. Digital Journalism, 2015, 3 (1): 53-67.

DOMINGUEZ-MARTIN E. Immersive journalism or how virtual reality and video games are influencing the interface and the interactivity of news storytelling [J]. Profesional de la Informacion, 2015, 24 (4): 413-423.

DOUGLAS S J. Listening in: Radio and the American Imagination, from Amos "n" Andy and Edward R Murrow to Wolfman Jack and Howard Stern [M]. New York: Random House, 1999.

DOWD C. The new order of new and social media enterprises: visualizations, linked data, and new methods and practices in journalism [J]. Communication Research and Practice, 2016, 2 (1): 97-110.

DÖRR K. Mapping the field of algorithmic journalism [J]. Digital Journalism, 2016, 4 (6): 700-722.

DÖRR K N, HOLLNBUCHNER K. Ethical challenges of algorithmic journalism [J]. Digital Journalism, 2017, 5 (4): 404-419.

DU Y R, THORNBURG R. The gap between online journalism education and practice: the twin surveys [J]. Journalism & Mass Communication Educator, 2011, 66 (3): 217-230.

EDMOND M. All platforms considered: contemporary radio and transmedia engagement [J]. New Media and Society, 2015, 17 (9): 1566-1582.

EMARKETER. UK Newspapers fight falling ad revenues: new income sources sought as ad spending slows [EB/OL]. [2017-03-17]. https://www.emarketer.com/Article/UK-Newspapers-Fight-Falling-Ad-Revenues/1015444.

ESS C. Digital Media Ethics [M]. Cambridge, UK: Polity Press, 2009.

EVANS E, et al. Building digital estates: multiscreening, technology management and ephemeral television [J]. Critical Studies in Television: The International Journal of Television Studies, 2017, 12 (2): 191-205.

FERRUCCI P. Are you experienced? How years in field affects digital journalists' perceptions of a changing industry [J]. Journalism Studies, 2018, 19 (16): 2417-2432.

FERRUCCI P. "We've lost the basics": perceptions of journalism education from veterans in the field [J]. Journalism & Mass Communication Educator, 2018, 73 (4): 410-420.

FERSTER B. Interactive Visualization: Insight through Inquiry [M]. Cambridge, MA: The MIT Press, 2013.

FISKE J. Television Culture [M]. New York: Routledge, 2010.

FLEMING C. The Radio Handbook [M]. London: Routledge, 2002.

FLEW T, et al. The promise of computational journalism [J]. Journalism Practice, 2012, 6 (2): 157-171.

FOREMAN G. The Ethical Journalist: Making Responsible Decisions in the Pursuit of News [M]. Malden, MA: Wiley-Blackwell, 2010.

FOURIE P J. Normative media theory in the digital media landscape: from media ethics to ethical communication [J]. Communicatio, 2017, 43 (2): 109-127.

FRIENDLY M. A brief history of data visualization [EB/OL]. Psu.edu [2006-03-21]. http://citeseerx.ist.psu.edu/viewdoc/download?doi=10.1.1.446.458&rep=rep1&type=pdf.

FRITH S, PETER M. Becoming a journalist: journalism education and journalism culture [J]. Journalism, 2007, 8 (2): 137-164.

GARCÍA-AVILÉS J A. Online newsrooms as communities of practice: exploring digital journalists' applied ethics [J]. Journal of Mass Media Ethics, 2014, 29 (4),

GARNHAM N. Emancipation, the Media and Modernity: Arguments about the Media and Social Theory [M]. New York: Oxford University Press, 2000.

GELLER M. Introduction [C]// Geller M. From Receiver to Remote Control: The Television Set. New York: The New Museum of Contemporary Art, 1990: 45-50.

GHUMAN R, KUMARI R. Narrative science: a review [J]. International Journal of Science and Research, 2013, 2 (9): 205-207.

GIARDINA M, MEDINA P. Information graphics design challenges and workflow management [J]. Online Journal of Communication and Media Technologies, 2013, 3 (1): 108-124.

GILLESPIE T. The politics of platforms [J]. New Media & Society, 2010, 12 (3): 347-364.

GILLESPIE T. The relevance of algorithms [C]// Gillespie T, et al. Media Technologies: Essays on Communication, Materiality, and Society. Cambridge, MA: MIT Press, 2014: 167-194.

GLASSER T. The Idea of Public Journalism [M]. New York: The Guilford Press, 1999.

GLASSER T. The privatization of press ethics [J]. Journalism Studies, 2014, 15 (6): 699-703.

GRAEFE N. Guide to automated journalism [EB/OL]. Tow Center for Digital Journalism [2016-01-07]. https://towcenter.org/research/guide-to-automated-journalism/.

GRAY J, CHAMBERS L, BOUNEGRU L. The Data Journalism Handbook [M]. Sebastapol, CA: O'Reilly, 2012.

GRUBENMANN S, MECKEL M. Journalists' professional identity: a resource to cope with change in the industry? [J]. Journalism Studies, 2017, 18 (6): 732-748.

GUNN T. Religious freedom and laïcité: a comparison of the United States and France [J]. Brigham Young University Law Review, 2004, 419: 420-506.

GYNNILD A. Journalism innovation leads to innovation journalism: the impact of computational exploration on changing mindsets [J]. Journalism, 2014, 15 (6):

713-730.

GYORI B, CHARLES M. Designing journalists: teaching journalism students to think like web designers [J]. Journalism & Mass Communication Educator, 2018, 73 (2): 200-217.

HA-ILAN N. Images of history in Israel television news: the territorial dimension of collective memories, 1987-1990 [C]// Edgerton G R, Rollins P C. Television History: Shaping Collective Memory in the Media Age. Lexington: The University Press of Kentucky, 2001: 207-229.

HALLIN D, MANCINI P. Comparing Media Systems: Three Models of Media and Politics [M]. New York: Cambridge University Press, 2004.

HAMMERSLEY B. Developing Feeds with RSS and Atom [M]. Sebastopol: O'Reilly Media, Inc., 2005.

HANN Y, et al. When does an infographic say more than a thousand words? Audience evaluations of news visualizations [J]. Journalism Studies, 2018, 19 (9): 1293-1312.

HASLAM A. Psychology in Organizations: The Social Identity Approach [M]. London: Sage Publications, 2004.

HEINRICH A. Foreign news reporting in the sphere of network journalism [J]. Journalism Practice, 2012, 6 (5-6): 766-775.

HELD D. Global Covenant [M]. Cambridge, MA: Polity, 2004.

HEMMINGWAY E. Into the Newsroom: Exploring the Digital Production of Regional Television News [M]. London: Routledge, 2007.

HENDERSON K. Narratives in local television news editing [J]. Electronic News, 2012, 6 (2): 67-78.

HERMIDA A. Twittering the news: the emergence of ambient journalism [J]. Journalism Practice, 2010, 4 (3): 297-208.

HIMELBOIM I, MCCREERY S. New technology, old practices: examining news websites from a professional perspective [J]. Convergence: The International Journal of Research into New Media Technologies, 2012, 18 (4): 427-444.

HUESCA R. Reinventing journalism curricula for the electronic environment [J]. Journalism and Mass Communication Educator, 2000, 55 (2): 4-15.

HUGES T, GINSBERG J. The biggest risk to American journalism isn't posed by Trump [EB/OL]. The Guardian [2018-01-19]. https://www.theguardian.com/

commentisfree/2018/jan/19/american-journalism-fake-news-trump.

HUJANEN J. Informing, entertaining, empowering: Finnish press journalists' (re)negotiation of their tasks [J]. Journalism Practice, 2009, 3 (1): 30-45.

HUMPRECHT E, ESSER F. Mapping digital journalism: comparing 48 news websites from six countries [J]. Journalism, 2018, 19 (4): 500-518.

HUTCHINS COMMISSION. A Free and Responsible Press [M]. Chicago, IL: The University of Chicago Press, 1947.

HYDE G M. The next steps in schools of journalism [J]. Journalism Quarterly, 1937, 14 (1): 35-41.

JENKINS H. The cultural logic of media convergence [J]. International Journal of Cultural Studies, 2004, 7 (1): 33-43.

JENKINS H. Convergence Culture: Where Old and New Media Collide [M]. New York: New York University Press, 2006.

JENKINS H, et al. Confronting the Challenges of Participatory Culture: Media Education for the 21st Century [M]. Cambridge, MA: MIT Press, 2009.

JOHNSON-CARTEE K S. News Narratives and News Framing: Constructing Political Reality [M]. Lanham, MD: Rowman & Littlefield, 2005.

JONES S. Disrupting the narrative: immersive journalism in virtual reality [J]. Journal of Media Practice, 2017, 18 (2-3): 171-185.

JOSEPH T. Reporters' and editors' preferences toward reporter decision making [J]. Journalism Quarterly, 1982, 59 (2): 219-248.

KAMMER A. The mediatization of journalism [J]. MediaKultur: Journal of Media and Communication Research, 2013, 29 (54): 141-158.

KARLSSON M, STROMBACK J. Freezing the flow of online news: exploring approaches to the study of the liquidity of online news [J]. Journalism Studies, 2010, 11 (1): 2-19.

KARLSSON M. Rituals of transparency: evaluating online news outlets' uses of transparency ritual in the United States, United Kingdom and Sweden [J]. Journalism Studies, 2010, 11 (4): 535-545.

KLINENBERG E. Convergence: news production in a digital age [J]. Annals of the American Academy of Political and Social Science, 2005, 597 (1): 48-64.

KOLODZY J. Practicing Convergent Journalism: An Introduction to Cross-Media Storytelling [M]. New York: Routledge, 2013.

KOTENKO J. Google reader is dead but the race to replace the RSS feed is very alive [EB/OL]. Digital Trends [2013-07-01]. https://www.digitaltrends.com/web/google-reader-is-dead-but-the-race-to-replace-the-rss-feed-is-very-alive/#ixzz3usvMfKvJ.

KOVACH B, ROSENSTIEL T. The Elements of Journalism [M]. New York: Crown Publishers, 2001.

KSIAZEK T. Commenting on the news: explaining the degree and quality of user comments on news websites [J]. Journalism Studies, 2018, 19 (5): 650-673.

KUMAR A. The unbearable liveness of news television in India [J]. Television & New Media, 2015, 16 (6): 538-556.

LASORSA D L, LEWIS S C, HOLTON A E. Normalizing twitter [J]. Journalism Studies, 2012, 13 (1): 19-36.

LATAR N, NORDFORS D. Digital identities and journalism content: how artificial intelligence and journalism may co-develop and why society should care [J]. Innovation Journalism, 2009, 6 (7): 3-47.

LATCHMAN S. Data visualization is both an art and a science [EB/OL]. Air Worldwide [2015-01-22]. http://www.air-worldwide.com/Blog/Data-Visualization-Is-Both-an-Art-and-a-Science/.

LEE E, KIM Y W. Effects of infographics on news elaboration, acquisition and evaluation: prior knowledge and issue involvement as moderators [J]. New Media & Society, 2016, 18 (8): 1579-1598.

LEVY N. Long-serbing deputy Julia Turner takes the reins at Slate [EB/OL]. [2014-09-30]. https://www.politico.com/media/story/2014/09/long-serving-deputy-julia-turner-takes-the-reins-at-slate-002912.

LEVY P. Collective Intelligence [M]. Cambridge, UK: Perseus, 1997.

LEWIS P M. Private passion, public neglect: the cultural status of radio [J]. International Journal of Cultural Studies, 2000, 3 (2): 160-167.

LEWIS P, BOOTH J. The Invisible Medium [M]. London: Macmillan, 1989.

LEWIS S. The tension between professional control and open participation: journalism and its boundaries [J]. Information, Communication & Society, 2012, 15 (6): 836-866.

LEWIS S, USHER N. Open source and journalism: toward new frameworks for imagining news innovation [J]. Media, Culture and Society, 2013, 35 (5): 602-619.

LEWIS S C, WESTLUND O. Big data and journalism: epistemology, expertise, economics, and ethics [J]. Digital Journalism, 2015, 3 (3): 447-466.

LEWIS T. Tweeting @ work: the use of social media in professional communication [J]. Information Services & Use, 2014, 34 (1/2): 89-90.

LIEB T. Editing for the Digital Age [M]. Washington D.C.: CQ Press, 2015.

LOWREY W. Normative conflict in the newsroom: the case of digital photo manipulation [J]. Journal of Mass Media Ethics, 2003, 18 (2): 123-142.

LYNCH D. Above and beyond: looking at the future of journalism education [EB/OL]. Knight Foundation [2015-02-19]. https://knightfoundation.org/reports/above-and-beyond-looking-future-journalism-educati.

MACADAM A. Journalism has an editing crisis, but we can do something about it [EB/OL]. [2016-04-20]. https://www.poynter.org/news/journalism-has-editing-crisis-we-can-do-something-about-it.

MACGREGOR P. Siren songs or path to salvation? Interpreting the visions of web technology at a UK regional newspaper in crisis, 2006-2011 [J]. Convergence: The International Journal of Research into New Media Technology, 2014, 20 (2): 157-175.

MAHARIDGE D. These journalists dedicated their lives to telling other people's stories: what happens when no one wants to print their words anymore? [EB/OL]. Nation [2016-03-02]. https://www.thenation.com/article/these-journalists-dedicated-their-lives-to-telling-other-peoples-stories/.

MANGUEL A. Why Are You Telling Me This? [M]. Banff: Banff Centre Press, 1997.

MATTHEWS J, COTTLE S. Television news ecology in the United Kingdom: a study of communicative architecture, its production and meanings [J]. Television & New Media, 2012, 13 (2): 103-123.

MCBRIDE K, ROSENTIEL T. New guiding principles for a new era of journalism [C]// McBride K, Rosentiel T. The New Ethics of Journalism. Thousand Oaks, CA: CQ Press, 2014: 1-6.

MCDEVITT M, SINDORF S. How to kill a journalism school: the digital sublime in the discourse of discontinuance [J]. Journalism & Mass Communication Educator, 2012, 67 (2): 109-118.

MCEWAN B, SOBRE-DENTON M. Virtual cosmopolitanism: constructing third cultures and transmitting social and cultural capital through social media [J]. Journal of International and Intercultural Communication, 2011, 4 (4): 252-258.

MCNAIR B. Cultural Chaos: Journalism, News and Power in a Globalized World [M]. London: Routledge, 2006.

MEIJER I. The public quality of popular journalism: developing a normative framework [J]. Journalism Studies, 2001, 2 (2): 189-205.

MELTZEN K. TV News Anchors and Journalistic Tradition: How Journalists Adapt to Technology [M]. New York: Peter Lang Publishing, 2010.

MENKE M, et al. Convergence culture in European newsrooms: comparing editorial strategies for cross-media news production in six countries [J]. Journalism Studies, 2018, 19 (6): 881-904.

MENSING D. Rethinking [again] the future of journalism education [J]. Journalism Studies, 2010, 11 (4): 511-523.

MERRILL J. Communitarianism's rhetorical war against enlightenment liberalism [C]// Black J. Mixed News: The Public/Civic Communitarian Journalism Debate. New York: Routledge, 1997: 35-56.

MEYEN M, RIESMEYER C. Service providers, sentinels, and traders [J]. Journalism Studies, 2012, 13 (3): 386-401.

MITCHELL P, STEWART J. Who are we? Language and impartiality in BBC radio journalism [J]. Journalism Practice, 2017, 11 (4): 417-437.

MITCHELSTEIN E, BOCZKOWSKI P J. Between tradition and change: a review of recent research on online news production [J]. Journalism, 2009, 10 (5): 562-586.

MONTAL T, REICH Z. I, robot. You, journalist. Who is the author? Authorship, bylines and full disclosure in automated journalism [J]. Digital Journalism, 2017, 5 (7): 829-849.

MORLEY D. Television, technology, and culture: a contextualist approach [J]. The Communication Review, 2012, 15 (2): 79-105.

MOROZOV E. The Net Delusion: The Dark Side of Internet Freedom [M]. New York: Public Affairs, 2011.

MOSCOTE FREIRE A. Remediating radio: audio streaming, music recommendations and the discourse of radioness [J]. Radio Journal: International Studies in Broadcast and Audio Media, 2007, 5 (2/3): 97-112.

MOSES L. The Washington Post's robot reporter has published 850 articles in the past year [EB/OL]. Digiday.com [2017-09-14]. https://digiday.com/media/washington-posts-robot-reporter-published-500-articles-last-year/.

MUCHTAR N, HANITZSCH T. Culture clash: international media training and the difficult adoption of Western journalism practices among Indonesian radio journalists [J]. Journalism Practice, 2013, 7 (2): 184-198.

NETZER Y, TENENBOIM-WEINBLATT K, SHIFMAN L. The construction of participation in news websites: a five-dimensional model [J]. Journalism Studies, 2014, 15 (5): 619-631.

NEWMAN N, et al. Reuters Institute Digital News Report 2017 [EB/OL]. [2018-01-01]. https://reutersinstitute.politics.ox.ac.uk/sites/default/files/Digital%20News%20Report%202017%20web_0.pdf.

NIELSEN R. How newspapers began to blog: recognizing the role of technologists in old media organizations' development of new media technologies [J]. Information, Communication and Society, 2012, 15 (6): 959-978.

OFCOM. News consumption in the UK [EB/OL]. Ofcome.org.uk [2015-03-24]. https://www.ofcom.org.uk/_data/assets/pdf_file/0020/77222/News-2015-report.pdf.

OSSEWAARDE M. The national identities of the "death of multiculturalism discourse" in Western Europe [J]. Journal of Multicultural Discourses, 2014, 9 (3): 173-189.

PAPPER B. By the numbers: news, staffing and profitability survey [J]. RTNDA Communicator: The Magazine for Electronic Journalists, 2006, October: 22-34.

PAULUSSEN S, HARDER R. Social media references in newspapers: Facebook, Twitter and YouTube as sources in newspaper journalism [J]. Journalism Practice, 2014, 8 (5): 542-551.

PAPACHARISSI Z, OLIVEIRA M. Affective news and networked publics: the rhythms of news storytelling on #Egypt [J]. Journal of Communication, 2012, 62 (2): 266-282.

PAVLIK J. The impact of technology on journalism [J]. Journalism Studies, 2000, 1 (2): 229-237.

PAVLIK J. A version for transformative leadership: rethinking journalism and mass communication education for the twenty-first century [J]. Journalism & Mass

Communication Educator, 2013, 68 (3): 211-221.

PEARSON G D, KOSICKI G M. How way-finding is challenging gatekeeping in the digital age [J]. Journalism Studies, 2017, 18 (9): 1087-1109.

PEER L, CHESTNUT B. Deciphering media independence: the Gulf War debate in television and newspaper news [J]. Political Communication, 1995, 12 (1): 81-95.

PETERS C, WITSCHGE T. From grand narratives of democracy to small expectations of participation: audiences, citizenship, and interactive tools in digital journalism [J]. Journalism Practice, 2015, 9 (1): 19-34.

PEW RESEARCH CENTER. Many would shrug if their local newspaper closed [EB/OL]. People-Press [2009-03-12]. http://www.people-press.org/2009/03/12/many-would-shrug-if-their-local-newspaper-closed/.

PEÑA N, et al. Immersive journalism: immersive virtual reality for the first-person experience of news [J]. Presence, 2010, 19 (4): 291-301.

POLLETA F, CALLAHAN J. Deep stories, nostalgia narratives, and fake news: storytelling in the trump era [C]// Mast J, Alexander J. Politics of Meaning/Meaning of Politics. New York: Palgrave Macmillan, 2019: 55-73.

POSTER M. What's the Matter with Internet? [M]. Minneapolis, MN: University of Minnesota Press, 2001.

POSTMAN N. Technolopy: The Surrender of Culture to Technology [M]. New York: Vintage, 1993.

POWERS M. In forms that are familiar and yet-to-be invented: American journalism and the discourse of technologically specific work [J]. Journal of Communication Inquiry, 2012, 36 (1): 24-43.

PRIMO A, ZAGO G. Who and what do journalism? An actor-network perspective [J]. Digital Journalism, 2015, 3 (1): 38-52.

QUINN A. Moral virtues for journalists [J]. Journal of Mass Media Ethics, 2007, 22 (2-3): 168-186.

RIESMAN D. The Lonely Crowd: A Study of the Changing American Character [M]. New Haven, CT: Yale University Press, 1961.

REVERS M. Journalistic professionalism as performance and boundary work: source relations at the State House [J]. Journalism, 2014, 15 (1): 37-52.

REVERS M. Contemporary Journalism in the US and Germany: Agents of

Accountability [M]. New York: Palgrave Macmillan, 2017.

RUSSELL A. Networked: A Contemporary History of News in Transition [M]. Cambridge, MA: Polity Press, 2011.

SALCETTI M. The emergence of the reporter: mechanization and the devaluation of editorial workers [C]//Hardt H, Brennen B. Newsworkers: Toward a History of the Rank and File. Minneapolis, MN: University of Minnesota Press, 1995: 48-74.

SAMBROOK R. Objectivity and impartiality in digital news coverage [EB/OL]. The Guardian [2014-06-12]. https://www.theguardian.com/media/media-blog/2014/jun/12/objectivity-and-impartiality-in-digital-news-coverage.

SASSEN S. The Global City [M]. Princeton, NJ: Princeton University Press, 2002.

SCHUDSON M. The Sociology of News [M]. New York: W. W. Norton & Company, 2003.

SCOTT C. Report: robot journalism will continue to grow in newsrooms despite its limitations [EB/OL]. Journalism.co.uk [2017-03-02]. https://www.journalism.co.uk/news/report-robot-journalism-s-limitations-not-halting-its-onward-march/s2/a700429/.

SEGEL E, HEER J. Narrative visualization: telling stories with data [J]. Journal IEEE Transactions on Visualization and Computer Graphics, 2010, 16 (6): 1139-1148.

SHERWOOD M, O' DONNELL P. Once a journalist, always a journalist? Industry restructure, job loss and professional identity [J]. Journalism Studies, 2018, 19 (7): 1021-1038.

SHIN D, BIOCCA F. Exploring immersive experience in journalism [J]. New Media & Society, 2018, 20 (8): 2800-2823.

SHIRKY C. The political power of social media: technology, the public sphere, and political change [J]. Foreign Affairs, 2011, 90 (1): 28-41.

SHOEMAKER P, REESE S. Mediating the Message in the 21st Century: A Media Sociology Perspective [M]. New York: Routledge, 2013.

SIEGELBAUM S, THOMAS R J. Putting the work (back) into newswork [J]. Journalism Practice, 2015, 10 (3): 387-404.

SINGER J. Who are these guys? The online challenge to the notion of journalistic professionalism [J]. Journalism, 2003, 4 (2): 139-163.

SINGER J. The political j-blogger: normalizing a new media form to fit old norms and practices [J]. Journalism, 2005, 6 (2): 173-198.

SINGER J. Partnerships and public service: normative issues for journalists in converged newsrooms [J]. Journal of Mass Media Ethics, 2006, 21 (1): 30-53.

SINGER J. Getting past the future: journalism ethics, innovation, and a call for "flexible first" [J]. Communicação e Sociedade, 2014, 25: 67-82.

SIRKKUNEN E, et al. Journalism in virtual reality [C]// Proceedings of the 20th international academic mindtrek conference. Tampere, October 17-18, 2016: 297-303.

SMIT G, HANN Y, BUIJS L. Visualizing news: make it work [J]. Digital Journalism, 2014, 2 (3): 344-354.

SOMMIER M. Representations of individuals in discourses of laïcité from Le Monde: confirming or challenging the republican framework of identity? [J]. Social Identities, 2017, 23: 232-247.

SPARKS C. Extending and defining the propaganda model [J]. Westminster Papers in Communication and Culture, 2007, 4 (2): 69-84.

SPINELLO R A. Cyberethics: Morality and Law in Cyberspace [M]. Sudbury: Jones & Barlett, 2011.

SPYRIDOU L, et al. Journalism in a state of flux; journalists as agents of technology innovation and emerging news practices [J]. International Communication Gazette, 2013, 75 (1): 76-98.

STARKMAN D. Confidence game: the limited vision of the news gurus [EB/OL]. Columbia Journalism Review [2011-11]. https://archives.cjr.org/essay/confidence_game.php?page=all.

STEENSEN S, AHVA L. Theories of journalism in a digital age: an exploration and introduction [J]. Digital Journalism, 2015, 3 (1): 1-18.

STEINER L, OKRUSCH C M. Care as a virtue for journalists [J]. Journal of Mass Media Ethics, 2007, 21 (2-3): 102-122.

STERNBERG J. Why curation is important to the future of journalism [EB/OL]. [2011-03-10]. http://mashable.com/2011/03/10/curation-journalism/#oJAWUzfnBkqa.

SOFFER O, GORDONI G. Opinion expression via user comments on news websites: analysis through the perspective of the spiral of silence [J]. Information,

Communication and Society, 2018, 21 (3): 388-403.

SOUNDERMAN J. The seven steps to a successful aggregation strategy for your news organization [EB/OL]. [2011-06-28]. https://www.poynter.org/news/seven-steps-successful-aggregation-strategy-your-news-organization.

TAIBBI M. "Objective journalism" is an illusion [EB/OL]. The New York Times [2015-08-06]. https://www.nytimes.com/roomfordebate/2015/08/06/did-jon-stewart-have-a-serious-lesson-for-journalists/objective-journalism-is-an-illusion.

TAJFEL H. La Categorisation Sociale [C]// Moscovici S. Introduction à la Psychologie Sociale 1. Paris: Larouse, 1972: 30-37.

TAVANI H H. Ethics and Technology: Controversies, Questions, and Strategies for Ethical Computing [M]. New Jersey: Wiley, 2011.

TEMPLE M. The British Press [M]. Maidenhead, UK: Open University Press, 2008.

THORSON K, WELLS C. Curated flows: a framework for mapping media exposure in the digital age [J]. Communication Theory, 2016, 26 (3): 309-328.

THURMAN N. Forums for citizen journalists? Adoption of user generated content initiatives by online news media [J]. New Media and Society, 2008, 10 (1) :139-157.

THURMAN N, SCHIFFERES S. The future of personalization at news websites: lessons from a longitudinal study [J]. Journalism Studies, 2012, 13 (5-6):775-790.

THURMAN N, et al. Giving computers a nose for news: exploring the limits of story detection and verification [J]. Digital Journalism, 2016, 4 (7): 838-848.

THURMAN N, et al. When reporters get hands-on with robo-writing: professionals consider automated journalism's capabilities and consequences [J]. Digital Journalism, 2017, 5 (10): 1240-1259.

TURILLI M, FLORIDI L. The ethics of information transparency [J]. Ethics and Information Technology, 2009, 11 (2): 105-112.

TURNOCK R. Interpreting Diana: Television Audiences and the Death of a Princess [M]. London: British Film Institute, 2000.

VAN ZOONEN L. A professional, unreliable, heroic Marionette (M/F): structure, agency and subjectivity in contemporary journalisms [J]. European Journal of Cultural Studies, 1998, 1 (1): 123-143.

VOAKES P S, BEAM R A, OGAN C. The impact of technological change on journalism education: a survey of faculty and administrators [J]. Journalism & Mass Communication Educator, 2002, 57 (4): 318-334.

VONDERAU P. The politics of content aggregation [J]. Television & New Media, 2015, 16 (8): 717-733.

VULTEE F. Audience perceptions of editing quality: assessing traditional news routines in the digital age [J]. Digital Journalism, 2015, 3 (6): 832-849.

WAHL-JORGENSEN K. Subjectivity and story-telling in journalism: examining expressions of affect, judgement and appreciation in Pulitzer Prize-winning stories [J]. Journalism Studies, 2013, 14 (3): 305-320.

WAHL-JORGENSEN K, et al. Audience views on user-generated content: exploring the value of new from the bottom up [J]. Northern Lights: Film & Media Studies Yearbook, 2010, 8 (1): 177-194.

WARD S. Global Journalism Ethics [M]. Montreal: McGill-Queen's University Press, 2010.

WARD S. Radical media ethics: ethics for a global digital world [J]. Digital Journalism, 2014, 2 (4): 455-471.

WARD S, WASSERMAN H. Towards an open ethics: implications of new media platforms for global ethics discourse [J]. Journal of Mass Media Ethics, 2010, 25 (4): 275-292.

WEAVER D H. The Global Journalist: News People around the World [M]. New Jersey: Hampton Press, 1998.

WEBER W, RALL H. Data visualization in online journalism and its implications for the production process [C]. The 16th International Conference on Information Visualization, 2012.

WENGER D L, OWENS L, THOMPSON P. Help wanted: mobile journalism skills required by top US news companies [J]. Electronic News, 2014, 8 (2):138-149.

WIESSLITZ C, ASHURI T. The moral journalist: the emergence of new intermediaries of news in an age of digital media [J]. Journalism: Theory, Practice & Criticism, 2011, 12 (8): 1035-1051.

WILLIAMS R. 1981, Communication technologies and social institutions [C]// Williams R. Contact: Human Communication and Its History. London: Thames & Hudson, 1982: 226-238.

WILCOX L, et al. Personal space in virtual reality [J]. ACM Transactions on Applied Perception (TAP), 2006, 3 (4): 412-428.

WILLNAT L, et al. The global journalist in the twenty-first century: a cross-national study of journalistic competencies [J]. Journalism Practice, 2013, 7 (2): 163-183.

WILLNAT L, WEAVER D H, WILHOIT G C. The American journalist in the digital age: how journalists and the public think about journalism in the United States [J]. Journalism Studies, 2019, 20 (3): 423-441.

WITSCHGE T, NYGREN G. Journalistic work: a profession under pressure? [J]. Journal of Media Business Studies, 2009, 6 (1): 37-59.

WOHLSEN M. Google cardboard's New York Times experiment gave a bunch of kids their first glimpse of the future [EB/OL]. Wired Magazine [2015-11-09]. https://www.wired.com/2015/11/google-cardboards-new-york-times-experiment-just-hooked-a-generation-on-vr/.

WOLFE T. Like a novel [J]. The New Journalism, 1973, 1: 23-68.

YTREBERG E. Moving out of the inverted pyramid: narratives and descriptions in television news [J]. Journalism Studies, 2002, 2 (3): 357-371.

ZELIZER B. Journalists as interpretive communities [C]//Berkowitz D. Social Meaning of News: A Text Reader. Thousand Oaks, CA: Sage Publications, 1997: 401-419.

ZELIZER B. When facts, truth and reality are God-terms: on journalism's uneasy place in cultural studies [J]. Communication and Critical/Cultural Studies, 2004, 1 (1): 100-119.

ZION L, CRAIG D. Ethics for Digital Journalists: Emerging Best Practices [M]. New York: Routledge, 2014.

后 记

本项研究肇始于2016年年初，访谈部分大约于2017年年底完成，从2018年2月开始将部分研究成果陆续发表于主流学术期刊，直至2019年6月才最终成书。也是在同一时期，我完成了在日内瓦大学社会学系的博士后研究回国，并调回母校清华大学任教。可以说，这本书的完成既是我在这几年对新闻业观察和思考的产物，也是变动的生活给我的馈赠。

在研究和出版的过程中，我得到了很多师友、同人的帮助。他们是我完成这个项目的直接动力。

哥伦比亚大学的 Richard John 教授、利兹大学的 C. W. Anderson 教授、卢加诺大学的 Gabriel Balbi 教授等前辈、同侪，是我2016到2017年间在瑞士、英国、美国工作、访学时的良师益友，同时也是新闻研究领域的杰出专家。他们对我的研究设计和理论化工作提出了大量宝贵的建议。尤其是，我在日内瓦大学进行博士后研究期间，获 Richard John 和 Gabriel Balbi 邀请加入国际电信联盟（ITU）的学术工作坊，并先后在日内瓦和卢森堡的两个学术会议上与来自十余个国家的资深学者就电信和数字技术的相关问题展开深入探讨，这些经历为我的研究提供了可贵的启发。

从2018年年初起，我的恩师、我在新闻研究道路上的启蒙人清华大学陈昌凤教授邀我与她共同为新闻与传播学院博士生开设新闻研究的基础理论课，这促使我保持对数字新闻研究领域前沿成果的关注，并在与2017、2018两级共50余位优秀博士生教学相长的过程中初步形成自己的新闻研究概念框架。

新闻传播学领域优秀中文期刊《编辑之友》及编辑张君女士，以及《新闻记者》及主编刘鹏老师、编辑白红义研究员，为本项研究的阶段性成果提供了高质量的发表平台，从而使得本书在尚未出版之时，就受到学界和主流评价体系的关注，为后续研究的深入和本书的最终问世打下了坚实的基础。于我而言，能够在一流学术期刊开设专栏，系统性地发表自己最新的研究成果，既是一项殊荣，也是一种动力。

我的恩师、清华大学李彬教授对全书的框架提出了大量建设性的意见，并宽容地将其纳入自己主编的"中国新闻学丛书"，使这部不成熟的习作有机会与其他优秀的同辈的大作"共襄盛举"，成为新闻学的时代记录的有机组成部分。

中国传媒大学新闻学院院长、教育部"长江学者"特聘教授隋岩先生读过全书后，慷慨赐序，令我不安之余，也深受鼓舞。

河南大学出版社及编辑张雪彩老师细致、专业的工作精神，令本书以最佳面貌示人。

总而言之，若无他们的帮助和支持，就没有这本书的问世。本人谨此致以最真诚的感谢！

我从2001年进入新闻系读书，后又幸运地成为中国最好的两个新闻学院的教师，一生与新闻结缘。于我而言，新闻学及其倡导的公共精神已是深入骨髓的信念。我希望自己能够通过这种微小的努力，为这个学科的发展做出有益的贡献。